Petra Gerster
Christian Nürnberger

DER ERZIEHUNGS-
NOTSTAND

Wie wir die Zukunft unserer
Kinder retten

Rowohlt · Berlin

2. Auflage September 2001
Copyright © 2001 by Rowohlt·Berlin Verlag GmbH, Berlin
Alle Rechte vorbehalten
Umschlaggestaltung: any.way, Cathrin Günther
(Foto: ZEITbild/Lars Reimann)
Satz aus der Ehrhardt PostScript PageMaker
Pinkuin Satz und Datentechnik, Berlin
Druck und Bindung Clausen & Bosse, Leck
Printed in Germany
ISBN 3 87134 433 8

Die Schreibweise entspricht den Regeln
der neuen Rechtschreibung.

Unseren Kindern Livia und Moritz gewidmet, die im letzten halben Jahr viel Grund zur Klage hatten, weil ihre Eltern ihnen genau das vorenthielten, was sie so scharfsinnig als Grundvoraussetzung von Erziehung erkannt haben: Zeit zu haben für die Kinder

INHALT

MARIO ODER ICH!

Das Unheil kam nicht auf leisen Sohlen. Der Vater trug es frohgemut in einer schwarzen Kiste nach Hause. Er schwört: Das hatte rein berufliche Gründe.

Die schwarze Kiste heißt «Nintendo» und gehört zur Gattung der Videospielkonsolen. Eines der beliebtesten Spiele ist «SuperMario». Das steckte nun in der schwarzen Box.

Weil er als Journalist viel über Technik schreiben musste, wollte der Vater die Computer- und Videospiele endlich selbst einmal ausprobieren. Er ahnte nicht, dass es beim Testen kaum bleiben würde.

Noch weniger Ahnung hatte die Mutter. Doch mit der Zeit fiel ihr auf: Die Kinder waren immer häufiger verschwunden. Oft waren sie stundenlang nicht mehr zu sehen. Der Vater auch nicht. Wo steckten sie? Im Keller. Draußen konnte schönstes Wetter sein, aber die Kinder hockten im dunklen Keller und spielten SuperMario. Ebenso der Vater, dieser Kindskopf.

Eine Weile lang nahm sie das nachdenklich hin. Bis der Tag kam, an dem sie müde und gestresst von der Redaktion heimkehrte, sich auf das Abendessen und die Familie freute, in der Wohnung aber niemanden vorfand, auch keinen gedeckten Tisch.

Da ging sie in den Keller. Ein geradezu idyllisches Bild: Die Familie saß so vertieft vor dem Monitor, dass niemand ihr Kommen bemerkt hatte. Sie sagte «Guten Abend». Keine Reaktion.

Da wurde die Mutter laut und sprach den Satz: «Dieses Spiel kommt aus dem Haus.»

Darauf der Vater: «Dieses Spiel bleibt hier.»

Und so gab ein Wort das andere:

Sie: Dieses Spiel macht das Familienleben kaputt. Ich komme nach Hause und werde ignoriert, weil die Kinder wie gebannt vor diesem Kasten hocken, und der Vater hockt dabei, statt sich ums Abendessen zu kümmern oder endlich seinen Artikel zu Ende zu bringen. Was verplempert ihr eigentlich eure Zeit mit diesem Quark?!

Er: Wieso «Quark»? Das ist ja das Tolle daran, dass hier mal Eltern und Kinder zusammen spielen und man sich als Erwachsener nicht wie bei anderen Kinderspielen tödlich langweilt. Außerdem herrscht zwischen Erwachsenen und Kindern Chancengleichheit. Ich kann und weiß auch nicht mehr als die Kinder, muss mich genauso anstrengen wie sie, und das macht ihnen und mir Spaß.

Sie: Sag' mir bitte einen einzigen vernünftigen Grund, warum sich unsere Kinder mit so einem Mist abgeben sollen?

Er: Wie kannst du behaupten, Mario sei Mist? Du hast es doch noch nie selbst gespielt. Das ist kein Mist, sondern einfach ein neues Spielzeug, das nur, weil es technisch ist, in unserem technophoben Land von vornherein unter Verdacht steht, die Jugend zu verderben. Ich kann dir mindestens zehn Gründe nennen, weshalb Kinder sich «mit so etwas abgeben» sollen.

Sie: Ich höre.

Er: Bei Mario gibt es zum Beispiel am Ende nicht wie sonst einen Sieger und mehrere Verlierer; hier kommt es nur auf Findigkeit, ja sogar auf Phantasie an. Der Spieler muss Probleme lösen und braucht dazu Ideen. Der Lohn der Anstrengung liegt nicht in irgendeinem Sieg – den gibt es am Schluss zwar auch, nämlich als Sieg über ein Ungeheuer –, sondern in den gelösten Problemen. Außerdem ist SuperMario auch ein Märchen, und was hast du gegen Märchen?

Sie: Mario soll ein Märchen sein? Diese wie von einer Tarantel gestochen herumrennende Comic-Figur vergleichst du tatsächlich mit einem Märchen?

Er: Mario ist zwar Klempner von Beruf, aber in Wahrheit natürlich der klassische Prinz. Er erfährt, dass seine Freundin, die Prinzessin Toadstool, von einem Ungeheuer gefangen gehalten wird. Also versucht er, sie zu befreien. Doch bis dahin ist es ein weiter Weg, auf dem gefährliche Abenteuer zu bestehen sind, und zwar mit Geschick, hoher Konzentration und Intelligenz. Zum Schluss aber muss das Ungeheuer natürlich besiegt werden. Also, wenn das kein Märchen ist …

Sie: Na gut, Mario mag ein Märchen sein, aber ein ziemlich primitives. In guten Märchen begegnen dem Kind Persönlichkeiten, die ein Innenleben und einen Charakter besitzen, die gutmütig, tapfer, hinterlistig oder schlau sind. Mario dagegen ist ein Maschinchen in Menschengestalt, das keinerlei Regung zeigt, und alle anderen Figuren dieses Videospiels sind ebenfalls Maschinchen, die auf programmierte Weise reagieren. Dieser Mario redet ja kein Wort, kann gar nicht reden, sondern nur handeln, und das Handeln beschränkt sich auf Rennen, Schwimmen, Treten und Springen. Gefühle zeigt Mario nicht.

Er: Aber die spielenden Kinder reden und zeigen Gefühle. Sie beraten über Lösungsstrategien und sie hoffen, bangen, freuen sich und ärgern sich. Mario ist ein Jump-and-Run-Spiel, ein Kampf. Beim Kämpfen stört Gerede nur. Im übrigen: Auch das Verhaltensrepertoire klassischer Märchenfiguren ist begrenzt.

Sie: Aber diese begrenzten Figuren sind Menschen, Tiere, Geister, Zauberer, Ungeheuer, Helden und Feiglinge – ein ganzes Universum menschlicher Leidenschaften, während diese jämmerlichen Videospielfiguren nichts weiter sind als verschiedene Varianten von Kampfmaschinchen. Ich glaube kaum, dass das die Form von Märchen ist, die Kinder brauchen, um etwas über die Welt zu lernen.

Er: … Mario nimmt doch unseren Kindern die Märchen nicht weg, sondern gibt ihnen etwas dazu, was kein normales Märchen zu bieten hat und was der Hauptgrund für die Faszination von Videospielen ist: Das Kind kann in das Märchen eingreifen und bestimmen, was der Held tut. Ob Mario zum Ziel kommt, hängt davon ab, wie geschickt das Kind ist.

Sie: Ich würde mich ja gar nicht so aufregen, wenn Mario nicht diesen Suchtcharakter hätte. Die Kinder können überhaupt nicht mehr aufhören und nichts anders mehr tun und sich für nichts anderes mehr interessieren. Das kann einfach nicht gut sein.

Er: Wenn sich Kinder stundenlang mit einem einzigen Spiel beschäftigen und dabei sich selbst, die Zeit und ihre Umwelt vergessen, kann das Spiel nicht schlecht sein. Davon abgesehen spricht aus dir eine typisch deutsche Vorstellung von Pädagogik. Wenn Kinder stundenlang hölzerne Klötzchen aneinanderlegen, gilt das im anthroposophisch angemuckerten Deutschland als pädagogisch wertvoll. Spielen sie Mario, geht das Abendland unter.

Sie: Kein Kind legt stundenlang Klötzchen, sondern nur eine bestimmte Zeit, danach macht es wieder etwas anderes, und das erscheint mir gesünder und normaler als dieses obsessive Videospielen, bei dem die ganze Aktivität im Drücken von ein paar Knöpfen besteht. Du kannst doch nicht bestreiten, dass es für unsere Kinder gesünder wäre, sich draußen auszutoben, statt passiv und mit krummem Rücken vor der Glotze zu hocken.

Er: Du sitzt doch auch stundenlang herum und liest. Deine ganze Aktivität besteht im Umblättern von Seiten. Auch das ist Suchtverhalten.

Sie: Absurder Vergleich! Erstens gehört das Lesen zu meinem Job, zweitens müssen meine Knochen nicht mehr wachsen, und drittens weißt du selbst, dass sich beim Lesen die Aktivität im Kopf abspielt.

Er: Genau wie bei Mario.

Sie: Jetzt hör mal. Ich komme nach Hause, freue mich auf die Kinder, und die ignorieren mich einfach, sagen nicht mal Guten Abend, und der Einzige, der mich noch begrüßt, ist der Hund. Das mache ich nicht mehr mit. Mario oder ich!

Er: Jetzt mach's nicht dramatischer, als es ist. Die Lösung kann nicht sein, den Kindern das Spiel wieder wegzunehmen. Sie müssen eben lernen, das Spiel in den Griff zu kriegen. Das Spiel darf nicht die Kinder beherrschen, sondern die Kinder müssen lernen, das Spiel zu beherrschen. Und die Zeit, die sie damit verbringen, zu begrenzen und allmählich zu verringern.

Sie: O. k., ich gebe euch vier Wochen.

Vier Wochen reichten nicht. Aber ungefähr acht Wochen später normalisierte sich das Leben wieder. Die Faszination von SuperMario ließ langsam, aber stetig nach.

Die Kinder hockten immer seltener vor der Konsole und spielten immer häufiger wieder draußen, in der Wohnung und auf dem Dachspeicher, und auch der Vater fand wieder zu seiner normalen Arbeit zurück. Wir lernten daraus: Man soll zwar in der Erziehung nicht alles gleichgültig hinnehmen – man soll aber auch nichts überdramatisieren. «Das verwächst sich», sagten unsere Großmütter immer, wenn unsere Mütter dieses und jenes an uns auszusetzen hatten.

Ein weises Wort – auf das Eltern sich viel häufiger verlassen sollten. Statt alles gleich therapieren zu wollen, sollte man öfter einfach darauf warten, dass etwas von selbst vergeht.

Jedoch: Manches, was sich scheinbar schon verwachsen hatte, kehrt plötzlich wieder, wie das nächste Kapitel zeigt.

NACHSPIEL

Einige Zeit nach diesem Ehekrach – wir waren inzwischen in eine andere Stadt gezogen – bekamen wir von der Lehrerin unseres damals siebenjährigen Sohnes gesteckt, dass dieser seine eigenen Angelegenheiten nicht mehr auf die Reihe kriegte. Er lieferte unvollständige Hausaufgaben ab, er wusste nicht, wo sein Mathematik-Übungsheft geblieben war, ein bestimmtes Lehrbuch schien sich über Nacht in Luft aufgelöst zu haben.

Wenn er von der Schule nach Hause kam, hatte er entweder irgendein Heft oder Buch vergessen, oder seine Jacke oder seinen Anorak oder alles zusammen. Im Diktat machte er in drei Sätzen vier Fehler, es haperte im Rechnen, und an jedem zweiten Tag wusste er nicht mehr, was er aufhatte.

Wir hatten seit längerem etwas besorgt beobachtet, wie der Bub vom Fernseher zur Videospielkonsole wanderte, von dort zum Computer, und von diesem wieder zum Fernseher. Zwar spielt unser Sohn zweimal in der Woche im Verein Fußball und geht täglich mit dem Hund spazieren, klettert gelegentlich auf Bäume, aber das ist auch schon alles, was er sich an körperlicher Bewegung zumutet. Er ist nur schwer zu überreden, mit seinen Freunden draußen zu spielen oder mit dem Spielzeug irgendetwas anzufangen, das in seinem Kinderzimmer überreichlich vorhanden ist. Am liebsten würde er Tag und Nacht vor irgendwelchen Monitoren sitzen.

Da war sie wieder, die überwunden geglaubte Spielsucht.

Als wir deshalb ein ernstes Wort mit ihm reden, zeigt er sich zwar einsichtig, aber schon am nächsten Tag kommt er wieder ohne jenes Heft nach Hause, das er für seine Hausaufgaben braucht. Damit ist der Ofen aus. Wir aktivieren die Kindersicherung im Fernseher, bauen die Videospielkonsole ab und sperren unsere drei Computer mit einem Passwort.

Unser Bub schaut traurig zu, ohne Murren. Und siehe da: Er holt ein Spielbrett aus dem Regal und spielt mit seinem Freund Mensch-ärgere-dich-nicht. Anschließend gehen sie in ein nahe liegendes Wäldchen und bauen ein Baumhaus. Und wir üben verstärkt Schreiben und Rechnen.

Elternglück.

Die folgenden Nachmittage verbringt der Sohn überwiegend bei seinen Freunden. Wir schöpfen Verdacht, finden heraus: Jetzt hockt er bei seinem Freund vor der Glotze, der Videokonsole und dem PC.

Wir sprechen mit den Eltern darüber. Die haben mit ihrem Sohn – es sind anscheinend immer nur die Söhne, selten oder nie die Töchter – das gleiche Problem. Wir vereinbaren: Kein Fernsehen mehr, Videospiele raus, PC mit Passwort gesichert.

Das nützt natürlich gar nichts, denn nun gehen beide zu einem dritten Freund. Wir sprechen mit den Eltern dieses Freundes, die kennen das Problem auch, willigen erfreut ein in den Vorschlag, die Kisten zu sperren, aber nun gehen die drei zum vierten Freund.

Ein viertes Mal intervenieren wir noch, beim fünften Mal geben wir es auf, nicht nur aus Resignation, sondern auch, weil sich durch die Sperre in den anderen vier Familien das Gedaddel von selbst verringert, denn die Gelegenheit, bei den verbliebenen Freunden zu daddeln oder vor dem Fernseher zu hängen, besteht höchstens noch zweimal pro Woche.

Nach einiger Zeit bessern sich auch die Leistungen unseres Sohnes im Diktat und im Rechnen. Er vergisst sein Heft oder seinen Anorak nur noch jeden zweiten Tag, und inzwischen kommen auch schon mal Tage, an denen er alles auf die Reihe kriegt. Nicht immer, aber, ganz langsam, immer öfter.

Wir haben später das strenge Verbot wieder etwas gelockert und dabei gemerkt: Wenn wir nicht ständig aufpassen, verfällt er wieder in den alten Trott. Unser Sohn bekommt den Umgang mit Fernsehen, Video- und Computerspielen allein noch nicht in den Griff. Wir müssen das weiterhin reglementieren, und wir sind uns inzwischen auch sicher: Zwischen der Spielsucht und seinen Leistungen in der Schule besteht ein Zusammenhang. Er ist erfolgreicher, und auch besser organisiert, wenn er weniger Zeit vor den Monitoren verbringt.

Inzwischen haben wir die Videospielkonsole völlig verschwinden lassen. Wir hätten gern, dass er die schwarze Box ganz vergisst, aber das wird nicht gelingen, denn sie steht weiter bei einigen seiner Freunde herum. Viel Zeit, dort mit Fernsehen oder Videospielen seine Zeit zu vertrödeln, hat er jetzt aber nicht mehr. Wir achten darauf, dass er sich sinnvoll beschäftigt. Sport, Klavier, Malkurs, die Hausaufgaben, Spiele mit den Nachbarskindern, bei denen keine Konsole steht – das füllt ihn jetzt weitgehend aus. Ein gelegentliches Videospiel bei Freunden – das wird ihm nicht schaden.

Dass Kinder zu häufig und zu lange vor Monitoren herumhängen, ist nicht erst seit heute ein Problem. Aber es hat sich verschärft, seit es das Privatfernsehen gibt und Video- und Computerspiele in die Kinderzimmer eindringen. Und es wird sich noch einmal verschärfen, wenn Settop-Boxen, digitales Fernsehen und das Internet zum Universalmedium verschmelzen.

Nicht nur unseren eigenen Kindern schadet überlanges Sitzen vor den Monitoren, sondern auch den Kindern von Millionen anderer Eltern. Darum sind Fernsehen, Video- und Computerspiele kein Privatproblem der Familie Nürnberger-Gerster, sondern eine öffentliche Angelegenheit, über die öffentlich debattiert werden muss. Und darum sind nicht nur die Eltern in der Pflicht, über das Konsumverhalten ihrer Kinder zu wachen. Auch Medienkonzerne wie Bertelsmann oder Kirch stehen in der Verantwortung, ebenso die Fernsehsender, die Werbeagenturen, die Produzenten von Spielfilmen, Software und Videospielen und die Hersteller der zugehörigen Hardware.

Wenn diese Medienproduzenten ihrer Aufgabe nicht gerecht werden, weil sie sich hauptsächlich oder ausschließlich ihren Aktionären verpflichtet fühlen, dann sind die Politiker aufgerufen, gemeinsam mit den Eltern die Medienprodukte wieder unter Kontrolle zu bekommen. Auch das muss Thema unserer Familien- und Bildungspolitik werden.

Gegenwärtig gibt es darüber keine öffentliche Debatte. Stattdessen arbeitet die Lobby der Medienproduzenten in aller Stille daran, sich der letzten noch bestehenden Fesseln zu entledigen, wie wir später noch sehen werden. Nicht mehr, sondern weniger Kontrolle durch den Staat und öffentliche Einrichtungen ist ihr Ziel.

Wenn sich diesem Bestreben niemand widersetzt, dann werden die Eltern demnächst ganz allein dastehen und erleben, dass sie damit überfordert sind. Welche Eltern wären denn in der Lage, sich über das tägliche Angebot von 40 Fernsehsendern zu informieren? Zu kontrollieren, welche Angebote ihre Kinder im Internet abrufen, und den Überblick über Hunderte von Video- und Computerspielen zu behalten?

Natürlich ist der Wunsch nach staatlicher Kontrolle und Zensur immer ein Problem in einer Gesellschaft, die der Informationsfreiheit Verfassungsrang einräumt. Aber dieser hohe Rang verpflichtet nicht nur den Staat, sondern verlangt auch von den Informationsanbietern ein großes Verantwortungsbewusstsein. Und der Ruf nach Zensur und staatlicher Kontrolle wird umso lauter, je weniger sich die Informationsanbieter um ihre Inhalte und deren Wirkung insbesondere auf Kinder und Jugendliche kümmern. Die Lage verschärft sich durch jene schwer kontrollierbaren pornographischen und rechtsradikalen Inhalte, die massenhaft übers Internet verbreitet werden.

Manche Eltern sehen nur noch die Möglichkeit, sämtliche Fernseher aus dem Haus zu verbannen, Video- und Computerspiele gar nicht erst hereinzulassen und Computer, wenn überhaupt, nur offline zu betreiben. Tun sie damit ihren Kindern einen Gefallen? Das bezweifeln wir. Man kann die Medien zwar aus seinem Haus verbannen, aber nicht aus der Realität. Die Medien gehören zu unserem Leben, und es kommt darauf an, sie zu beherrschen.

Genau das müssen unsere Kinder mühsam lernen. Aber wir wehren uns dagegen, dass damit die Familien allein gelassen werden und alle anderen sich jeglicher Verantwortung entziehen. Hier auf freiwillige Selbstkontrolle der Medienproduzenten zu setzen oder gar allein auf den Markt, halten wir für einen gefährlichen Irrtum.

Wir wehren uns auch dagegen, Erziehung ausschließlich als Privatsache der Eltern und Angelegenheit der Schulen zu betrachten. Erziehung ist wie Bildung keine private, sondern eine öffentliche Angelegenheit. Sie geht alle an, und darum ist eine öffentliche Debatte über Erziehung dringend nötig.

WARUM WIR DIESES BUCH SCHREIBEN

Ungefähr zu jener Zeit, als wir versuchten, unseren Sohn vom Videospiel abzubringen, hörten wir wieder die Fanfare. Sie schrillt immer öfter. Ihr Ton ist uns gut vertraut, ihre Melodie eher schlicht, der Pegel aber immer am Anschlag. Gestoßen wird die Fanfare von den Herren der Wirtschaft und ihren Vertretern.

An jenem Tag im Sommer 2000, als die Fanfare wieder ertönte, war zufällig Dieter Hundt dran, der Arbeitgeberpräsident. Seine Forderung lautete: «Lehrer in die Wirtschaft.» Und: «Wirtschaft als Lehrfach an der Schule.» Die Arbeitgeber sind unzufrieden mit dem Personal, das die Schulen an die Unternehmen liefern. Seit Jahren klagen sie: zu viel Theorie, zu wenig Praxis, zu viel Zeit an der Schule und an der Uni verbracht, schlecht vorbereitet auf das Berufsleben, unselbständig, unmotiviert und so weiter und so weiter.

Wir haben nichts gegen Wirtschaft als Lehrfach an der Schule. Aber an diesem Tag ist uns die hundtsche Trompete besonders stark auf die Nerven gegangen, weil uns scheint, dass die Fanfaren der Standortkrieger seit etlichen Jahren alles übertönen, was in unserem Land sonst noch so gesagt und gespielt wird.

Der Versuch der Wirtschaft, Einfluss auf Schule und Hochschule zu nehmen, ist legitim. Und heute, ein Jahr später, sind wir Herrn Hundt sogar dankbar dafür, denn er hat mit seinen lautstark vorgetragenen Forderungen eine längst überfällige Debatte über unser Bildungssystem angestoßen. Aber es ist bezeichnend, dass diese Debatte erst in Gang kam, nachdem die Wirtschaft auf unsere Bildungsmisere aufmerksam gemacht hatte.

— Lange zuvor schon hatten Schüler, Lehrer und Eltern gegen Unterrichtsausfall, Lehrermangel und schlechte Bildung und Ausbildung demonstriert und jahrelang auf die Reformbedürftigkeit unseres Bildungswesens hingewiesen. Ohne jegliches Echo. Mindestens zwanzig Jahre lang haben sich Politiker und die Öffentlichkeit nicht dafür interessiert, was eigentlich in den Schulen los ist. Erst als Herr Hundt trompetete, nahmen auch die Medien wahr, dass unser Bildungssystem marode ist.

Das lässt uns – bei aller Freude über die endlich begonnene Debatte – fürchten, dass die Politiker bei der Gestaltung notwendiger Reformen vor allem auf die Wirtschaft hören und sich von deren Interessen leiten lassen. Eltern, Lehrer und Schüler haben aber ebenfalls ein legitimes Interesse an der Gestaltung unseres Bildungssystems.

Von denen hören wir jedoch nichts. Entweder, weil ihre leisen Stimmen im Trommelfeuer der Wettbewerbs-Kreuzzügler untergehen, oder weil sie verstummt sind und es aufgegeben haben, gegen den Lärm der Standortkommandanten etwas auszurichten.

Deshalb schreiben wir dieses Buch. Wir wollen das Feld nicht den Arbeitgebern und deren Lobbyisten überlassen. Darum mischen wir uns ein – nicht als Erziehungswissenschaftler oder Bildungsforscher, sondern als «Laien», als Eltern, die sich um die Zukunft ihrer Kinder sorgen und fast täglich mit den Stärken und Schwächen, den Fehlern und Versäumnissen unseres Bildungssystems konfrontiert werden.

Dabei geht es uns nicht um die Frage, ob «daß» künftig «dass» geschrieben wird oder «aufwendig» mit ä. Ob die Schule zwölf oder dreizehn Jahre dauern soll, welche Fächer mehr Wochenstunden bekommen sollen, ob wir ein europäisches Abitur brauchen und ob die Richtlinien der Kultusministerkonferenz mit Weisheit getränkt sind oder eher mit Bürokratenverstand. Das sind Fragen, die uns keine schlaflosen Nächte bereiten. Was uns dagegen Sorgen macht, sind beängstigende Berichte aus unseren Kindergärten und Schulen – Meldungen über sprachgestörte Kinder, ausgebrannte Lehrer, verhaltensauffällige Schüler, disziplinlose Schulklassen und gewalttätige Jugendliche.

Und noch mehr sorgt uns, dass die Öffentlichkeit, die Verbandsfunktionäre der Wirtschaft und die Politiker nicht über diese Phänomene sprechen, sondern lieber die fehlenden Internetanschlüsse der Schulen beklagen. Es ist absurd, wenn einige besonders eifrige Ideologen und Pädagogen sich darüber streiten, ob man Kinder schon mit drei oder erst mit fünf Jahren an den Computer setzen sollte. Das «Surfen» genannte Herumgeklicke in einem Internetbrowser zu einer neuen «Kulturtechnik» hochzustilisieren, halten wir für gewagt. Die Angst vor Computer-Analphabetentum erscheint uns übertrieben – weil wir an unseren eigenen Kindern sehen, dass sie den Umgang mit dem Computer, wie das Radfahren, fast allein und wie von selbst erlernen.

Wir verstehen, dass alle im elektronischen Kommerz engagierten Unternehmer voller Ungeduld den Tag herbeisehnen, an dem endlich jeder Deutsche in der Lage ist, seine Bestellungen via Internet zu tätigen. Wir bitten aber auch um Verständnis, dass wir den Drang unserer Kinder ins Internet eher bremsen als beschleunigen. Nicht nur, weil wir fürchten, dass die Kleinen unsere Kreditkarte zu sehr belasten, sondern auch aus anderen Gründen, die jeder versteht, der das Internet kennt, und auf die wir im Kapitel «Schulen ans Netz?» noch zu sprechen kommen.

Mangelnde Wettbewerbsfähigkeit und fehlende Internetanschlüsse der Schulen scheinen für manche das wichtigste Bildungs- und Erziehungsproblem überhaupt zu sein – und die Bundesbildungsministerin sieht das offenbar genauso. Kaum hatte Herr Hundt sich geäußert, überraschte Frau Bulmahn uns mit dem Plan, jeden Schüler mit einem Laptop zu beglücken.

Wir sehen ein: Wirtschaft, Computer, Internet, die digitale Technik, das sind Realitäten, an denen niemand vorbeikommt, schon gar nicht die Schule. Wir befinden uns mitten in einem historischen Umbruch, dessen Basis Computer, Internet und Gentechnik sind. Das muss sich in der Schule und in unserem gesamten Bildungssystem niederschlagen.

Lehrer und Schüler werden sich künftig auseinander setzen müssen mit Begriffen wie New Economy, Globalisierung, digitaler Kapitalismus, Biotechnologie, Nanotechnologie, Wettbewerb, Markt und auch mit der Rolle demokratischer Nationalstaaten in einer globalen Wirtschaft.

Wir akzeptieren aber nicht, dass dieser Umbruch zu einem Problem der PC-Ausstattung unserer Schulen verkürzt und in der öffentlichen Diskussion der Eindruck erweckt wird, man müsse nur endlich alle Schulen ans Netz hängen und jedem Schüler seinen Laptop geben, und alles sei gut.

Wahrscheinlich werden sich unter dem Zauber der Laptops und dem Glanz des Internets die hässlichen Betonklötze, in die wir unsere Schüler zwängen, von selbst verschönern. Uns als Eltern zweier Schulkinder wäre zwar lieber, wenn die Kultusminister endlich mehr Lehrer einstellten und in den Schulen nicht dauernd der Unterricht ausfiele. Und für viele berufstätige Eltern wäre es eine große Hilfe, wenn ihre Kinder nachmittags an den Schulen betreut werden könnten. Aber vielleicht verkleinert ja der Zauberlaptop die Klassen von selbst und bringt aus dem Nichts zahlreiche bestens ausgebildete und motivierte Lehrer hervor, die sich auch noch am Nachmittag begeistert um ihre Schüler kümmern. Möglicherweise vergessen die Schüler aus lauter Begeisterung über ihre neuen Laptops das Dealen mit Drogen auf dem Schulhof.

Die Wirtschaft fordert – die Politik reagiert

Die PC-Ausstattung einer Schule ist wohl kaum das Kriterium für deren Qualität. Computer sind ein Nebenproblem. Wir fürchten, dass für die Lösung dieses Nebenproblems so viele Milliarden verpulvert werden, dass für den Kampf gegen den eigentlichen Notstand – Lehrermangel, Raumnot an den Schulen, veraltete Lehr- und Unterrichtsmethoden, Reformstau im Bildungssystem, Vernachlässigung der Erziehung aus Zeitmangel, aggressive, überforderte, verwöhnte, verwahrloste Kinder – keine Mark mehr übrig bleibt.

Es muss klar gesagt werden: Wir haben keinen Internet-Notstand, sondern einen Erziehungsnotstand.

Auf diesen Notstand hinzuweisen scheint uns auch deshalb geboten, weil ein schon lange zu beobachtender Trend nun auch unsere Schulen erreicht hat: der Trend zum Primat der Ökonomie. Unter diesem Primat wird das, was wir einmal unsere Heimat genannt haben, seit etlichen Jahren zum Industriestandort geplant, an dem alles unterbleibt, was sich erst nach langer Zeit oder gar nicht rechnet.

Unter diesem Primat verkümmert Politik zur möglichst schnellen und reibungslosen Anpassung an echte oder vermeintliche Erfordernisse des internationalen Wettbewerbs. Die Marketingstrategen der jeweils regierenden Politiker verkaufen uns die Vollstreckung angeblicher Sachzwänge und den Verzicht auf einen eigenen Gestaltungswillen als «Modernisierung». Unter dem Primat der Ökonomie verkommen unsere Universitäten zu bloßen Zulieferbetrieben der Wirtschaft. Der Zweck solcher Hoch- und Fachhochschulen erschöpft sich in der Lieferung von Personalnachwuchs, «Human Resources» – also Menschenmaterial für die Schlacht um Marktanteile, Technologietransfer und Know-how.

Wenn wir in Deutschland den Mangel an Experten für Informationstechnik «schneller beseitigen können als anderswo», dann «sind wir plötzlich ein rohstoffreiches Land», sagt Thomas Heilmann, den Direktor der Werbeagentur Scholz & Friends. Und der Rohstoff, der «ist da drin», sekundiert der Mathematik-Professor Josef Nietzsch, der mit dem Zeigefinger an seiner Schläfe bohrt.[1]

Rohstoffe, Know-how, Technologien, Computer, Internet, IT-Experten – das sind die Begriffe, die unsere Debatten dominieren. Von Bildungszielen ist nicht mehr die Rede, es sei denn, man lässt «Wettbewerbsfähigkeit» als Bildungsziel gelten. Es wäre dann das einzige, das wir noch haben, und unser Bildungssystem wäre konsequenterweise eine Einrichtung, in die man vorne einen Schüler hineinschiebt und hinten einen Siemens-Ingenieur herauszieht.

So ein Bildungssystem wollen wir nicht.

Um Missverständnissen vorzubeugen: Uns scheint die Klage der Wirtschaft über die Praxisferne unserer Hochschulen nicht durchweg unberechtigt. Selbstverständlich können die durch Computer und Internet ausgelösten Entwicklungen nicht spurlos an unserem Bildungssystem vorbeiziehen. Und wir verkennen nicht die Nöte einer Wirtschaft, die einem globalen Wettbewerb von beispielloser Härte ausgesetzt ist.

Aber uns ärgert, dass Bildung in den letzten zwei Jahrzehnten kaum ein Thema war und jetzt nur deshalb zum Thema wird, weil der Industrie die Programmierer und Netzwerkspezialisten fehlen und den Bildungsministern die Lehrer, die sie

24

zwei Jahrzehnte lang nicht eingestellt haben. Uns ärgert, dass die politische Willensbildung in unserem Land generell nach diesem Muster abzulaufen scheint – die Politik reagiert erst, wenn es die Wirtschaft fordert oder erlaubt.

Nach dem gleichen Prinzip ändern sich jetzt auch die Ausländer- und die Familienpolitik. Ein Vierteljahrhundert lang haben Frauen die Vereinbarkeit von Familie und Beruf gefordert. Vergeblich. Und seit einem Vierteljahrhundert ist bekannt, dass die Deutschen wegen des Geburtenrückgangs auszusterben drohen. Konsequenzen hatte das nicht.

Erst jetzt, da der Wirtschaft die qualifizierten Frauen fehlen und sie zu erahnen beginnt, wie eine alternde, schrumpfende Bevölkerung die Bilanzen zu verhageln droht, fordern auch konservative Politiker und Funktionäre Ganztagsschulen, mehr Geld für die Familien und den problemlosen Wechsel zwischen Familie und Beruf.

Ohne den Segen der Wirtschaft scheint also in unserem Land nichts mehr zu gehen, und schon gar nichts gegen sie. Für ein demokratisches Land, in dem nicht die Wirtschaft, sondern das Volk der Souverän ist, ist das ein untragbarer Zustand. Wir möchten, dass im Ganzen, wie in seinen Teilen, der Politik wieder der Vorrang vor der Ökonomie gebührt.

Wir halten nichts davon, klassische Bildungsziele zugunsten von bloßer Wettbewerbsfähigkeit und technisch-wirtschaftlicher Tüchtigkeit über Bord zu werfen. Wir wollen, dass unsere Schulen und Universitäten wieder dem Zweck dienen, für den sie ursprünglich einmal erfunden worden sind: Bildung und Erziehung. Das ist mehr als bloßes Fitmachen für künftige Jobs, das ist mehr als bloße Vermittlung von Wissen, Kenntnissen und Fertigkeiten, und es ist mehr als die bloße Anpassung der Kinder und Jugendlichen an die Vorgaben des Arbeitsmarkts.

Noch behaupten ja unsere Wirtschaftsfunktionäre und die ihnen zugeneigten Leitartikler und Politiker, wenn sie mal besonders feierlich werden, ein paar höhere Ziele zu kennen als nur Wettbewerbsfähigkeit. Noch beschwören unsere Eliten die Wertegesellschaft, in der wir angeblich leben. Das mag von vielen bloß noch geheuchelt sein, aber selbst der, der heuchelt, der also öffentlich die Norm lobt, und heimlich dagegen verstößt, erkennt damit immerhin die Gültigkeit der Norm noch an. Wenn die Norm «Wertegesellschaft» also gültig ist, dann können nicht die Normen einer Wertpapiergesellschaft zu Bildungszielen erhoben werden.

Darum meinen wir: Nicht nur Eltern, Lehrer und Bildungspolitiker sollten die Schule und ihre Schüler vor dem Zugriff der Wirtschaft schützen, sondern die Wirtschaft selbst sollte in ihrem eigenen Interesse mehr Zurückhaltung üben und der Schule den Freiraum überlassen, den sie braucht. Gut erzogene und umfassend gebildete Menschen sind garantiert wettbewerbsfähiger als Ungezogene und Halbgebildete.

In immer kürzer werdenden Abständen beklagen sich die Lehrer über ihre unmotivierten, uninteressierten, schlecht erzogenen, faulen Schüler, schimpfen Eltern über unmotivierte, uninteressierte, häufig krankfeiernde Lehrer. Professoren stöhnen über studierunfähige Studenten, Politiker warnen vor wachsender Jugendkriminalität, Neonazismus, Gewalt an den Schulen und unter Jugendlichen, und Wirtschaftsfunktionäre mokieren sich über die schlecht ausgebildeten Berufsanfänger und das stetig sinkende Niveau unserer Schulen und Hochschulen.

Wenn sie alle einsähen, dass der Grund ihrer Klagen nicht nur in den Eltern oder Schülern oder Lehrern und auch nicht allein in der Bildungspolitik zu suchen ist, sondern auch in unserer Konkurrenz-Gesellschaft und in unseren Trash-Medien, die alles tun, die Köpfe unserer Kinder und Jugendlichen mit ihrem medialen Junkfood zu verstopfen – wenn das von allen Beteiligten eingesehen würde und Konsequenzen hätte, dann wäre schon einiges in Bewegung gekommen. Dazu möchten wir mit diesem Buch beitragen.

Das Erziehungsvakuum

Es gibt aber noch einen wichtigen Grund, warum wir dieses Buch schreiben: Viele Kinder werden heute nicht mehr erzogen. Viele Eltern sind unfähig, nicht willens oder – wegen Berufstätigkeit – nicht in der Lage, ihre Kinder zu erziehen. Und eine wachsende Zahl von Eltern scheint ihre Gleichgültigkeit und Nicht-Erziehung mit Liberalität und Toleranz zu verwechseln. Die an Geld-, Zeit- und Lehrermangel leidenden Schulen sind überfordert in dem Bemühen, das Versäumte auszubügeln, oder bemühen sich erst gar nicht darum.

Und alle zusammen sind verunsichert. Wie soll man Kinder erziehen, wenn es anscheinend keine verbindlichen, allgemein anerkannten Werte, Normen und Vorbilder gibt? Wie soll man sich in den tausend Konflikten, in die man als Erzieher gerät, verhalten? Auf welche Ziele hin soll man erziehen? Soll man überhaupt noch erziehen wollen, ist es uns denn erlaubt, unsere Kinder nach unseren Vorstellungen zu formen? Oder ist Erziehung sowieso sinnlos?

Auf jede dieser Fragen hören wir Dutzende von einander widersprechenden Antworten. Wir haben also nichts Gesichertes, nichts, worauf wir uns verlassen könnten. Darum beschränken viele Lehrer wie Eltern ihre erzieherischen Bemühungen auf ein Minimum oder stellen sie gleich ganz ein.

Wenn es aber schon mit der Erziehung nicht mehr klappt,

dann klappt es mit der Bildung erst recht nicht mehr, denn lehren und unterrichten kann man nur Menschen, die zuvor erzogen worden sind.

Lernen in größeren Gruppen funktioniert nur, wenn die einzelnen Gruppenmitglieder die Mindeststandards des menschlichen Zusammenlebens beherrschen. Bildung setzt Erziehung voraus. Unsere Bildungsmisere ist eine Folge unseres Erziehungsnotstands. Wer eine bessere Bildung will, muss daher zuerst die Erziehung verbessern.

Weil wir in Erziehungsfragen unsicher geworden sind, entsteht ein Erziehungsvakuum, in das wie von selbst alles Mögliche eindringt, nur nichts Gutes. Allein schon aus diesem Grund – weil dieses Vakuum gefüllt werden muss und weil es sich von selbst mit allerlei Unrat füllt, wenn wir es nicht verhindern – haben wir gar keine andere Wahl, als zu erziehen.

Wie aber ist Erziehung möglich in einem Klima des permanenten Wertewandels und Werteverfalls und in einer Gesellschaft, deren letzte verbindliche Wahrheit lautet, dass es letzte verbindliche Wahrheiten nicht gibt? Über diese Frage, die wichtiger ist als alles, was auf Kultusministerkonferenzen verhandelt wird, müssen wir diskutieren. Dazu wollen wir einen Anstoß geben.

Seit vier, fünf Jahren werden Lernprogramme entwickelt, PC-gestützte Unterrichtsmodelle erprobt, Schulen und Universitäten vernetzt und Schulen für Computerkids gebaut. Es wird Zeit, dass man in dieser Experimentierwut mal einen Augenblick innehält und ein erstes Resümee zieht. Wir möchten dazu eigene Erfahrungen mit unseren Kindern und ein paar Fragen und Anregungen aus Elternsicht beisteuern.

Soll, kann die Schule Werte vermitteln? Ja, sie sollte, meinen wir, wissen aber nicht, ob sie es auch kann, denn dafür müsste die Gesellschaft hinter ihr stehen, ihr sagen, woran sie glaubt, und sie müsste der Schule und den Schülern die Werte glaubwürdig vorleben.

Aber weiß denn unsere Gesellschaft noch, woran sie glaubt? Glaubt sie überhaupt noch an irgendetwas? Auf solche Fragen Antworten zu finden – das ist für uns ein weiterer Grund, dieses Buch zu schreiben.

BILDUNG – WAS IST DAS EIGENTLICH?

Wettbewerbsfähigkeit als wichtigstes Bildungs- und Erziehungsziel – das können wir nicht wollen. Die Fähigkeit, im Wettbewerb zu bestehen, ist überhaupt kein Bildungsziel, sondern bestenfalls ein Nebenprodukt gelungener Bildung und Erziehung. Was aber sollen wir unter «gelungener Bildung und Erziehung» verstehen? Wenn nicht Wettbewerbsfähigkeit das Ziel ist, was dann?

Der von Bildungspolitikern, Erziehungswissenschaftlern, Lehrern, Eltern und Funktionären voll geschriebene Wunschzettel ist lang. «Praktische Lebenstüchtigkeit» finden wir darin genauso wie «das zur Orientierung in einer komplexen Welt notwendige theoretische Rüstzeug» oder «die Fähigkeit zu unternehmerischem Denken und selbständigem Handeln» plus «Allgemeinwissen», «Weltkenntnis», «Mehrsprachigkeit», «Zukunftsfähigkeit». Darüber hinaus sind «Schlüsselqualifikationen» gefragt, wie etwa die «Fähigkeit zur Kritik, zu Einspruch und Widerstand» oder «innovatives Denken und Handeln». Und natürlich das, was schon immer gefragt war: analytisches Denken, Rationalität, Vernunft, Phantasie, Mut und Eigeninitiative. Ebenfalls auf der Liste stehen: der «mündige Bürger», «Zivilcourage», «Verantwortungsbewusstsein», «Heimat- und Vaterlandsliebe», neuerdings auch noch die «deutsche Leitkultur» und, ganz neu, die «literacy», was immer das sei.[1]

Solche Aufzählungen beginnen meist mit dem Wunsch, in einer Welt, in der jeder einzelne zu lebenslangem Lernen verurteilt sei, möge möglichst jeder das Lernen gelernt haben. Am

Ende steht die altehrwürdige Forderung, Bildung solle die im Menschen schlummernden Fähigkeiten voll zur Entfaltung bringen. Oft muss auch das Bonmot herhalten, Bildung sei das, was übrigbleibt, wenn wir das in der Schule Gelernte wieder vergessen haben.

Wenn auch wir noch ein paar Wünsche äußern dürfen: Wir hätten gern noch den Humor dabei, die Fähigkeit zur Selbstironie und das Eingeständnis, dass sich Schulversager und Bildungsverweigerer manchmal zu den interessantesten Persönlichkeiten entwickeln.

Das ist schon ziemlich viel. Aber selbst, wenn alles abgehakt wäre, wäre das Ergebnis wirklich der rundum gebildete Mensch? Wohl kaum, denn Bildung ist etwas anderes als eine lange Reihe abgehakter Bildungs- und Erziehungsziele. Und viele Einzelposten in dieser Aufzählung haben mit Bildung wenig zu tun oder sind nichts sagend. Lebenstüchtigkeit zum Beispiel – verfügt darüber nicht auch die Kellerassel? Und der gemeinen Wanderratte gelingt die «Orientierung in einer komplexen Welt» ganz ohne Abitur.

Heinrich von Kleist hat in seinen jungen Jahren in der Armee gedient, war dort wohl nicht sehr glücklich und quittierte den Dienst, studierte Philosophie und wurde Dichter. Wäre er von seinen Eltern und Lehrern «fit für das Leben» gemacht worden, wäre er sicher Soldat geblieben. Als lebenstüchtiger preußischer Armeeoffizier hätte er auch nicht den «Zerbrochenen Krug» geschrieben, der beim Publikum durchfiel, nicht die «Penthesilea», die ebenfalls floppte, und auf keinen Fall mehr den «Prinzen von Homburg», ein Misserfolg, der Kleist in den Selbstmord trieb. Spätestens nach dem «Krug»-Debakel hätte ein zu unternehmerischem Denken erzogener Dichter sich am Markt orientiert, gefälligere Stücke geschrieben, Erfolg gehabt, Henriette Vogel geheiratet, Kinder in die Welt gesetzt und seinen Dienstboten gesagt, wann der Rasen zu mähen ist. Dann wäre Kleist heute zwar vergessen, aber hätte alle Tüchtigkeitskriterien unserer Wettbewerbsgesellschaft erfüllt.

Tüchtigkeit darf schon sein, aber zur Bildung steht sie in einem eher losen Zusammenhang, ähnlich locker wie die allerorten eingeklagte «Zukunftsfähigkeit». Wenn wir wüssten, wie die Zukunft wird, spräche nichts gegen den Versuch, unsere Kinder auf ihr zukünftiges Leben vorzubereiten. Mit Bildung hätte auch das wenig zu tun, und da sich bisher schon jeder Prophet blamiert hat, sobald er konkret wurde, dürfen wir das Wort Zukunftsfähigkeit getrost im Museum für sinnlose Vokabeln entsorgen. Am besten im Doppelpack mit «Lernen lernen», dem jüngsten Modebegriff der Bildungsplaner.

Radfahren lernt man, indem man Rad fährt, Lesen lernt, wer liest, und Lernen lernt, wer irgendetwas lernt, sei es Schreiben, Rechnen, Autofahren, Schwimmen oder die Kaninchenzucht. «Lernen lernen» – das funktioniert nicht ohne Inhalt und nie ohne Vorwissen. Die Vorstellung, nur noch das Lernen zu lernen und den Rest aus dem Internet abzurufen, ist Unfug.

Europa erlebe «die blutigste Bildungsrevolution seit der Renaissance», lasen wir in einem Magazinartikel zum Thema Bildung.[2] Seit der Entdeckung Amerikas und der Erfindung des Buchdrucks habe es «einen solchen Angriff auf die Köpfe des Nachwuchses nicht mehr gegeben: die Entdeckung der globalen Wissenswelt».

Wir wissen nicht, ob sich der Verfasser solcher Sätze täglich den Kopf blutig schlägt an seinem Monitor oder ob die «globale Wissenswelt» heimlich den alten Adel der Gutenberg-Galaxis guillotiniert. Aber wir registrieren leicht verstört ein Anschwellen des Stroms kopflos in die Welt gesetzter Gedanken und Wortschöpfungen, seit es den Computer und das Internet gibt.

Das neueste Treibgut, das wir in diesem Strom entdeckten, ist die «literacy», die offenbar vom Berliner Max-Planck-Institut für Bildungsforschung in den Fluss geworfen wurde.[3] Angemessen übersetzen ließe sich die Kreation nicht, hören wir von dort, aber gemeint sei wohl, «dass Schüler lernen sollen, Probleme zu lösen und dann mit anderen Menschen darüber zu reden. Oder umgekehrt».[4]

Viel mehr als bloßes Gerede ist das nicht, auch dann nicht, wenn Politiker, Unternehmer und Manager ins selbe Horn stoßen und fordern, die Schule solle weniger Paukstoff verabreichen, weniger Problemlösungen liefern, als vielmehr das Lösen von Problem üben, weil doch Wissen heutzutage so schnell veralte. Das klingt gut. Doch erstens war die Fähigkeit, Probleme zu lösen, schon immer und überall gefragt. Die alte Industriegesellschaft hätte sich sonst nicht entwickeln können. Und zweitens muss, wer lernen will, wie man Probleme löst, erst einmal in der Lage sein, ein Problem überhaupt zu erkennen und zu verstehen. Dazu muss er über Grundlagenwissen verfügen und zusätzlich lernen, welche Probleme andere vor ihm auf welche Weise gelöst haben. Das geht leider nicht ohne Pauken, Memorieren und das Verstehen einfachster Zusammenhänge.

Wer nicht weiß, was ein Motor ist und wie man ihn baut, wird kaum in der Lage sein, einen bestehenden Motor zu verbessern. Wer nicht weiß, wie ein Computerprogramm funktioniert, wird auch keines entwickeln können.

Die Forderung, ein Schüler möge doch bitte lieber Probleme lösen, statt zu pauken, ist ungefähr so sinnvoll wie die Forderung, ein Klavierschüler solle lieber bachsche Fugen spielen und komponieren lernen, als sich in Fingerübungen zu ergehen.

Die Schule kann also gar nicht anders, als mit Fingerübungen – der Vermittlung von Grundkenntnissen, Grundfertigkeiten, Wissen und Problemlösungen – anzufangen. Danach mag sie darüber hinausgehen und die Schüler anleiten, selbständig Probleme zu lösen. Dennoch zählt auch die Problemlösungskompetenz eher zu den Merkmalen des tüchtigen als zu denen des gebildeten Menschen.

Ein weiteres Kennzeichen der Epoche sei die Explosion des Wissens, hören wir. Neues Wissen wird immer schneller in wachsenden Mengen produziert, und so schnell, wie es wächst, veraltet es auch. Wegen dieser nun ebenfalls schon leicht angestaubten Binsenweisheit wird seit rund einem Jahrzehnt alle paar Monate die «Revolution des Lernens» ausgerufen. Diese Kette von Revolutionen ereignet sich zwar überwiegend nur auf Papier, gebiert aber laufend neue Mode- und Schlagwörter: *Cyberlearning, Teleteaching, Learning by earning, Learning to be,* Lernen mit der Maus, Bildung per Klick, Medienkompetenz, Schlüsselqualifikation, die vernetzte Schule, die virtuelle Universität, High-End-Bildung, schließlich der Schritt «von der Belehrungskultur zur Lernkultur».

Unser Wissen mag sich explosionsartig vermehren, und es mag schneller veralten, als man es lernen kann – deshalb auf die Aneignung von Wissen in der Schule zu verzichten und nur noch oder hauptsächlich zu lernen, wie man lernt und wie man Wissen rasch erwirbt und wieder vergisst, wäre albern. Bei dem täglich neu entstehenden Wissen handelt es sich zum größten Teil um Spezialwissen, über das zu verfügen nur für kleine Personenkreise wichtig ist. Alle anderen dürfen es getrost ignorieren.

Natürlich wächst – in erheblich geringerem Maß – neben dem Wissen für Spezialisten auch jenes Wissen, das alle betrifft. Dieses Wissen wird aber niemand verstehen, der nicht schon über ein bestimmtes Vorwissen verfügt. Ohne dieses Vorwissen könnte die Allgemeinheit das neue Wissen in seiner Bedeutung nicht einmal richtig einordnen.

Deshalb kommt es nicht darauf an, dass die Schule mit der Wissensexplosion Schritt hält, sondern darauf, dass sie ein solides Vorwissen vermittelt. Jenes Vorwissen, das Bestand hat, sich kaum ändert, aus Büchern ebenso gut bezogen werden kann wie aus Monitoren und unbedingt nötig ist, um das neu hinzukommende Wissen überhaupt verarbeiten zu können.

«Einen bürgerlichen Bildungsschatz gibt es nicht, es gibt überhaupt kein zeitloses Wissen», sagt Erika Risse, die Direktorin am «Haus des Lernens» in Oberhausen. Dieses Gymnasium ist unter deutschen Schulreformern berühmt als «Großversuch für die Produktion weltoffener, verantwortungsbewusster, neugieriger und unglaublich kritischer junger Menschen», wie der *Spiegel* die Schule beschreibt. Mit dem Bildungsschatz mag Risse Recht haben, mit dem zeitlosen Wissen hat sie nicht Recht. Das gibt es sehr wohl. Die lutherische Reformation, die Musik Beethovens, Goethes Faust, die Newtonschen Gesetze und deren Korrektur durch Einstein – dies alles bleibt, und es bleibt weiterhin wichtig.

Der pythagoreische Lehrsatz gilt auch in tausend Jahren noch, und wer Physiker, Astronom oder Architekt werden will, muss zuerst die geometrischen Zusammenhänge in einem rechtwinkligen Dreieck und vieles andere begriffen haben, bevor er überhaupt Physiker oder Architekt werden kann. Das Studium dient dann dazu, sich das für einen Physiker oder Architekten nötige Spezial-Vorwissen anzueignen. Erst danach, im Job, muss der Physiker oder Architekt mit der Entwicklung seines Fachgebiets Schritt halten.

Aus diesem Grund kann die Wissensexplosion die Schule kalt lassen. Ihr Metier ist nicht das Tageswissen, sondern das Jahrtausend- und Jahrhundertwissen, und davon befindet sich gegenwärtig nur der geringste Teil im Internet oder auf CD-ROMs.

Wer sich systematisch Wissen aus den verschiedensten Teilen der Wirklichkeit aneignet, verfügt über Allgemeinwissen. Man spricht dann auch von einer guten «Allgemeinbildung». Diese ist immer noch wesentlich, aber auch sie sollte man nicht mit Bildung verwechseln.

Und was muss ein Gebildeter wissen? Vielwisserei ist noch keine Bildung. Wichtiger als die Menge und wichtiger als das «Was» ist das Verständnis des Gewussten. Das setzt voraus, dass man sein eigenes Wissen strukturieren kann. Dort, wo Wissen nicht zusammenhängt, versucht der Gebildete, «einen Zusammenhang herzustellen, oder wenigstens zu verstehen, warum dies schwer gelingt», sagt der Philosoph Robert Spaemann.[5]

Bei solchem Bemühen hilft der unstrukturierte Datenhaufen des Internets nur wenig. Der Bildungseffekt, der sich aus der zielgerichteten Lektüre eines Buches von vorne nach hinten ergibt, dürfte daher ungleich nachhaltiger sein als das eher zufällige Herumstreunen in den meist zufällig miteinander verlinkten Hypertexten des Internets.

Bildung ist kein Mittel zum Zweck

Nun haben wir ausführlich gesagt, was Bildung alles nicht ist, und die Geduld jener Leser strapaziert, die darauf warten, dass wir endlich sagen, was Bildung sei und warum das bisher Aufgezählte mit Bildung nichts oder nur wenig zu tun hat. Was also ist Bildung?

Inmitten der grassierenden Nützlichkeitsdiskussion betont der Münchner Philosoph Robert Spaemann, Jahrgang 1927, fast provokant die Zweckfreiheit von Bildung. Bildung sei eigentlich zu nichts nütze, und der «Gebildete ist nicht nützlicher als der Ungebildete».[6] Bildung ist kein Mittel zum Zweck, sondern hat seinen Zweck in sich selbst und dient ausschließlich dem, der sich bildet. Das halten wir für das Entscheidende, und das hat schon der Bildungsreformer Wilhelm von Humboldt so gesehen.

Als er 1809 zum Leiter des Kultus- und Unterrichtswesens ins Preußische Innenministerium berufen wurde, korrigierte er die Reform-Bestrebungen seines Vorgängers, der die Landesuniversitäten zu höheren Fachschulen umformen und die Schulen nach dem Prinzip der unmittelbaren Nützlichkeit ausrichten wollte. Dagegen war es Humboldts Ziel, eine universelle Bildung durch die Entfaltung aller Kräfte der Persönlichkeit zu fördern. Hierbei bediente er sich Vorstellungen der Reformpädagogik des Schweizers Johann Heinrich Pestalozzi, für den Bildung dem einzelnen Individuum zu dienen hatte.

Nicht spezialisiertes Fachwissen, sondern Allgemeinbildung und Orientierungswissen standen für Humboldt im Mittelpunkt der Schul- und Universitätsbildung. Und nicht Nützlichkeit, Tüchtigkeit oder Wettbewerbsfähigkeit waren das Ziel der Bildung, sondern Humanität und «gelungenes Menschsein». Der harmonische Mensch, der alle seine Anlagen, Möglichkeiten und Kräfte gleichmäßig und allgemein ausgebildet hat, der sei gebildet, war Humboldts Überzeugung.

Seine Reformen mündeten in die Konzeption des humanistischen Gymnasiums, in dem die alten Sprachen Latein und insbesondere Griechisch einen bevorzugten Platz zugewiesen bekamen, weil Humboldt überzeugt war, dass gerade der griechische Mensch dem Ideal reiner Harmonie und Vervollkommnung am nächsten gekommen sei. Und weil er forderte, dass Fähigkeiten an einer möglichst geringen Zahl von Gegenständen zu bilden seien. Das Ziel eines Studiums der alten Sprachen bestand daher nicht darin, diese um ihrer selbst willen zu erlernen, sondern durch sie und durch ihr Erlernen einen methodischen und inhaltlichen Zugang zur Erkenntnis des Menschen zu erhalten und eine Einsicht in die Möglichkeit seiner Entfaltung zu einer vollständigen Humanität.

Dass dies so nicht immer funktionierte und Preußens Beamte im Humboldtschen Bildungsideal etwas ganz anderes sahen als dieser – nämlich das Eintrittsbillett in den höheren Staatsdienst und am Ende die gesicherte Pension – und dass an den meisten Absolventen des preußischen Bildungswesens die Humboldtschen Ideale abtropften wie Wasser vom Lack, steht auf einem anderen Blatt. Dies spricht jedoch nicht gegen Humboldt, sondern eher gegen den Menschen – bildungsresistent, wie er nun mal ist. Um der Ausnahmen willen, die ihre Resistenz aufgeben oder aufgrund glücklicher Fügungen gar nicht haben, möchten wir weiter an diesem Ideal festhalten, vor allem an der luxuriösen Nutzlosigkeit von Bildung.

Bildung erschöpft sich aber nicht in reinem Selbstzweck. Bildung hat Folgen. So zeichnet den Gebildeten beispielsweise aus, dass er den «animalischen Egozentrismus» hinter sich gelassen hat und sich dafür interessiert, «wie die Welt aus anderen Augen aussieht», sagt Spaemann – nicht aus irgendwelchen Nützlichkeitserwägungen heraus, etwa, weil der Perspektivwechsel in einer globalisierten Welt bessere Geschäfte ermöglicht, sondern zur Befriedigung der puren Neugier.

Man sieht also, dass Wettbewerbsfähigkeit durchaus ein Nebenprodukt von Bildung sein kann. Wer sich dafür interessiert, wie die Welt aus den Augen von Japanern, Koreanern oder Indern aussieht, versteht diese besser und kommt mit jenen natürlich besser ins Geschäft – falls er das will – als die Krämerseele, die nur an ihren Profit denkt.

Gehören «Heimat- und Vaterlandsliebe» wirklich zur Bildung, wie es die bayerische Verfassung im Artikel 131 (3) den Schulen ins Pflichtenheft schreibt? Und falls ja – ist damit der

krachledern-auftrumpfende Mir-san-mir-Stolz der Klischee-
bayern gemeint, der schäumende Nationalismus eines Moritz
von Arndt und Johann Gottlieb Fichte? Oder der zurückhal-
tend-leidende Patriotismus Heinrich Heines, Kurt Tucholskys
oder Willy Brandts? Natürlich Letzterer, werden alle sagen, aber
Heine, Tucholsky, Brandt – wie wurden sie gehasst vom jeweiligen deutschen gebildeten Bürgertum, das seinen Nationalstolz
pflegte.

Das Fremde sei dem Gebildeten eine Bereicherung, er könne das Fremde bewundern, sich dafür begeistern, sich neidlos
über Vorzüge freuen, die er selber nicht besitzt, sehe deshalb
aber keinen Grund, sich des Eigenen zu schämen, fährt Spaemann fort. Und darum müsse der Gebildete das ihm Fremde
auch nicht ressentimentgeladen abwerten, um sich selber groß
vorzukommen.

Also mehr Heine und Brandt als Fichte und Arndt – das sollte man immer dazusagen, wenn man von «deutscher Leitkultur»
und neu erwachtem «Nationalstolz» spricht. Und wer dabei an
Heine und Brandt denkt, wird das «Deutsche» und seinen Stolz
automatisch tiefer hängen, aber weiß dann wenigstens: Dieser
Deutschen braucht er sich nicht zu schämen.

Auch das Interesse für das Fremde hat der Gebildete nicht zu
irgendeinem Zweck, sondern um seiner selbst willen erworben.
Aber es wird demjenigen auch nicht schaden, der Geschäfte machen will. Darum könnte man sich solche Eigenschaften natürlich auch zweckgerichtet erwerben und auch vermitteln. Mit Bildung hätte das dann nichts mehr zu tun. Das gehörte eher in die
Kategorie Marketing.

Deshalb darf die Schule nicht für die Zwecke der Wirtschaft
oder des Staates instrumentalisiert werden. Geschieht es trotzdem, wird unsere Gesellschaft möglicherweise tüchtige Kaufleute, Techniker und Programmierer bekommen, aber keine

Gebildeten. Schon möglich, dass manchen Verbandsfunktionären und Politikern das egal ist, uns ist es nicht egal. Kultur entsteht nicht aus Tüchtigkeit, sondern aus Bildung. Kultur und Bildung sind höhere Werte als eine gut geölte Wirtschaft, und auf diese Werte legen wir Wert.

Im Gegensatz zu Kultur und Bildung ist die Wirtschaft kein Selbstzweck, sondern ein Mittel zum Zweck. Wirtschaft ist dazu da, knappe Ressourcen optimal zu nutzen, die Menschen möglichst gerecht und unter Vermeidung sozialer Härten mit Gütern und Dienstleistungen zu versorgen und jenen Überschuss zu erwirtschaften, der nötig ist, um Kultur entstehen zu lassen. Diese Kultur ist kein Luxus, sondern das, was den Menschen erst zum Menschen und sein Leben erst lebenswert macht – eigentlich eine Selbstverständlichkeit. Aber dass man genötigt ist, auf solch eine Selbstverständlichkeit hinzuweisen, zeigt, wie nahe die westliche Kultur vor dem Schritt in eine Hightech-Barbarei steht.

Bildung zeigt sich auch und vor allem in der Sprache. Eine «differenzierte, nuancenreiche Umgangssprache», ist für Spaemann ein Kennzeichen des Gebildeten. Er beherrsche meistens eine Wissenschaftssprache, diese beherrsche ihn aber nicht.

An der Universität lernt man leider nur die Wissenschaftssprache, und schon aus diesem Grund erschöpft sich Bildung nicht in universitärer Bildung. Etwas muss hinzukommen, Sprachgefühl zum Beispiel, Freude an einem guten Stil und an Wortwitz, der Wille, auch von weniger Gebildeten verstanden zu werden, die Ächtung des Versuchs, durch übermäßigen Gebrauch von Fremdwörtern und wissenschaftlichen Termini aufzutrumpfen, einzuschüchtern und Herrschaft auszuüben, der Verzicht auf akademischen Dünkel – Bildung eben.

Unserer bis zur Gleichgültigkeit toleranten Gesellschaft schreibt Spaemann ins Stammbuch: Der Gebildete «scheut sich nicht zu werten, beansprucht für seine eigenen Werturteile objektive Geltung. Gerade deshalb ist er auch bereit, sie zu korrigieren. Denn was keine objektive Geltung beansprucht, braucht auch nicht korrigiert zu werden.»

Doch der Comedy- und Fun-Gesellschaft ist der Kampf für die Geltung bestimmter Werte und Ziele längst schon zu anstrengend geworden. Es kommt zwar dauernd zu Konflikten darüber, aber es ist nicht sehr spaßig, sich damit auseinanderzusetzen. Daher hat die Spaßgesellschaft elegante Methoden ersonnen, um sich ihrer zu entledigen. Man überweist sie an Ethikräte, lässt den Markt entscheiden oder die momentane öffentliche Stimmung oder erklärt das Strittige zum Privatproblem.

Der Gebildete wertet, tritt für die Geltung seiner Werte ein, hat also eine Überzeugung, hält aber – im Idealfall – Distanz zu Ideologien, Überzeugungstätern, Weltanschauungsgemeinschaften und überhaupt zu fast allem, was ihn umgibt. Bildung lässt sich nicht in Dienst nehmen und für irgendwelche Zwecke einspannen, nicht einmal für gute.

Darauf will Spaemann hinaus. Gebildetsein führt nicht zwangsläufig zu Gutsein, sondern zur Distanz zu sich selbst und anderen gegenüber. Wenn Bildung überhaupt etwas nützt, dann nur dem Gebildeten selbst. Bildung ist dem Gebildeten, und nur ihm, ein Genuss. Gebildete Menschen haben aneinander Freude, und sie wissen: Bildung ist nicht das Wichtigste.

Auf Bildung kann man die Menschen nicht abrichten oder programmieren, das gehört geradezu zu ihrem Wesen. Darum befindet sich alles, was man einem Menschen beibringen und vermitteln kann – Wissen, Methoden, Erkenntnisse, Fertigkeiten, Fähigkeiten –, unterhalb der Schwelle zur Bildung. Diese sind zwar allesamt höchst nützlich, geradezu unerlässlich, um im Leben zu bestehen und darum auch notwendiger «Stoff» in der Schule. Ob sich aber der mit diesem Stoff gewirkte Mensch auch bildet, liegt nicht mehr in der Macht des Lehrers und Erziehers.

Deshalb sagt der Bielefelder Pädagoge Hartmut von Hentig: Der Gebildete «ist das Subjekt des Bildens, nie das Objekt; er bildet sich. Nichts kommt auf einmal, nichts unter Druck, nichts aus zwingendem Grund zustande.» Bildung erwerbe man zwar «nicht von allein und von ungefähr, aber auch nicht durch systematische Belehrung». Bildung gehe «aus einer kultivierten Umwelt auf den Gebildeten über, aber wiederum nur, wenn und weil dieser so sein will».[7]

Darauf, auf diesen Hentigschen Begriff der «kultivierten Umwelt», kommt es uns an. Unser Eindruck ist: Jenes kultivierte Lernklima, in dem Bildung und Erziehung erst gedeihen können, ist in zahlreichen Familien und Schulen kaum noch vorhanden und droht immer weiter zu verschwinden. Auch in der Gesellschaft ist die Kultur auf dem Rückzug, trotz oder vielleicht gerade wegen des fast exponentiellen Wachstums «kultureller Events». Wo es eine kultivierte Umwelt nicht mehr gibt, kann auch nichts auf Menschen übergehen. Dort wird Bildung unmöglich. Eine kultivierte Umwelt wirkt auch erzieherisch. Wo sie fehlt, verrohen die Sitten.

Weil diese kultivierte Umwelt in vielen Familien, Schulen und auch außerhalb kaum noch vorhanden ist, und damit ihr erzieherischer Effekt ausfällt, weil darüber hinaus zahlreiche Kinder und Jugendliche von ihren Eltern nur noch unzureichend oder gar nicht mehr erzogen werden, haben sie Probleme, sich zu konzentrieren und die Anstrengungen des Lernens auszuhalten. Sie können nicht mehr entwickeln, was für ein erfolgreiches Lernen unbedingt nötig ist: Interesse, Neugier, Anteilnahme, Leistungswillen, Engagement. Darin besteht der Erziehungsnotstand. Mangelhafte Schulleistungen, eine lückenhafte Allgemeinbildung und fehlende Kenntnisse und Fertigkeiten sind das zwangsläufige Ergebnis dieser Katastrophe. Wer also besser gebildete und ausgebildete Jugendliche wünscht, muss erst eine bessere Erziehung in der Familie und der Schule ermöglichen. Er muss für ein gedeihliches Lernklima sorgen, eine kultivierte Umwelt gestalten und ethische Werte über ökonomische stellen.

DER ERZIEHUNGSNOTSTAND

KRISENHERD FAMILIE

BEDINGT GESELLSCHAFTSFÄHIG

Als unser erstes Kind drei oder vier Jahre alt war, fiel uns zum ersten Mal auf: Viele Kinder werden heute nicht mehr erzogen. Sie haben keine Manieren. Sie sagen nicht bitte und danke, sie grüßen nicht, und sie schweigen nicht, wenn Erwachsene reden. Elementare Verhaltensweisen – still sitzen, längere Zeit aufmerksam zuhören, sich konzentriert allein beschäftigen, sich in eine Ecke verkriechen und versunken spielen – beherrschen sie nicht mehr.

Wenn wir mit Erwachsenen zusammensitzen und diese ihre Kinder dabeihaben, dann sind Gespräche häufig nicht mehr möglich, weil deren Kinder ihre Eltern keine fünf Minuten alleine lassen können. Alle zwei Minuten kommt ein Kind, um etwas zu fragen oder zu berichten oder etwas zu wollen. Jedes Mal klinkt sich die Mutter oder der Vater aus dem gerade laufenden Gespräch sofort aus, um ausführlich auf die Bedürfnisse des Kindes einzugehen. Dass eine Mutter oder ein Vater dem Kind still oder mit wenigen leisen Worten zu verstehen gibt, dass man jetzt gern dem gerade Sprechenden zuhören möchte, erleben wir nur in seltenen Fällen. Und genauso selten hören wir den Satz: «Unterbrich mich bitte nicht, wenn ich rede.»

Irgendwo schreit irgendein Kind, hat sich das Knie aufgeschlagen, fühlt sich vom kleinen Hund bedroht oder von der Katze, ist von einem anderen Kind geschubst worden oder darf nicht mitspielen. Und immer springt die zugehörige Mutter oder der Vater auf, um ihr Allerheiligstes wieder zu beruhigen, aber nur, um mit der Meldung zurückzukehren, dass gar nichts passiert sei.

Dann haben die Kinder Hunger. Oder Durst. Oder beides. Oder müssen aufs Klo. Die Kinder haben kurz zuvor Essen bekommen. Sie wissen, wo der Kühlschrank ist, sie wissen, wo das Klo ist. Sie haben das Kinderzimmer, den Garten, den Keller und das Dachgeschoss zur Verfügung. Es sind alle Voraussetzungen dafür gegeben, dass die Kinder sich jetzt mal zwei Stunden lang mit sich selbst beschäftigen und die Erwachsenen ungestört lassen. Aber ebendies geschieht nicht. Statt durch den Garten oder Keller toben sie durchs Wohnzimmer, wo die Erwachsenen sitzen. Statt sich selbst, beschäftigen sie die Erwachsenen. Viele Kinder sind heute nur noch bedingt gesellschaftsfähig.

Wer das öffentlich ausspricht, sich gar über ungezogene Kinder beschwert oder gegen die Belästigungen der kleinen Tyrannen verwahrt, der steht schnell in der kinderfeindlichen Ecke. Unsere Gesellschaft ist sehr kinderfreundlich geworden, kinderfreundlich bis zum Wahnsinn.

Den erlebt man zum Beispiel in jenem Chaos, das von Zeit zu Zeit als so genannter Familiengottesdienst über die Gläubigen zahlreicher Gemeinden hereinbricht. Weil ja Jesus Christus unser Herr bekanntlich gesagt hat, «lasset die Kindlein zu mir kommen und wehret ihnen nicht», dürfen die Kinder in der Kirche, während der Pfarrer predigt, in der Kirche herumstromern und durch fröhliches Krähen und Kreischen «Gott loben».

Das ist sympathisch. Warum aber der Pfarrer sich am Tag vorher die Mühe macht, eine Predigt auszuarbeiten, die am nächsten Tag im Lärm der fröhlichen Kindlein untergeht, gehört zu den neueren Mysterien des Glaubens. Vielleicht ist es ja gleichgültig, was der Pfarrer in so einem Familiengottesdienst sagt, aber warum sagt er dann überhaupt etwas?

Wir bewundern aufrichtig die Nervenstärke jener Eltern, die bei einer Rede oder einem Vortrag nach dem dritten störenden Geschrei ihres Babys oder dem Getobe ihrer größeren Kinder lieber einen vierten erfolglosen Beruhigungsversuch unternehmen als auf die Idee kommen, den Raum zu verlassen und die Kleinen draußen nach Herzenslust schreien und toben zu lassen.

Die Kinder können ja nichts dafür. Wenn wir ihnen nicht signalisieren: «Jetzt reicht's», wie sollen sie dann wissen, wann es reicht? Wenn wir ihnen keine Grenzen setzen, woher sollen sie dann wissen, dass es Grenzen gibt? Kinder wollen von ihren Eltern gezeigt bekommen, wie weit sie gehen dürfen, deshalb testen sie ihre Grenzen ständig aus.

Wenn wir diese Tests ignorieren, wenn wir so tun, als gäbe es keine Grenzen, ziehen wir kleine Tyrannen heran, die nicht nur uns, sondern auch anderen Menschen auf die Nerven gehen. Wer will, dass sein Kind auch von anderen Menschen zumindest akzeptiert, wenn schon nicht gemocht oder gar geliebt wird, erzieht sein Kind so, dass es anderen leicht fällt, sein Kind nicht von vornherein abzulehnen.

Schon um unserer Kinder willen müssen wir ihnen Benimmregeln beibringen, Grenzen setzen, dieses und jenes verbieten. Letztlich sind die Kinder für die Begrenzung dankbar. Sie gewinnen Sicherheit und Selbstvertrauen, wenn wir ihnen sagen, wie sie sich in wiederkehrenden Situationen verhalten sollen.

Eigentlich ist das alles nichts Neues. «Kinder brauchen Grenzen» hat Jan Uwe Rogge schon 1993 in seinem gleichnamigen Bestseller geschrieben. Anscheinend ohne sichtbaren Erfolg. Im Frühjahr 2001 sah sich Kanzlergattin Doris Schröder-Köpf veranlasst, ebenfalls zu verlangen, dass Eltern ihre Kinder wieder erziehen. Sie erntete dafür Zustimmung und Lob, aber auch Kritik und Spott.

Es gibt also nicht einmal über Selbstverständlichkeiten einen

Konsens in unserem Land. Offenbar versagt bei manchen Eltern auch der natürliche Selbstschutz, zu verhindern, dass die ständig wechselnden Bedürfnisse der Kinder ihr Leben diktieren.

Wir wundern uns daher schon lange, was Eltern alles so hinnehmen.

◆ Wir unterhalten uns am Ende eines Kindernachmittags beim Sportverein mit einer Mutter, die soeben vier Stunden in sengender Hitze auf dem Sportplatz verbracht hat, um ihrem Achtjährigen bei seinen sportlichen Künsten zuzusehen, und diesem nun sagt, dass sie jetzt müde und hungrig sei und mit ihm nach Hause gehen wolle. Da flippt der Kleine aus, verlangt, dass sie noch so lange hier bleibe, bis auch er findet, es sei an der Zeit, nach Hause zu gehen, und als sie sich weigert, schreit er sie an, beschimpft sie, tritt mit dem Fuß nach ihr – und die Mutter reagiert nicht. Warum wehrt sie sich nicht? Wie kann es überhaupt so weit kommen, dass man sich seines Kindes erwehren muss?

◆ Wir unterhalten uns am Ende eines Kindergeburtstags mit einer Bekannten. Deren fünfjährige Tochter ist darüber sehr erzürnt, will sofort nach Hause, mault, quengelt, stört die Unterhaltung, zieht ihre Mutter energisch am Rock, an der Hand und am Arm, und während der ganzen Zeit ignoriert die Mutter das Gezerre und versucht, sich weiter mit uns zu unterhalten, als ob nichts sei, kommt nicht ein einziges Mal auf die Idee, ihr Kind zur Ordnung zu rufen. Warum eigentlich nicht? Hat sie's nie getan?

◆ Wir sind zu Gast bei wohlhabenden Leuten und werden zufällig Zeugen, wie der zehnjährige Sohn sein polnisches Kindermädchen anherrscht und mit gebieterischer Geste aus seinem Kinderzimmer wirft. Die Eltern bekommen das mit und reagieren nicht. Wir kennen sie noch nicht lange, sind deshalb sehr höflich und vorsichtig und drücken mehr durch Mimik als durch Worte unser Erstaunen über das Verhalten dieses Zehnjährigen aus. Halten die Eltern das Benehmen ihres kleinen Herrenreiters für angemessen? Woher hat er das?

◆ Wir haben mehrere Kinder zu Gast. Sie sitzen am reich gedeckten Tisch, und es sagt schon mal kein einziges Kind «danke». Dann wird alles genauestens inspiziert, und schließlich heißt es: Das mag ich nicht, und das schmeckt mir nicht, und das esse ich nicht, und was ist denn das für ein ekliges Zeug, und das mag ich schon gar nicht. Eine Stunde später brüllen die Kinder: Wir haben Hunger. Einige gehen ohne zu fragen an den Kühlschrank. Wird Kindern heutzutage nicht mehr beigebracht, dass es Essenszeiten gibt, und dazwischen nichts, jedenfalls nichts ohne Erlaubnis? Werden Kinder heute nicht mehr dazu angehalten, sich als Gast höflich zu benehmen und von den angebotenen Speisen auch dann zu essen, wenn es ihnen nicht so gut schmeckt? Versuchen Eltern schon gar nicht mehr, ihren Kindern beizubringen, dass es auch noch anderes gibt als Spaghetti, Hamburger, Pommes mit Ketchup, Eis und Cola?

◆ Wir sitzen im Restaurant. Ein Gespräch kommt nicht in Gang, weil die Kinder vom Nebentisch lärmend durchs Restaurant toben und die Eltern wechselweise ihre Kinder zur Ordnung rufen müssen. Jeder Ordnungsruf bewirkt eine zweiminütige Stille, dann geht das Getobe wieder los, und das wiederholt sich fünf-, sechs- oder siebenmal. Irgendwann sagt der Vater: «Ich hab jetzt auch keine Lust, hier den

Zirkusdirektor zu spielen.» Pech für die anderen Gäste im Lokal. Der Vater will jetzt leider seine Ruhe haben. Da muss eben die von den Kindern ausgehende Unruhe auf die anderen Gäste verteilt werden. Ist man schon kinderfeindlich, wenn man verlangt, im Restaurant nicht von lärmenden Kindern gestört zu werden?

Wir wollen unsere Kinder überall mit hinnehmen können, aber das setzt voraus, dass sie gesellschaftsfähig sind. Deshalb müssen wir sie dazu erziehen.

Natürlich fragen wir uns hin und wieder: Tun wir unseren Kindern eigentlich einen Gefallen, wenn wir sie lehren, Rücksicht auf andere zu üben, während diese rücksichtslos ihre Ellenbogen einsetzen und draußen der Konkurrenzkampf tobt? Torpedieren wir damit vielleicht die Lebenstüchtigkeit unserer Kinder? Muten wir ihnen zu viel zu, wenn wir sie dazu anhalten, höflich zu sein, gastfreundlich zu anderen Kindern zu sein und eigene Interessen hintanzustellen, während ringsherum die Rüpelhaftigkeit siegt? Dass Eltern sich solche Fragen stellen müssen, zeigt, wie es um die Erziehung steht.

Warum lernen viele Kinder heutzutage nicht mehr, bei Kindergeburtstagen nicht sich, sondern ihre Gäste in den Mittelpunkt zu stellen und dafür zu sorgen haben, dass es ihren Gästen gefällt? Nicht selten kommt unsere Tochter von einem Kindergeburtstag nach Hause und erzählt, dass es die ganze Zeit nur um das Geburtstagskind gegangen sei und die Mutter streng darauf geachtet habe, dass ihre Prinzessin bei der Tombola auch den Hauptgewinn bekommt.

Aber das mit den Prinzen und Prinzessinnen, das ist sowieso ein Kapitel für sich.

VERWÖHNT

Die Entscheidung für ein Kind ist zugleich die Entscheidung für Einschränkungen, Disziplin, Pflichten und Verzicht. Viele Kinder lebten glücklicher, wenn deren Eltern sich das bewusst machen und ihr Leben entsprechend ändern würden. Aber wie viel Betreuung braucht ein Kind? Wie viel Verzicht und Disziplin sind nötig, um ein Kind optimal zu fördern?

Viele sorgfältig planende und liebevoll vorausschauende Eltern sind erfüllt von ihrem «Projekt», manche so sehr, dass alles andere – die Freunde, der Job, das Interesse an Politik und Kultur, die ganze Umwelt – an den Rand oder ganz aus dem Leben verdrängt wird. Diese Eltern stecken in der Kinderbedürfnis-Spirale. Sie geraten hinein, ohne es zu merken, und viele kommen da nicht mehr heraus. Bis sie am Ende nur noch für ihr Kind leben und sich so an den Verzicht gewöhnt haben, dass sie diesen für einen Normalzustand halten.

Es beginnt gleich nach der Geburt. Überbesorgt eilen die jungen, unerfahrenen Eltern bei jedem Piepser zum Kind. Wir waren auch so, als unsere erste Tochter geboren wurde. Weil wir unsicher waren, ohne jede Erfahrung und misstrauisch gegenüber den Ratschlägen unserer Eltern.

Unsere Tochter ist vier Wochen alt und brüllt. Sie ist gerade gestillt worden, frisch gewickelt, hat zuvor geschlafen und müsste jetzt eigentlich gut drauf sein. Warum brüllt sie? Es gibt eben Schreikinder, sagt die Großmutter, und ihr habt eines, lasst es schreien.

Ist es wirklich so einfach?

Es könnte auch unter Blähungen leiden, sagt die Kinderärztin.

Blähungen, da haben wir es! Unser Kind leidet körperliche Qualen, und wir sollen es leiden und schreien lassen! Die Alten haben einfach keine Ahnung.

Unser Kind schreit, und der Vater eilt, um es zu trösten. Nimmt es aus seinem Bettchen, legt es sich auf den Bauch und streicht ihm über den Rücken. Jetzt ist es ruhig und zufrieden.

Monatelang hat der Vater das mehrmals und auch in der Nacht so gemacht. Manchmal half auch das nichts, dann hat er Johann Strauß aufgelegt und mit dem Kind im Arm Wiener Walzer getanzt. Das half fast immer. Rock und Pop kamen nicht so gut an. Wenn Tanzen nicht mehr half, hat er das Kind ins Auto gepackt und ist einmal um den Block gefahren. Dabei schlief es regelmäßig ein, wachte dann aber oft nach dem Einparken in der Tiefgarage wieder auf und brüllte erneut. Dann half das Bauch- und Walzerprogramm wieder. Was ebenso funktionierte: Stillen. Manchmal wurde das Kind fast im Stundentakt an die Brust gelegt.

Wir hatten tiefe Ringe unter den Augen zu jener Zeit. Vielen jungen Eltern ergeht es so, weil sie meinen, für das 24-stündige Wohlbehagen ihres Babys verantwortlich zu sein, und weil sie dessen Geschrei kaum länger als ein paar Minuten aushalten.

Heute wissen wir: Die nächtliche Anlegerei war unnötig. Wir haben damit auch nach vier Monaten aufgehört. Nach zahllosen Bauchtherapien, Walzertänzen, Häuserblockfahrten, durchwachten Nächten und unzähligen Tiefschlaf-Unterbrechungen meldete sich unser ganz normaler Selbsterhaltungstrieb, der uns eines Nachts sagte: Lass es schreien.

Es schrie vielleicht zehn Minuten lang, die uns vorkamen wie zwei Stunden, in denen wir Qualen litten. Aber danach schlief unsere Tochter. Und von da an immer, mit immer kürzerer Schreizeit.

«Wenn Kinder nicht schreien dürfen, Mütter pausenlos stillen, Kindern gar nicht die Chance gegeben wird, auch mal etwas lautstark herbeizusehnen und dabei die Mutterbrust oder Flasche zu imaginieren, dann beraubt man sie einer Erfahrung: dass es sich manchmal lohnt zu warten», sagt die Münchner Kinderärztin und Psychotherapeutin Marianne Sorg. »Man beraubt die Kinder der Erfahrung, dass es so etwas wie Zeit gibt, Pausen, Alleinsein, und dass zeitweise Frustrationen zum Leben gehören und ausgehalten werden müssen.« Das Phantasieren der Mutterbrust sei ein kreativer Prozess. Die ständige Soforterfüllung aller Bedürfnisse mache Kinder lebensuntüchtig und egozentrisch.

Dass Eltern am Anfang bei jedem Piepser ans Kinderbett eilen, ist normal. Danach scheiden sich die Eltern in solche, die mit der Zeit gelassener werden und zunehmend besser lernen, wann sie wirklich gefragt sind – und in solche, die auf der nach oben offenen Besorgtheitsskala stets im oberen Drittel in permanenter Einsatzbereitschaft verharren, auf jedes Wehwechen reagieren, jeden Laut registrieren und tief leiden, wenn das Baby mal eine Minute brüllt.

Wächst das Baby heran zum Kind, werden die Eltern keinesfalls ruhiger. Im Gegenteil. Das Kind muss jetzt beschützt werden vor tausend Gefahren, vor größeren Nachbarskindern, vor kleineren Kindern, vor Erwachsenen, vor Überanstrengung, vor Frust und vor Mühe. Muss das Kind zum Arzt, zerfließen die Eltern vor Mitleid, flehen den Arzt an, doch bitte vorsichtigst zu pieksen, und wenn das Kind dann brüllt, sagen sie nicht «sei tapfer, andere halten es auch aus», sondern trösten, trösten, trösten.

Solche Eltern geben immer nach, stehen keinen Konflikt durch, fürchten sich vor Liebesentzug durch das Kind und glauben ernsthaft, sie liebten ihr Kind, wenn sie ihm jeden Widerstand, an dem es wachsen könnte, aus dem Weg räumen. Man soll sein Kind zwar bedingungslos, aber nicht grenzenlos lieben. Die Folgen grenzenloser Liebe zeigen sich schon früh. Wenn ein Kind nicht gelernt hat, Frustrationen hinzunehmen, wird es bei geringsten Anlässen laut losbrüllen, vor Jähzorn um sich treten, auch mal grundlos seine Mutter in den Arm beißen oder seinen Vater anbrüllen.

Die Eltern, liebevoll und stets verzeihend, wie sie nun einmal sind, werden darauf, wie sie meinen, sehr gelassen und «vernünftig» reagieren, ihren kleinen Wilden sogar heimlich oder offen ein bisschen bewundern und einander versichern, was für eine Power und kindliche Leidenschaft doch in ihrem Sprössling steckt. Da der kleine Beißer Bewunderung erntet für seine Aggressionen, wird er dieses belohnte Verhalten auch im Kindergarten pflegen und womöglich versuchen, seine Spielgefährten zu malträtieren.

Im Kindergarten wird das Kind dann als «ein bisschen schwierig», vielleicht sogar als «verhaltensauffällig» wahrgenommen. Davon berichten Erzieherinnen und Erzieher jedenfalls immer öfter. Kann sein, dass der kleine Wilde dann in eine tiefe Krise stürzt, weil sich die anderen das nicht gefallen lassen wollen und zurückpiesacken. Doch er lernt bald, dass er schon beim kleinsten Rempler gegen sich nur so laut wie möglich brüllen muss. Dann werden die Erzieherinnen schon herbeieilen und ihm helfen.

Bereits ein Viertel aller Kindergartenkinder von drei bis sechs Jahren zeigt in Deutschland Verhaltensauffälligkeiten wie Aggressivität, Konzentrationsprobleme sowie Ängstlichkeit. Der Berufsverband der Ärzte für Kinder- und Jugendpsychiatrie schätzt die Zahl der «Problemkinder» auf rund eine Million.[1] Nicht selten wird aus einem Kind ein Problemkind, weil die

Eltern die Ursachen für die Probleme ihres Kindes nie bei sich, ihrer Erziehung und in ihrem Kind sehen, sondern sich lieber über die Rüpeleien seiner Spielgefährten beschweren. Sie sehen die Schuld für seine Aggressivität bei den anderen Kindern, bei den Erzieherinnen oder in äußeren Bedingungen.

Gerne werden solche Kinder von ihren Eltern in die Schule gefahren, zu den Freunden und auch sonst überallhin kutschiert, wohin sie bequem auch zu Fuß, mit dem Rad oder dem Bus kämen. Ein Kind aus Sorge vor Gewalttätern regelmäßig in die Schule zu fahren, führt natürlich nicht zwangsläufig zu einer Entwicklungsstörung, obwohl ihm zahlreiche soziale Kontakte und Erfahrungen mit der Realität entgehen.

Keines der vielen einzelnen Verwöhnungsmerkmale ist für sich genommen schon verhängnisvoll. Das Verhängnis liegt in ihrer Summe und in der Dauer. Die Verwöhnung wird irgendwann als normal empfunden, und dann wird's gefährlich. Marianne Sorg: «Viele Menschen denken, wenn sie das Kind mit Zuwendung überschütten, täten sie ihm etwas Gutes. In Wahrheit schaden sie ihm, denn dauerhafte Verwöhnung erstickt die Kreativität der Kinder und kann zur Sucht führen.»

Die Angst der Erwachsenen vor Konflikten mit dem Kind, das Bestreben vieler Eltern, ihren Kindern gute Kumpels oder Freunde zu sein, die Eiapopeia-Erziehung und Wir-sind-alle-lieb-Mentalität – sie sind schon so weit verbreitet, dass sie in Teilen unserer Gesellschaft als normal empfunden werden, etwa in der Schule. Dort haben Generationen von verwöhnten Kindern und verwöhnenden Eltern die Schulleitungen auf Schmusekurs gebracht.

Schule werde als Familie inszeniert, nichts dürfe abschrecken, vor allem fürchte man das Image, eine Schule mit hohen Anforderungen zu sein, sagt die Wormser Oberstudienrätin Georgia Wentworth. Die Folgen spürt sie in ihrem Unterrichtsalltag. Ihre Schüler seien hart im Austeilen, im Einstecken dagegen ziemlich weich. Wenn die Englischlehrerin von Schülern der elften Klasse verlangt, von einer zur nächsten Stunde zwanzig Seiten Literatur zu lesen, seien sie am Boden zerstört. «Manche weinen fast, so wenig belastbar sind sie.»

Im Deutsch-Leistungskurs heutzutage ein Buch von 300 bis 400 Seiten zu lesen sei fast unmöglich, erzählt Wentworth. Und schon gar nicht wollten sie Bücher aus dem 19. Jahrhundert lesen, weil sie mit der alten Sprache nicht klarkämen. Die Schüler seien auch nicht mehr bereit, auswendig zu lernen, «und toben wie die Heiden, wenn ich mal eine ganze Stunde lang nur Grammatik mit ihnen üben möchte».

Manche Schüler verweigern neuerdings die Anstrengung mit dem Argument, sie litten unter «ADS»: dem «Aufmerksamkeits-Defizit-Syndrom» – offenbar der Nachfolger der früher beliebten Legasthenie-Ausrede. Zugegeben: Legasthenie gibt es wirklich, sie soll sogar bei hochbegabten Kindern öfter vorkommen. Aber wer wollte bestreiten, dass Legasthenie auch gern ins Feld geführt wird, wo weder Hochbegabung noch eine Leseschwäche vorliegt, sondern einfach nur Faulheit oder Bequemlichkeit?

«Auch ADS ist als Diagnose Mode geworden», sagt Marianne Sorg. ADS existiere zwar tatsächlich als Krankheitsbild, aber nicht in dem Ausmaß wie angenommen. Oft habe die Konzentrationsschwäche der Kinder nichts mit ADS zu tun, sondern sei «einfach nur eine Folge von Nichterziehung und überbordendem Medienkonsum».

Die Schüler wollen sich zwar nicht anstrengen, das Abitur möchten sie aber trotzdem haben. Und möglichst billig soll es sein. Schule sei für diese Kinder kein Ort des Lernens, sondern ein «Social Club, in dem man Spaß haben und fröhlich sein, von Leistungsanforderungen aber verschont werden will», resümiert Wentworth.

Und die Schulleitungen passen sich dem Verlangen nach dem Billig-Abitur in vorauseilendem Gehorsam an. Wentworth erzählt von Schulen, die wegen des schwindenden Interesses für Latein verstärkt dafür werben – nicht etwa, indem sie begründen, warum Latein auch im Computerzeitalter immer noch wichtig sei, und nicht, indem sie betonen, dass Latein cool und eine Herausforderung für die klügsten Köpfe sei. Nein, die Schulen werben mit dem Argument, Latein sei leichter als eine moderne Fremdsprache, weil man es ja nicht aktiv sprechen, sondern nur schreiben müsse.

«Es wird auch nicht mehr vom Deutschen ins Lateinische übersetzt, damit wegfällt, was schwer ist.» Der Lateinunterricht sei nicht mehr so effektiv wie früher, und Schüler des altsprachlichen Gymnasiums schrieben den Plural von Lexikon oder Internum als «Lexikas» und «Internas».

Wentworth las im Unterricht eine Nachricht, die zuvor in allen Medien war, auf Englisch vor. Ihre Schüler verstanden kein Wort. «Das war doch gerade in den Nachrichten», sagte sie. Hätten sie nicht gehört, und die Hälfte der Klasse lese sowieso keine Tageszeitung. «Nächstes Jahr macht ihr Abitur und dürft wählen, aber lest keine Zeitung?» Interessiere sie nicht, sagt Wentworth.

Viele hätten auch gar keine Zeit dafür, weil sie in ihrer Freizeit und in den Ferien jobbten. Bei McDonald's, im Media Markt und in Kneipen verdienten sie sich das Geld, das sie für ihre Markenklamotten, Telefonrechnungen, Handys und all die «coolen Sachen» brauchten. In der zwölften Klasse habe schon fast jeder Schüler ein Auto. Das werde zwar meistens von den Eltern finanziert, aber die teuren Stereoanlagen, mit denen die Autos aufgemotzt werden – die bezahlten die Schüler.

Die ganz normale Verwöhnung, die als solche nicht mehr wahrgenommen wird, ist wahrscheinlich auch eine der Ursachen für die Disziplinprobleme in der Schule. Die meisten ihrer Schüler stammten aus Ein- bis Zweikind-Familien, sagt Ursula Restle, Oberstudienrätin an einem katholischen Privatgymnasium in Oberschwaben. Solche Kinder seien «überindividualisiert» und gewöhnt, immer im Mittelpunkt zu stehen. So verhielten sie sich dann auch in ihrer Klasse. «Sie reden, auch in der achten und neunten Klasse, einfach dazwischen, ohne sich zu melden, unterbrechen einander und fallen auch den Lehrern ins Wort.» Sie seien gewohnt, dass Erwachsene sofort auf sie eingehen und ihre emotionalen Bedürfnisse sofort befriedigen. Das erwarten sie auch in der Schule.

«Die Verwöhnungsfalle» heißt ein Buch des Sozialpädagogen Albert Wunsch, der das Katholische Jugendamt Neuss leitet. Der Titel bringt es auf den Punkt: Wohlstand, die technisch-wirtschaftliche Beschleunigung, Konsumdruck und Markenterror, der Kult ums Kind – das alles macht heute Eltern und Kindern mehr zu schaffen als früher. Die Hamburger Schulpsychologen Michael Grüner und Volkmar Malitzky sagen, dass der Konformitätszwang heute ausgeprägter sei als früher.[2] Die Bereitschaft, jemanden auszugrenzen, weil er den falschen Ranzen, das falsche Handy, die falsche Jeans habe, sei groß. «Es gibt einfach immer mehr wohlhabende Menschen, die sich Verwöhnung im materiellen Sinn leisten können. Also wird verstärkt in dieser Richtung erzogen», sagen die Schulpsychologen. Der Erziehungsstil einer «neureichen Gesellschaft» sei geprägt von der raschen Erfüllung banaler Konsumwünsche, meint die Psychologin und Buchautorin Astrid von Friesen.

Dem leistet die permanente Betonung des Optischen in unserer Gesellschaft Vorschub. Vor allem Kinder und Jugendliche unterliegen dem Zwang zu äußerer Stilisierung, und die Eltern geben diesem Zwang nach, indem sie permanent den Geldbeutel zücken für die jeweils angesagten Klamotten.

Immer ja zu sagen, immer jeden Wunsch erfüllen ist sehr bequem. Neinsagen führt zu Begründungszwängen, Konflikten, Liebesentzug der Kinder und kostet auch Zeit. Die Jasager ersparen sich das alles.

Prinzipielle Neinsagerei ist indes auch nicht die Lösung. Sie liegt dazwischen. Den richtigen Punkt zwischen Härte und Nachgiebigkeit zu finden, darin besteht die Kunst der Erziehung.

VERNACHLÄSSIGT

Ein siebenjähriges Kind sollte ein Geschenk verpacken können, schon mal in einen Bach oder Teich gefallen sein, zwei Sternbilder am nächtlichen Himmel kennen, ein Selbstporträt gemalt haben und eine Anekdote über die Großeltern wissen; es sollte ein paar Flüche in mindestens zwei Sprachen kennen, eine Nachtwanderung erlebt haben, ein Lied in einer fremden Sprache singen und ein Gedicht von Hölderlin aufsagen können und mehrere Tage im Wald gewesen sein.

Die Liste ist noch nicht zu Ende, und sie lässt sich von jedem Elternteil gut ergänzen. Nicht jeder einzelne Punkt ist verbindlich, Hölderlin durch Heine ersetzbar, der Fall ins Wasser durch einen Fall vom Baum oder die Sternbilder durch Kontinente und Länder auf dem Globus. Aber je länger die Liste der Fertigkeiten und je breiter das Wissen, desto besser.

Die Aufzählung stammt nicht von uns, sondern von der Kinderforscherin Donata Elschenbroich vom Münchner Jugend-Institut, die ein Buch über «das Weltwissen der Siebenjährigen» geschrieben hat.[1] Es geht ihr dabei nur vordergründig um die Aufstellung eines Bildungskanons für Siebenjährige. Tatsächlich will sie zeigen, wie nachlässig wir unsere Kinder erziehen.

Weit über die Hälfte aller Eltern, so berichtet Elschenbroich, kümmere sich nicht gezielt um Bildungserfahrungen ihrer Kinder in genau jenen Jahren, die Entwicklungspsychologen für die entscheidenden halten. Keine Staffelei, Farben, Plakatwände, kein Zeltlager im Wald, kein Physik-, Chemie- oder Biologielabor im Haus, keine Werkzeuge wie Hammer, Feile, Säge, Meißel, kein Material, das sich mit diesen Werkzeugen bearbeiten ließe und schon gar kein Platz in der Wohnung, wo Kinder diese Werkzeuge erproben könnten.

Und keine Zeit der Eltern. Sie singen nicht mit ihren Kindern, erzählen ihnen keine Geschichten, machen keine Ratespiele mit ihnen, kein Quiz, kein Geländespiel, keinen «bunten Abend». Sie verschaffen ihnen zu wenig Bildungserlebnisse. Die Zeit der Eltern wird entweder von deren Jobs aufgefressen. Oder die Mutter hält es für wichtiger, ihr gesellschaftliches Leben zu pflegen und sich ihre Jugend im Fitness-Studio zu erhalten. Und der Vater braucht beim Drachenfliegen, Bergsteigen oder Mountainbiking einen Ausgleich zum stressigen Job im Büro. Viele Eltern beschränken das intensive «Sich-Kümmern» auf einige Wochenenden im Jahr und auf den Urlaub.

Manche Eltern schaffen es selbst dann nicht mehr, das Versäumte zu kompensieren, weil sie ausgebrannt sind. Sie haben nicht mehr die Nerven, sich mit ihren Kindern auseinander zu setzen. Oder auch nur keine Lust.

Derlei vernachlässigte Kinder findet man in den gehobenen Wohnvierteln genauso wie in den einfacheren. In einer wohl situierten Zone zwischen Frankfurt und Darmstadt, erzählt Elschenbroich, stellte eine Lehrerin fest, dass Kinder gerade mal drei Obstsorten benennen können: Äpfel, Bananen, Orangen. Auch das sei «Kinderarmut», kommentiert Elschenbroich, «relative Kinderarmut».

Dabei sind doch die ersten Jahre die wichtigsten. So, wie Mangel-, Fehl- oder Unterernährung in der Kindheit einen Menschen fürs ganze Leben schädigen können, so kann natürlich auch geistig-sinnlich-seelische Unterernährung das Leben von Menschen ruinieren. Nie wieder lernt man so leicht wie in der Kindheit.

Aber die Kinder besuchen doch den Kindergarten, die Vorschule – haben sie dort nicht die Gelegenheit zu singen, zu spielen, zu basteln und Geschichten zu hören? Da wird schon einiges geleistet. Doch selbst wenn dort wirklich gut mit den Kindern gearbeitet wird, diese Arbeit im Elternhaus aber keine Vorbereitung und keine Fortsetzung findet, dann wird auch die beste Arbeit im Kindergarten nur wenig fruchten.

Nun hängt, was in den Kindergärten passiert, sehr von den einzelnen Erzieherinnen und Kindergartenleiterinnen ab. Könnte es sein, dass es zu wenig ist? Oder das Falsche? Und die Eltern wiegen sich in der Gewissheit, im Kindergarten würde schon alles Notwendige getan und eigene Anstrengungen seien daher nicht nötig?

So viel über die Schule geredet wird, so wenig denken wir über den Kindergarten nach. Der war in der Vergangenheit hauptsächlich nur dann Thema, wenn es darum ging, die Berufstätigkeit der Frauen zu ermöglichen. Dass wir über die Qualität der Kindergärten kaum sprechen, hat wohl auch damit zu tun, dass wir zwischen Schule und Kindergarten strikt trennen. Die Leistungsgesellschaft, gar der «Leistungsterror», so glauben wir, treffe unsere Kinder schon früh genug, darum sollten unsere Kleinen wenigstens im Kindergarten noch ganz Kind sein dürfen und von allen späteren Zumutungen des Lebens und der Schule verschont werden.

Wahrscheinlich deshalb sind sich bei uns viele Eltern und Erzieherinnen darin einig, dass es pädagogisch wertvoller ist, wenn die Kinder in der Sandkiste spielen oder schaukeln, als sich in Englisch zu üben, erste Leseversuche zu machen oder mit Zahlen zu experimentieren. Eltern, die genau dies fordern, stehen sofort unter dem Verdacht, krankhaft ehrgeizig zu sein, und den Leistungsterror, wie in Japan, schon ins Vorschulalter zu verlegen.

Kein Zweifel, es gibt diese überehrgeizigen Eltern, die den

Weg ihrer Kinder zum Vorstandsvorsitzenden oder Tennisprofi bereits im Vorschulalter anlegen möchten. Andererseits können wir Ergebnisse der Frühpädagogik und der Hirnforschung nicht ignorieren. Und von dort erfahren wir: Sprachen erlernt man nie wieder so leicht wie im Vorschul- und Kindesalter. In den ersten Lebensjahren lernen die Kinder ihre Muttersprache wie von selbst. Könnten sie nicht auch noch eine zweite Sprache dazulernen?

Alle zweisprachig aufwachsenden Kinder beweisen, dass dies funktioniert, und zwar ohne Leistungsdruck: Grammatik und Vokabellernen allein durchs Hören und Nachsprechen. Besonders gut scheint es zu funktionieren, wenn die Kinder die Sprache von Muttersprachlern hören.

In unserer Welt geht nichts mehr ohne die neue Lingua Franca – Englisch. Was also spricht dagegen, unter die Erzieher und Erzieherinnen unserer Kindergärten ein paar englische Muttersprachler zu mischen? Sollte man das Experiment nicht wenigstens ein paar Jahre lang riskieren?

Viele Kinder können schon ein bisschen rechnen, schreiben und lesen, wenn sie in die Grundschule kommen. Die Eltern, Großeltern oder älteren Geschwister haben es ihnen beigebracht. Offensichtlich sind schon Vorschulkinder reif für Buchstaben und Zahlen. Warum weigern sich viele Kindergärten dann hartnäckig, Kinder mit Buchstaben und Zahlen vertraut zu machen oder wenigstens jene Kinder zu fördern, die noch nichts können und anscheinend zu Hause niemanden haben, der ihnen etwas beibringt? Könnte der Kindergarten hier nicht ein bisschen Chancengleichheit realisieren?

Wer trotzdem meint, die unbeschwerte Kindheit nicht unnötig mit Lernanforderungen zu verkürzen, sollte sich einfach mal anhören, was Donata Elschenbroich sagt, die in der Welt herumgekommen ist: In der Reggio Emilia in Italien gibt es Kindergärten, in denen jedes Kind seine Staffelei hat und von Künstlern unterrichtet wird. In Japan haben Kindergärtnerinnen den gleichen Status wie Professoren, weil die Japaner wissen, wie wichtig die ersten Lebensjahre eines Kindes sind. Und wahrscheinlich sorgen die gute Bezahlung und das hohe Ansehen des Kindergartenpersonals auch für ein ausgewogeneres Verhältnis von Erziehern und Erzieherinnen.

An der Kinder-Akademie Fulda werden die Kinder von Handwerkern, Wissenschaftlern und Künstlern unterrichtet: «Die Kinder erfahren die Aura von Meisterschaft», sagt die Akademieleiterin Gabriele König. In Ungarn lernt ein Kindergartenkind in den ersten eineinhalb Jahren über 60 Lieder, weil die Ungarn ernst nehmen, was man schon lange weiß: Singen und Musizieren fördert die Intelligenz, auch die naturwissenschaftliche. Die Musik beansprucht gleichzeitig ganz unterschiedliche Fähigkeiten und Sinnesorgane und fordert so die ganze menschliche Lernfähigkeit heraus. Das alles erfordert eine hohe Konzentration und Aufmerksamkeit, und zugleich sind Sänger und Musikanten nicht nur rational und körperlich aktiv, sondern auch emotional, indem sie sich in die Musik untereinander einschwingen.

Aus all diesen Gründen wäre nicht weniger, sondern mehr Musikerziehung nötig. Schon im Kindergarten sollte man damit beginnen. Und in der Schule sollte man die Musik nicht gegen Mathematik, Naturwissenschaften oder andere «harte» Fächer ausspielen, denn das eine fördert das andere.

Elschenbroich hat 150 Gespräche geführt mit Psychologen, Großeltern, Erfindern, Grundschuldidaktikern, Erziehungswissenschaftlern, Physikern, Lehrern, Medizinsoziologen und Spielpädagogen und manch Erstaunliches gehört: «Was als kindgemäß angesehen wird, das ist oft unterfordernd», zitiert Elschenbroich den Grundschuldidaktiker Wolfgang Einsiedler.

Kinder stünden in ihrer Denkfähigkeit den Erwachsenen keineswegs nach, geringer sei nur die Masse des erworbenen Wissens, sagt Rolf Oerter, Entwicklungspsychologe an der Universität München. Nur Zulassen oder Entwicklung ermöglichen sei daher nicht genug. Entwicklungsstimulierend müsse der Umgang mit Kindern sein. Doch für allzu viele unserer Kinder kommt oft die einzige Stimulanz nur noch vom Fernseher oder vom Gameboy.

Daran sind nicht nur die Eltern schuld. Das Kind, das einsam seine Zeit vor dem Fernseher oder mit dem Gameboy totschlägt, ist auch ein Opfer des Geburtenrückgangs in unserem Land. Früher, als wir noch Kinder waren, mussten wir nur auf die Straße gehen, um jüngere, ältere und gleichaltrige Spielgefährten zu treffen. Fast jedes Kind fand in seiner unmittelbaren Nachbarschaft andere Kinder und einen Raum, in dem es sich im Schutz seiner «Kinderbande» austoben konnte. Dieser Raum war nur selten ein Kinderspielplatz. Dieser Raum war einfach die Umgebung, in der man wohnte, und diese machte man zu seinem Spielplatz. Die Hinterhöfe, Spielstraßen, Stadtviertel und Dörfer gehörten früher nicht nur den Erwachsenen und den Autos, sondern auch den Kindern. Ohne Aufsicht der Erwachsenen eroberten wir unsere Umgebung und zogen oft stundenlang durch die Gegend.

Dann stieg die Zahl der Autos, und die Zahl der Kinder sank. In den Innenstädten explodierten die Grundstückspreise, die Wohnungen wurden immer kleiner und immer teurer, die Familien in die Vorstädte und ins Umland hinausgedrängt. Die Landschaft wurde zersiedelt, die Familien zerstreuten sich, die Kinderdichte nahm so weit ab, dass sich Kinder heute schwer tun, in ihrer unmittelbaren Nachbarschaft noch Spielgefährten zu finden.

Als wir unser erstes Kind bekamen, lebten wir in München

in einem Mietshaus, das von rund 30 Parteien bewohnt wurde. In diesem Haus war zuletzt vor 20 Jahren ein Kind geboren worden. In der gesamten Straße gab es außer unserer Tochter noch einen zwei Jahre älteren Jungen. Regelmäßigen Kontakt zu anderen Kindern bekam unsere Tochter erst ab drei Jahren, als sie in den Kindergarten ging. Dort fand sie zwei, drei Freundinnen, die zu besuchen aber immer erforderte, dass sich die Eltern ins Auto setzten.

Als das zweite Kind kam und wir in ein Haus umzogen, waren unsere beiden wieder die einzigen Kinder in der ganzen Straße. Was früher normal war – Kinder gehen aus dem Haus und treffen auf der Straße andere Kinder –, ist heute die Ausnahme. Wenn Kinder sich treffen wollen, müssen erst die Eltern telefonieren, den Terminkalender zücken, die eigenen Termine mit denen der Kinder, deren Freunde und Eltern abstimmen und dann noch regeln, wer wann wen wohin bringt und wieder abholt.

Die Lage verbesserte sich schlagartig, als wir von München nach Mainz umzogen, in einen Vorort mit Dorf-Charakter. Hier haben die Kinder genügend Spielgefährten, können sich im ganzen Ort ohne ständige Begleitung von Erwachsenen frei bewegen und sind nicht mehr auf die kinderüblichen Reservate – Kindergarten, Schule, Spielplatz – verwiesen. Es gibt ein Wäldchen, es gibt einen Teich mit Fischen, Enten, Fröschen, Kaulquappen, es gibt Wiesen, Felder, Bäume, Wasserlöcher, die nicht für Kinder gemacht und gerade deshalb interessant und geeignet sind, von Kindern zu Spielplätzen gemacht zu werden, heute hier, morgen dort.

Und das vollkommene Glück brach herein, als im Nachbarhaus eine Familie mit zwei Kindern ungefähr gleichen Alters einzog. Jetzt schlüpfen die Kinder mehrmals täglich durch die Hecke und fragen schon, wann wir die trennende Hecke abholzen …

Dass viele Kinder heutzutage keine Spielgefährten mehr in ihrer unmittelbaren Nachbarschaft finden, ist ein Bildungs- und Entwicklungshindernis ersten Grades. Und leider nur langfristig zu ändern, wenn überhaupt.

OBSERVIERT

Die einen vernachlässigen ihre Kinder – die anderen meinen es allzu gut. Hyperpädagogisierende Eltern übertreiben es mit der Förderung und Stimulierung ihrer Kinder, jagen sie von der Klavierstunde zum Reiten, von dort ins Ballett und weiter zum Tennis, in die Malgruppe, die Theatergruppe und in den Kurs für Früh-Englisch.

Die Aufnahmekapazität von Kindern ist individuell verschieden – aber bei keinem Kind unendlich groß und oft kleiner, als manche Eltern meinen. Überfütterung mit Bildungsinhalten kann genauso schaden wie materielle Überfütterung.

Nicht immer steckt hinter der Über-Förderung das edle Motiv, die Entwicklung des Kindes optimal zu fördern. Manchmal dienen solche Programme – heimlich, vielleicht auch nur unbewusst – dem Zweck, sich das Kind vom Leibe zu halten. Manche Eltern wissen mit ihren Kindern nichts anzufangen, also werden die Kinder überall «gefördert», nur nicht zu Hause. Kinder spüren, was ihre «Förderung» in Wahrheit ist: Abschiebung.

Wer seine Kinder so verplant, dass diese ihre Zeit nicht mehr nach ihren eigenen Bedürfnissen und ihrem eigenen Rhythmus gestalten können, nimmt ihnen eine entwicklungspsychologisch wichtige Erfahrung, sagt der Schweizer Jugendpsychologe Allan Guggenbühl.[1] Irgendwo im Tagesablauf des Kindes muss es eine Zeit geben, die nicht von Erwachsenen organisiert wird und in der sie nicht mit Erwachsenen zusammen sind. In dieser Zeit sollten Kinder die Chance haben, auch einmal etwas aus eigenem Antrieb zu unternehmen. Sie brauchen die Möglichkeit, allein oder mit anderen Kindern ohne ständige Aufsicht durch Erwachsene etwas zu tun – oder auch nichts zu tun.

Die elterliche Zuständigkeit für die Kinder ist partiell, sagt Guggenbühl, «wir sind nur zum Teil für das Gedeihen unserer Kinder zuständig». Wir sollten lernen, unseren Kindern zuzutrauen, dass sie auch ohne unseren konstanten Beistand ihr Leben meistern. «Wer in die Kinderwelt hineinblickt, sieht, dass die Themen, denen sie sich in ihrer oft spärlichen Freizeit widmen, nicht unseren Wünschen entsprechen» und nichts mit der Erwachsenenwelt zu tun haben, meint Guggenbühl.

Stundenlang wird ein Breakdance einstudiert, der Sprung mit dem Skateboard geübt oder einfach nur in den Tag hinein geträumt, statt das Geigenspiel zu üben oder die Lateingrammatik. Aber der Breakdance, die Tagträumereien, ja sogar die Langeweile sind mindestens so wichtig für die Entwicklung des Kindes wie Geige und Latein. Langeweile ist eine notwendige «innere Dimension des Erlebens» und «für Kinder immer auch eine Möglichkeit, zu sich selber zu finden» und «in sich selber nach Erlebnismöglichkeiten» zu suchen, sagt Guggenbühl.

Eine weitere Gefahr sieht Guggenbühl in der schon lange zu beobachtenden Tendenz, die Kinder aus der «richtigen» Welt, in der sich die Erwachsenen bewegen, zu verbannen, und ihnen Reservate zuzuweisen, wo sie sich unter Aufsicht balgen dürfen. Wo sie den Alltag der Erwachsenen nicht stören.

Spielplätze, Mutter-Kind-Abteile im Zug, Kinderecken in Restaurants und Einkaufszentren, Hotels und Reiseveranstalter mit Babysittern und Animatoren für Kinder sind zwar für sich genommen durchaus sinnvolle Einrichtungen. Aber wenn sich das Leben der Kinder nur in solchen Schonräumen abspielt, verpassen sie etwas, berauben wir sie der Möglichkeit, sich Weltkenntnis und Welterfahrung anzueignen.

Wer aber aus Angst vor Unfällen seinen Kindern nur unter Aufsicht erlaubt, auf Bäume oder über Zäune zu klettern, Skateboard zu fahren oder einfach nur auf der Straße und dem Spielplatz herumzutoben, schränkt die körperliche Bewegung seiner Kinder drastisch ein. Und das Kind kann nicht lernen, seine Kräfte zu erproben, Geschicklichkeit einzuüben, seinen Körper zu beherrschen, Gefahren realistisch einzuschätzen und sich in brenzligen Situationen instinktiv richtig zu verhalten. Gerade solchen Kindern widerfahren dann häufig die schlimmsten Unfälle. Sportlehrer berichten, dass immer mehr Kindern normale Turnübungen große Mühe bereiten.

Erziehung heißt darum auch: Erziehung zu einem Leben in Gefahr. Natürlich brauchen wir das Verbot, mit dem Feuer zu spielen. Aber da wir wissen, dass Verbote übertreten werden, sollten wir das Kind unter Aufsicht den Umgang mit dem Feuer einüben lassen und es lehren, wie man Feuer löscht und was bei einem Brand zu tun ist. Besser als sein Kind lückenlos zu observieren ist es, ihm einzuschärfen, zu keinem Fremden ins Auto zu steigen und ihm Verhaltensregeln für gefährliche Situationen mit auf den Weg zu geben. Statt Gefahrenvermeidung zu organisieren, sollten Eltern Gefahrenbewusstsein wecken und Kindern beibringen, wie man Gefahren meistert.

Der Ehrgeiz guter Erzieher liegt in dem Bestreben, sich selbst überflüssig zu machen und seinen Zögling von sich abzunabeln. Darum ist der gute Erzieher darauf bedacht, sein Kind schrittweise loszulassen, dessen Aktionsradius kontinuierlich zu erweitern, ihm wachsende Aufgabenbereiche zuzuweisen, in denen es eigenverantwortlich handeln kann. Erziehung kommt an ihr glückliches Ende, wenn das Kind bestens vorbereitet auf die Freiheit in diese entlassen werden kann.

VATERLOS

Kinder werden von ihren Müttern erzogen – auch wenn die Väter das Gegenteil behaupten. Kinder seien das Wichtigste in seinem Leben, sagt heute so gut wie jeder Vater. Wenn er aber mal wirklich gebraucht wird, hat er leider eine wichtige Sitzung oder ist nach Diktat verreist.

«Sagt uns, wo die Väter sind», fragten Cheryl Benard und Edit Schlaffer in einem Buch mit dem gleichnamigen Titel.[1] Zwei Jahre lang sind sie durch Deutschland gefahren, um die «neuen Väter» zu suchen. Was sie fanden, waren Männer, die uns sehr bekannt vorkommen: Sie bekunden ihre hohe Wertschätzung für die Mutterrolle und beschreiben die Aufgabe, ein Kind großzuziehen, als großartig, äußerst befriedigend und verantwortungsvoll. Sie schimpfen über die Karrierefrauen, denen ihr berufliches Fortkommen wichtiger ist als eine Familiengründung, und bemitleiden sie gleichzeitig für das, was ihnen entgeht.

Dann kommt das nächste Kind, und der zweifache Vater reißt sich auch jetzt wieder nicht darum, diese großartige, äußerst befriedigende, und verantwortungsvolle Aufgabe zu übernehmen. Gerade mal zwei Prozent der Väter nehmen Erziehungsurlaub.[2]

Auch die kleineren, zur «tief befriedigenden Aufgabe» gehörenden Verrichtungen – nächtliches Füttern, Windelwechseln, abendliches Vorlesen, Besuch beim Kinderarzt – findet der neue Vater einfach so großartig, dass er sie selbstlos seiner Frau überlässt. Meist schläft er ja auch nachts so tief und fest, dass er das Geschrei gar nicht hört.

Wenn er trotzdem meint, ein viel besserer Vater zu sein, als sein eigener gewesen ist, dann deshalb, weil er ja so ein begeisterter Vater ist und sich in seiner freien Zeit seinen Kindern widmet. Die Zeit sei zwar «naturgemäß» knapp bemessen, dafür aber «intensiv». Stimmt schon. Er wirft sein Kind in die Luft, schäkert mit ihm, knuddelt es und kauft ihm Videospiele. Später nimmt er den Sohn vielleicht mit ins Fußballstadion – wohin er sowieso gegangen wäre. Den Müttern aber entgeht nicht, wie wenig väterliche Taten sich hinter dem Feuerwerk von Worten befinden. Oft ist Scheidung die Konsequenz. So oder so wachsen die Kinder weitgehend ohne Vater auf.

Kindern aber sind pflichtvergessene, abwesende, treulose Väter immer noch lieber als gar kein Vater. Der Vater mag ein Taugenichts, ein Hallodri, ein unnahbarer Kühlschrank sein – egal, die Kinder lieben ihn. Sie wollen, dass es ihn gibt, und sei es auch nur, um anderen Kindern zu erzählen, dass sie einen Vater haben. Und aus den Untersuchungen mit geschändeten oder geprügelten Kindern weiß man, dass oft sogar diese, trotz allem, ihre Väter nicht verlieren wollen: Selbst der böse Vater soll nicht ins Gefängnis.

«Wenn der Vater meiner Kinder abends an der Haustür klingelt, wird er empfangen wie ein Spätheimkehrer aus Sibirien – ganz gleich, ob er müde abwinkt oder gleich zum Telefon rennt», schreibt die Erziehungswissenschaftlerin, zweifache Mutter und freie Journalistin Christine Brinck[3], verheiratet mit dem Zeit-Herausgeber Josef Joffe. Ihre Kinder interessiert nicht, «dass er sie weder gewickelt noch gestillt, weder ihre Haare gewaschen noch ihre Blusen gebügelt hat».

Der weibliche Schluss von der berufsbedingten Abstinenz des Vaters auf dessen Nutzlosigkeit sei ein Trugschluss, meint Brinck. Vaterschaft habe «nichts mit der Zahl der Stunden zu tun, die der Erzeuger mit seinem Nachwuchs verbringt; der

‹Gebrauchswert› des Vaters ist nicht umlegbar in Anteile an Aufzucht oder Abwasch». Sein bloßes Vorhandensein sei ein Wert an sich – für die Kinder.

Wenn die Ehefrau und Mutter das genauso sehen kann, ist ja alles gut. Aber immer mehr Frauen sehen es anders. Ihnen ist das bloße Vorhandensein eines Vaters schon längst zu wenig. Und deshalb kracht's und kriselt's in den jungen Familien.

Die Familiengründung bedeutet für viele junge Paare das Aus ihrer Partnerschaft, heißt es in der Familien-Studie «Übergang zur Elternschaft», die im Sommer 2000 in München vorgestellt wurde.[4] Am häufigsten ließen sich junge Paare drei bis vier Jahre nach der Geburt des ersten Kindes scheiden. Die Untersuchung mit 175 jungen Paaren habe ergeben, dass viele von ihnen sich durch die Belastungen der Elternrolle überfordert fühlten. Es gebe immer häufiger und immer heftiger Streit, und mit der Zärtlichkeit und dem Sex gehe es bergab. Auch von einer Gleichstellung der Geschlechter sei man noch weit entfernt. Nach der Geburt des ersten Kindes fielen die meisten Paare in die traditionellen Geschlechterrollen zurück. Um die Kinderversorgung kümmerten sich in erster Linie die Frauen. Auch nach der Scheidung. Scheidungskinder sind fast immer vaterlose Kinder.

Mütter sind für Kinder so etwas wie selbstverständlich vorhandene Hauptdarstellerinnen. Zur Aufführung des Stücks «Familie» bedürfen diese aber noch eines Pendants, des Vaters. Gern sehen Kinder auch ihn in einer tragenden Rolle. Wenn er aber nur eine klägliche Nebenrolle spielt – auch gut, Hauptsache, dass er überhaupt mitspielt. Deshalb, weil Kinder das Stück «Familie» unbedingt mit Vater aufführen wollen, provoziert Christine Brinck mit der Behauptung: Zwei-Eltern-Familien sind besser für die Kinder als Ein-Eltern-Familien.

Das klingt nach Glorifizierung der «Normalfamilie», Verklärung vergangener Verhältnisse, in denen es noch «ordentlich» zuging. Und es widerspricht der lange gepflegten Annahme, Scheidung sei zwar eine Krise für alle Beteiligten und schlage Wunden, die Zeit aber heile sie. Gerade um der Kinder willen sollten zerstrittene Paare ehrlich die Konsequenzen ziehen, das Scheitern eingestehen und auseinander gehen, dachten und denken viele bis heute.

Anscheinend doch nicht. Christine Brinck zitiert einige Studien der jüngeren Zeit, die belegen: Die Scheidung der Eltern wird von den meisten Kindern als traumatisch erlebt. Sie erholen sich davon lange nicht, manche erholen sich nie. Eine Frau ohne Mann mag so wenig benachteiligt sein wie ein Fisch ohne Fahrrad. Aber «ein Kind ohne Vater ist wie ein Fisch ohne Flossen», sagt Christine Brinck. Ein Kind mit Vater, aber ohne Mutter, wohl auch.

Der «National Health Interview Survey of Child Health» 1988 fand zum Beispiel heraus, dass «Kinder aus Ein-Eltern- und Stiefeltern-Familien ein zwei- bis dreimal höheres Risiko haben, emotionale und Verhaltensprobleme zu entwickeln, als Kinder, die mit ihren biologischen Eltern zusammenleben». Eine Studie über Kinder der Mittelschicht in San Francisco zeigt, dass Scheidungskinder oft mit gravierenden Problemen bis weit ins Erwachsenenalter kämpfen.

In Deutschland hat die Familien- und Jugendsoziologin Anneke Napp-Peters in einer repräsentativen Langzeitstudie[5] mit 150 Scheidungsfamilien herausgefunden, was auch andere Studien bestätigen: Die Annahme, dass Kinder eine Scheidung bewältigen wie eine Grippe, ist nichts weiter als eine gern geglaubte Schutzbehauptung der Scheidungs-Eltern. Die meisten der untersuchten 269 Kinder «erlebten die Scheidung der Eltern als einen schweren Einbruch in ihre Lebenswelt». Die Kinder hatten unter Trennungsängsten, Depressionen und Schuldgefühlen gelitten. «Jedes fünfte Kind reagierte auf die Trennung der Eltern mit Sprachstörungen, Hautausschlag oder Magen-Darm-Störungen.»

Auffallend auch: Jungen und Mädchen reagieren verschieden. Die Jungen schienen für viele Arten von Stress anfälliger zu sein als Mädchen, litten häufiger unter Schulängsten und Lernschwierigkeiten, störten in der Schulklasse, waren aggressiv, destruktiv oder gar gewalttätig. Andere hatten Konzentrationsschwierigkeiten und gebärdeten sich hyperaktiv. Es gab auch Jungen, die sich von ihrer Umwelt abkapselten, sich von ihren Freunden zurückzogen.

Die meisten Mädchen erweckten dagegen den Eindruck, sie könnten mit der Scheidung der Eltern gut umgehen und seien fähig, die Erwachsenen zu verstehen. Sie fühlten sich auch verantwortlicher als Jungen und wurden mehr zur Arbeit im Familienhaushalt herangezogen.

Untergründig nagten aber auch in den Mädchen Gefühle von Traurigkeit, schmerzlichem Verlust und Verlassenheit. Diese Gefühle kamen aber erst später zum Vorschein, meist mit dem Beginn der Adoleszenz. Dass Mädchen ihre Empfindungen häufig vergraben, auch um den Elternteil, bei dem sie aufwachsen, nicht zu verletzen, ist oft erst nach zwölf Jahren oder noch später herausgekommen, schreibt Napp-Peters.

Für besonders gefährdet hält die Soziologin Mädchen, wenn sie bei der Scheidung noch sehr jung sind und mit ihr zugleich den Kontakt zu einem Elternteil, meistens dem Vater, verlieren. Solchen Mädchen fehle die Erfahrung eines Vaters, und darum können sie oft die sozialen Fähigkeiten und das Selbstvertrauen nicht erwerben, die notwendig sind, um glückende Beziehungen zu Jungen und Männern aufzubauen, folgert Napp-Peters.

In der Psychologie eine bekannte Tatsache: Kinder brauchen schon vom ersten Lebensjahr an die Beziehung zu beiden Eltern – die psychologisch so bedeutsame «Triangulation» – also ein gleichwertiges Beziehungsdreieck vom Kind zu den Eltern. «Wenn der Vater fehlt, fehlt den Mädchen die ödipale Erfahrung und die Erfahrung, vom anderen Geschlecht anerkannt zu werden», sagt Marianne Sorg, «und den Jungen fehlt die Identifikationsmöglichkeit mit dem Vater.»

Die Studie von Napp-Peters bestätigt aber auch: Kinder können mit der Scheidung ihrer Eltern fertig werden. Nicht so leicht und nicht so schnell, wie manche Geschiedene das gerne hätten, aber zwei Jahre nach der Scheidung hatten sich die meisten der 269 untersuchten Kinder wieder einigermaßen erholt, berichtet Napp-Peters.

Bei 59 Kindern, also rund einem Fünftel, hatte die Soziologin jedoch «weiter anhaltende Störungen» beobachtet. 36 davon konnte sie in ihrer Langzeit-Entwicklung verfolgen. Von diesen 36 Kindern war es nur jedem vierten Kind gelungen, scheidungsbedingte Schwierigkeiten zu überwinden.

Scheidungskinder, Scheidungswaisen, vaterlose Kinder – ist es ein Wunder, dass sie Probleme haben? Wenn ein Vater oder eine Mutter stirbt, wird das von allen als Tragödie für die Kinder empfunden. Wenn ein Vater oder eine Mutter wegen Scheidung plötzlich aus der Familie verschwindet, soll das etwas «ganz Normales» sein?

Nein, es kann nicht nur konservative Familienideologie hinter der Tatsache stecken, dass man in der Literatur über Erziehung, Kinder und Jugendliche fast zwangsläufig auf Scheidungswaisen und vaterlose Kinder stößt. Diese Begriffe hörten wir auch von fast allen Lehrern und Erziehern, mit denen wir gesprochen haben. Vaterlosigkeit, Ein-Eltern-Familien, Patchworkfamilien aus Stiefeltern und Stiefkindern sind massenhaft zu beobachtende Phänomene unseres modernen Lebens. Normal sind sie deshalb noch lange nicht. Und wenn sie zahlreiche

Verhaltensauffälligkeiten bis hin zur Gewalt provozieren, erscheint es schon legitim zu fragen, ob es denn wirklich so weise ist, die lebenslange Paarbeziehung zum Auslaufmodell zu erklären.

«Fast alle gewaltbereiten Jugendlichen sind entweder ganz vaterlos oder leben mit Stiefvätern, die manchmal auch gewalttätig sind, oder ihre Väter sitzen im Knast», sagt Barbara Negrelli, Sonderschullehrerin an einer «Brennpunkt»-Schule in Mannheim. Sie ist «Gewalt-Moderatorin». Zusammen mit einem Sozialarbeiter geht sie in die Schulen und arbeitet mit den dortigen Lehrern und Schülern über das Thema Gewalt, nicht nur theoretisch, sondern praktisch durch Anti-Aggressions-Trainings. Ihre langjährige Erfahrung mit gewaltbereiten Jugendlichen ließ sie zu dem Urteil kommen: «Das Vaterproblem spielt eine zentrale Rolle beim Gewaltproblem.»

Negrelli wird darin durch amerikanische Studien bestätigt, in denen zu lesen ist: «Fast zwei Drittel aller Vergewaltiger, drei Viertel der jugendlichen Mörder und ein ähnlich hoher Prozentsatz junger Gefängnisinsassen sind ohne Vater groß geworden.»[6] Polizisten, Staatsanwälte, Kriminologen berichten übereinstimmend von einem ihnen wohl bekannten Täterprofil: Vater tot, Vater Alkoholiker, Vater geschieden oder Vater nie kennen gelernt, selbst nichts Richtiges gelernt, selbst auch wieder Alkoholiker oder Junkie.

Allein erziehende Mütter, die mit hohem persönlichem Einsatz ihre Kinder durchbringen, lesen dieses Kapitel wahrscheinlich mit wachsendem Unbehagen, sodass sie spätestens jetzt laut aufschreien: Nun reicht's aber! Wann immer ein Missstand in unserer Gesellschaft entdeckt wird – sei es Gewalt, Vandalismus, Schulversagen, Selbstmord oder Magengeschwüre – sind die Alleinerziehenden schuld!

Daher müssen wir jetzt drei Dinge klarstellen: Es sind nicht wir, die Ein-Eltern-Familien ablehnen, sondern die Kinder, vielleicht nicht alle, aber vermutlich doch die meisten. Zum zweiten: Wenn es so ist, dass auffällige, drogenabhängige, gewalttätige und kriminelle Menschen überdurchschnittlich oft vaterlos aufgewachsen sind, so ist keinesfalls der Umkehrschluss «vaterlos gleich kriminell» erlaubt. Das Dritte und Wichtigste ist: Scheidungseltern können das Problem einigermaßen gut lösen, wenn sie das Wohl der Kinder in den Mittelpunkt stellen. Sie könnten es noch besser lösen, wenn es für Scheidungsfamilien Beratung, Hilfen, Auffangnetze gäbe. Auch das steht in der Napp-Peters-Studie. Manches von dem, was öffentlich gerne als Problem von Scheidungswaisen bezeichnet wird, ist oft nur ein Geld-, Wohn-, Betreuungs- oder Arbeitsdilemma oder Mangel an sozialen Dienstleistungen.

Dennoch erschöpft sich die Not von Scheidungskindern nicht in solchen Versorgungsproblemen. Den wichtigsten Teil zur Lösung der Not – den emotionalen – können nur die Eltern beisteuern. Aber wie?

Napp-Peters fragte: Warum zerbrechen die einen fast an der Scheidung der Eltern, während andere es offenbar ganz gut wegstecken? Und sie fand heraus: Es hängt entscheidend davon ab, wie die Eltern mit ihrer Scheidung umgehen. Im Zentrum steht die Frage, wie gut der Kontakt der Kinder zum geschiedenen Elternteil aufrechterhalten und gepflegt wird. Die einfache Faustregel lautet: Je besser die Verbindung zum ausgezogenen Elternteil ist, je vernünftiger die Geschiedenen miteinander umgehen, und je stabiler das übrige Umfeld des Kindes bleibt, desto besser kann es die Trennung bewältigen.

Das leuchtet auf Anhieb ein. Aber in der Realität hinterlassen Scheidungen verletzte, zerstrittene, verbitterte, und häufig auch hasserfüllte Menschen. Da gibt es Streit um den Unterhalt und die Aufteilung des Besitzes, da werden Schuldfragen erörtert, will ein Partner den anderen nie wiedersehen, da lenken Emotionen das Verhalten und nicht die Vernunft. Das führt dazu, dass der eine Partner fast vollständig aus dem Leben der Kinder verschwindet.

Eine Scheidung weckt die Versuchung, die Kinder in den Konflikt mit dem Partner hineinzuziehen, von ihnen zu verlangen, Position zu beziehen zugunsten des einen Partners. So etwas hält kein Kind aus. Wenn Eltern ihren Kindern schon zumuten, die Folgen einer zerrütteten Ehe mit auszubaden, sollten sie wenigstens der Versuchung widerstehen, ihre Kinder zu Schiedsrichtern zu machen oder sie als Kombattanten im Kampf gegen den anderen zu gewinnen.

Auch der nahe liegenden Versuchung, nach einem neuen Partner Ausschau zu halten und möglichst schnell wieder eine Normalfamilie zu werden, sollten frisch Geschiedene widerstehen, sagt Napp-Peters. Diese Verlockung ist besonders groß, weil viele Alleinerziehende aus Schuldgefühlen heraus meinen, ihren Kindern rasch wieder eine intakte Familie bieten zu müssen.

Für die Kinder wird aber durch einen neuen Vater oder eine neue Mutter nicht automatisch alles wieder gut. Im Gegenteil. Vielen fällt es schwer zu akzeptieren, dass nicht mehr nur sie allein wichtig sind, sondern auch der neue Partner. «Sie fühlen sich zurückgesetzt, reagieren eifersüchtig und betrachten den neuen Partner als Konkurrenten um die Gunst ihrer Mutter oder ihres Vaters», sagt Napp-Peters. Vor allem kurz nach der Scheidung sind Kinder kaum bereit, einen neuen Erwachsenen in ihr Leben aufzunehmen, empfinden dies als Verrat am eigenen Vater oder der Mutter, leiden noch zu sehr unter dem Verlust des anderen Elternteils und befürchten, nun auch den Elternteil, bei dem sie leben, zu verlieren. Die Ein-Eltern-Familie kann daher «intakter» sein als eine neue Zwei-Eltern-Familie.

Erwachsene übersehen solche Ängste und Bedürfnisse ihrer Kinder, weil sie meinen, mit der Aufnahme eines Stiefvaters oder einer Stiefmutter in die Familie ihre Kinder für das Trennungsleid zu entschädigen. Dazu kommt oft die irrige Vorstellung, in einer vollständigen Familie würde man mit allen Problemen leichter fertig werden. Und dann wird erwartet, dass die neue Familie sofort gut funktionieren und glücklich sein muss.

In diesem «Muss» liegt das Verhängnis, weil es den Druck und Zwang produziert, die Besonderheiten der Familiensituation zu verdrängen, Fremdheitsgefühle nicht zuzulassen, negative Gefühle aufzustauen und so zu tun, als sei die Familie zur Normalität zurückgekehrt, sagt Napp-Peters. Der Glückszwang belaste besonders die Mädchen, die sich oft an der Trennung mitschuldig wähnen und sich nun mitverantwortlich dafür fühlen, dass es diesmal klappt. Dadurch kommen sie in ihrer eigenen Entwicklung zu kurz.

Ganz verhängnisvoll werde es, wenn die neuen Partner nicht nur ihr Anderssein verbergen, sondern auch noch versuchen, den geschiedenen Elternteil durch Besuchserschwernisse, Distanzaufbau, Ausgrenzung oder völligen Kontaktabbruch ganz aus der Familie hinauszudrängen. Dies geschieht oftmals in dem guten Glauben, das Hin und Her zwischen verschiedenen Elternteilen schade den Kindern, verhindere, dass sie zur Ruhe kommen, und erschwere das Zusammenwachsen der neuen Familie. Außerdem schwingt die Angst mit, durch Besuchsregelungen würde ein ständiges Rivalitätsverhältnis zwischen alter und neuer Familie aufgebaut, die Kinder kämen damit nicht zurecht, und das belaste dauerhaft die Beziehungen in der neuen Familie.

Diese Gefahr besteht, muss aber in Kauf genommen werden, sagt Napp-Peters. Der Kontakt zum getrennten Elternteil ist wichtiger als diese Gefahr, die man im Übrigen durch eigenes

Verhalten, vernünftige Absprachen und Aufbau von Vertrauen minimieren oder ganz aus der Welt schaffen kann.

Wer sich trennt in der Überzeugung, dass der andere ein verachtenswerter, gewissenloser Lügner und Betrüger ist, sollte trotzdem die Größe und Reife haben, den eigenen Kindern die Zeit und die Möglichkeit zu geben, das selbst herauszufinden und möglichst ohne Beeinflussung. Wer sich trennt, sollte sich bemühen, die sich daraus ergebende Belastung der Kinder so weit wie möglich zu minimieren. Das heißt: möglichst kein Umzug, kein Schulwechsel, nicht gleich wieder ein neuer Partner, möglichst viel Stabilität und Kontinuität, um den Bruch in der Familiengeschichte zu heilen. Gut ist es, wenn Großeltern, Freunde, Verwandte da sind, ein Netz aufspannen und die Restfamilie auffangen.

Noch besser fänden die Kinder es allerdings, ihre Eltern würden sich einfach wieder vertragen. Streit in der Ehe muss sein, Konflikte sind unvermeidlich, Ehekrisen kann man sich und seinen Kindern kaum ersparen. Aber so manches vorschnelle Weglaufen, so manche Scheidung könnten vermieden werden, wenn sich die Eltern klar machten, dass mit der Geburt des ersten Kindes die eigene Jugend definitiv vorbei ist und es jetzt wirklich ernst wird.

MÄNNLICH

Als wir wegen eines Umzugs den Kindergarten für unseren Sohn wechseln mussten, kam er freudestrahlend von seinem ersten Kindergartentag zurück. Der Grund seiner Freude hieß Jochen – ein Erzieher, das einzige männliche Wesen in der matriarchalen Kindergartenwelt. Gegenwärtig freut sich unser Sohn darauf, dass er in der dritten Klasse einen Lehrer bekommen wird.

Wir erzählen das nicht, um Mütter, Erzieherinnen und Lehrerinnen abzuwerten, sondern um auf eine Verrücktheit aufmerksam zu machen: Zu Hause fehlt der Mann in der Erziehung, weil er im Unternehmen gebraucht wird, an Erziehung kein Interesse hat, von seiner Frau aus der Familie geworfen wurde oder sie verlassen hat. Im Kindergarten fehlt der Mann, weil Erzieher schlecht bezahlt werden und kein hohes Ansehen genießen. In der Grundschule fehlt der Mann aus dem gleichen Grund und weil Studienrat noch immer ein schöner Titel ist. Daher verbringen die meisten Kinder die ersten zehn Jahre ihres Lebens fast nur mit Frauen, zu Hause bei der Mutter, im Kindergarten bei der Erzieherin, in der Grundschule bei der Lehrerin.

Der Mangel oder gar das vollständige Fehlen der Männer bei der Erziehung wirkt sich natürlich auf die Kinder aus, besonders auf die Jungen. Wie sollen Jungen eine Identität entwickeln, wenn sie selten oder nie mit Männern zu tun haben? Wenn Jungen keine Erfahrungen mit Männern machen können, müssen sie sich Ersatz-Erfahrungen aus dem Fernsehen besorgen. Und was für Männer zeigt das Fernsehen?

Männer im Film und in der Werbung sieht man immerzu in Action, sei es als Banker oder Freeclimber, als Manager oder Snowboarder. Sie segeln, kämpfen, klären Morde auf, prügeln sich, fahren Autorennen, kämpfen um Macht und Erfolg und wissen immer, wo's langgeht. Männer, die ein Baby wickeln oder gar das Klo putzen, kommen extrem selten vor, und wenn, dann als Versager, günstigstenfalls als sympathische Verlierer. Männer, die zweifeln, haben Seltenheitswert im Fernsehen, ebenso Männer, die gute und verantwortungsbewusste Väter sind.

Natürlich gibt's auch Ausnahmen, und natürlich kann sich ein Heranwachsender von den Klischees der Werbung und Seifenopern freimachen, kann seriöse Zeitschriften lesen, Sachbücher, Romane. Aber wem wird er begegnen? Selten einem, mit dem er sich identifizieren könnte, häufig jedoch Männern in der Krise, lächerlichen Machos, bemitleidenswerten Softis, entzauberten Märchenprinzen, bornierten Glatzköpfen, koksenden Fußballtrainern, arbeitslosen Vätern – kurz, Männern, die nicht mehr wissen, wo's langgeht, aber den Schein wahren.

Jungen gelten als dominant und auch sonst mit allerlei schlechten Eigenschaften versehen, welche Feministinnen akribisch aufgelistet haben. Sie haben daher in den achtziger und neunziger Jahren die Nachteile der Koedukation in den Schulen entdeckt und überraschend gefordert, wieder zur Mädchenschule zurückzukehren, zumindest aber zu Mädchenklassen, und die Mädchen besonders zu fördern. Nicht nur die Dominanz der Jungen im Unterricht ist für Feministinnen ein Argument für die Geschlechtertrennung in der Schule. Jungen würde auch von Lehrern wie Lehrerinnen mehr Aufmerksamkeit geschenkt. Sie würden nachsichtiger behandelt und sie drängten Mädchen besonders in Mathematik und Naturwissenschaften ins Abseits. Dies alles war gut begründet.

Gut begründet und für Feministinnen einleuchtend könnte es inzwischen aber auch sein, die Jungen aus der Klasse herauszunehmen und besonders die Vaterlosen unter ihnen besonders zu fördern. Durch Männer. Was Feministinnen an erwachsenen Männern beklagen, deren Unarten, Eigenheiten und Defizite, zeigt sich schließlich schon früh im Kindesalter. Wäre es da nicht sinnvoll, schon in der Schule in reinen Jungenklassen gegenzusteuern? Besteht nicht die Gefahr, dass die männlichen Unarten und Defizite noch viel mehr zunehmen, wenn wir die Erziehung der Jungen ausschließlich den Frauen überlassen?

Jungen sind destruktiver, lauter und aggressiver als Mädchen. Sie «wirken plumper und unsensibler, stören den Unterricht ... können nicht stillsitzen ... spielen sich vor Schwächeren auf, übertrumpfen sich in zotiger Sprache» erkennen in jedem herumliegenden Stock ein Gewehr, und ihre soziale Kompetenz ist – im Vergleich zu gleichaltrigen Mädchen – unterentwickelt. Jungen werden «häufiger wegen Hyperaktivität oder Lernschwäche behandelt und häufiger von der Schule geworfen, geraten häufiger auf die schiefe Bahn, hauen häufiger von zu Hause ab und werden häufiger für schizophren oder autistisch erklärt».[1] Als Jugendliche landen sie wesentlich häufiger im Knast und stellen den Löwenanteil aller Täter und aller Opfer von Gewaltverbrechen.

Was von diesen Schilderungen wirklich Realität oder nur Klischee ist, ist egal. Klischee oder Abbild der Wirklichkeit – so oder so wirkt es. Traditionelles männliches Rivalitäts- und Dominanzgehabe, Protzerei, Gepluster, zornige Ungeduld, Rechthaberei und Bevormundung gelten inzwischen in der öffentlichen Meinung als peinlich, rückständig und anachronistisch. Während die Mädchen zügig auf die viel gefragte soziale Kompetenz zusteuern, manövrieren sich die Jungen ins Abseits und in die Verlierer-Rolle. «Nicht mehr die Mädchen, die Jungen sind die gefährdete Spezies in der jugendlichen Wildbahn der Gesellschaft.»[2]

Männer werden immer entbehrlicher, sagt der Hamburger Trendforscher Matthias Horx, weil zukünftige Dienstleistungsberufe weibliche Eigenschaften – soziale Intelligenz, Einfühlungsvermögen, Sprachkompetenz – erfordern. Das verschaffe Frauen einen natürlichen Wettbewerbsvorteil im Kampf um die besten Jobs. Die damit verbundene wachsende Entbehrlichkeit der Männer werde die Gewaltbereitschaft und das Verwahrlosungspotential der Männer steigern.

Uns kommen die Tränen, werden hart gesottene Feministinnen kontern und fragen: Seit wann führt Entbehrlichkeit naturgesetzmäßig zu Verwahrlosung und Gewalt? Wir sind schließlich auch nicht gewalttätig geworden, trotz Diskriminierung in der Vergangenheit. Wir weigern uns, künftige männliche Gewalt heute schon mit Verweis auf die schwierige Lage der Männer vorauseilend zu entschuldigen. Und außerdem: Es kann schon sein, dass Jungen es als Kinder und Jugendliche schwerer haben als Mädchen. Aber später, wenn sie erwachsen sind, sorgen die Old Boys an den Schalthebeln der Macht schon dafür, dass die Macht in den bewährten Männerhänden bleibt. Dann bekommt auch der ehemals wildeste, ungebärdigste, zotigste Störer und Sitzenbleiber seine Chance, vielleicht gerade wegen seines Draufgängertums.

Damit haben die Feministinnen sicher recht – bis jetzt. Die Frage ist, ob es auch in Zukunft so bleiben wird. Die Macht der Old Boys ist geliehen. In Zeiten von Shareholder-Value werden die Männer an ihren Schalthebeln von Aufsichtsräten und Aktionären immer strenger kontrolliert, und diesen wird es zunehmend immer gleichgültiger, ob Männer oder Frauen die Gewinne in die Scheuer fahren. Eine Frau, die mehr einfährt als jeder

Mann, bekommt ihre Chance, heute häufiger als gestern, morgen schon ganz selbstverständlich.

Von den Frauen, die besser qualifiziert sind als Männer, gibt es immer mehr. «Seit 1992 erreichen regelmäßig mehr Schülerinnen als Schüler die allgemeine Hochschulreife – auch im vergangenen Jahr lagen die jungen Frauen wieder mit 54,1 Prozent vorn»[3] – nicht nur in Deutschland, sondern in der gesamten EU. An deutschen Hauptschulen machen Mädchen nur 44 Prozent der Schülerschaft aus, an den Realschulen bereits 51,0 Prozent und an den Gymnasien 54,4 Prozent. Erstmals schrieben sich 1995 an deutschen Universitäten mehr Frauen als Männer ein.[4] Die Mädchen sind nicht nur in der Überzahl, sie erzielen im Durchschnitt auch bessere Noten», sagt Angela Degand von der Bund-Länder-Kommission für Bildungsplanung. Und es gibt doppelt so viele Sitzenbleiber wie Sitzenbleiberinnen.[5]

Darum bedürfen nicht nur Mädchen, sondern auch Jungen einer geschlechtsspezifischen Förderung schon im Kindergarten und in der Schule. Darum müssen mehr Erzieher in die Kindergärten und mehr Lehrer in die Grundschulen. Darum sollten sich Väter die Erziehungsarbeit mit ihren Frauen partnerschaftlich teilen, nicht nur um der Frauen willen, sondern auch der Kinder wegen.

ÜBERFORDERT

Als unsere Tochter fünf oder sechs Jahre alt war und sie einem unserer Gespräche über Politik zuhörte, wollte sie wissen, warum wir immer von «Linken» und «Rechten» reden.

Kinder wollen auf kurze Fragen kurze Antworten, auch auf solche Fragen, die eigentlich längere Antworten, ja geradezu Vorträge erforderten. Aber es ist absolut sinnlos, hochdifferenzierte Antworten geben zu wollen. Spätestens nach einer Minute schalten die Kinder ab.

Daher antworteten wir also kurz, undifferenziert und angreifbar, dass Linke und Rechte über zahlreiche Angelegenheiten des politischen Lebens einfach unterschiedlicher Meinung seien. Die Linken seien beispielsweise dafür, dass wir viele Ausländer, vor allem die in Not geratenen, bei uns aufnehmen und diesen möglichst großzügig helfen, während die Rechten möglichst wenig Ausländer hereinlassen möchten, weil sie sagen, dass das zahlreiche Probleme mit sich bringe und ja auch bezahlt werden müsse. Und die Linken seien beispielsweise dafür, dass die Frauen Berufe erlernen, arbeiten und auch sonst am öffentlichen Leben genauso teilnehmen wie die Männer, während die Rechten es lieber sähen, wenn die Frauen zu Hause blieben und sich um ihre Kinder kümmerten.

Wir führten noch weitere Beispiele an, aber da hatte die Tochter uns schon längst nicht mehr zugehört und hing ihren eigenen Gedanken nach. Am nächsten Tag sagte sie: Also, wenn es um die Ausländer geht, dann bin ich eine Linke. Wenn es aber um die Frauen geht, dann bin ich eine Rechte.

Ja, unsere Tochter hadert mit dem Schicksal, Kind einer berufstätigen Mutter zu sein. Dass der Vater zu Hause arbeitet, nützt gar nichts, umgekehrt wär's ihr lieber, und am liebsten wäre es ihr, wenn beide immer zu Hause hockten und immer Zeit hätten für sie. Noch schöner wäre es, wenn auch ihre Tanten mit im Haus wohnten, und am tollsten wäre es, wenn die ganze Verwandtschaft mit allen Neffen, Vettern und Cousinen in einem einzigen riesigen Haus mit vielen Zimmern wohnten. Unsere Kinder sind Familien-Simpel, und am glücklichsten sind sie, wenn die Familie ihre Feste feiert.

Wir vermuten: Alle Kinder sind so. Und wir glauben: Kinder sind konservativ. Links der Vater, rechts die Mutter, in der Mitte ich, und drumherum eine möglichst große Familie, dieses Bild scheint jedem Kind als Idealvorstellung des Lebens eingepflanzt zu sein.

Kinder wollen Beständigkeit, Verlässlichkeit, Verbindlichkeit, Sicherheit und Geborgenheit. Darum hassen sie Umzüge, möchten immer wieder am gleichen Ort Urlaub machen, wo sie sich schon auskennen, möchten die vertrauten Gesichter, Freunde und Bekannten um sich haben und immer wissen, wo sie hingehören.

Diesen konservativen Wunschvorstellungen steht unser modernes, unbeständiges, chaotisches, umtriebiges, selbstbestimmtes, emanzipiertes Nomadenleben entgegen. Die Kinder möchten möglichst viel Zeit ihrer Eltern für sich haben. Aber da konkurrieren sie mit einem Gegner, gegen den sie keine Chance haben: dem Arbeitgeber.

Acht Stunden pro Tag an fünf Tagen in der Woche genügt vielen Arbeitgebern schon lange nicht mehr. «Mit Leuten, die nur 40 Stunden Zeit haben, fange ich doch gar nicht erst an», hat uns neulich ein Personalchef gesagt. Er erwarte 50, 60 Stunden und mehr, die Bereitschaft, auch mal am Samstag zu arbeiten, am Sonntag und abends sowieso. Und er erwarte, dass seine Mitarbeiter sich weiterbilden und auch in der Freizeit an ihren Job denken.

Wo bleibt da Zeit für Kinder, wer fragt nach deren Bedürfnissen? Woher die Zeit nehmen für Verwandtenbesuche, Familienfeiern und die Vorbereitung und Planung eigener Feste? Wie sollen Kinder mit drei Umzügen in sechs Jahren fertig werden? Wie sollen sie lernen, Freundschaften und stabile soziale Beziehungen aufzubauen und zu pflegen, wenn sie ihre Freunde wieder verlassen müssen, kaum dass sie welche gefunden haben? Wie sollen sie ihren eigenen Rhythmus finden, wenn ihr Leben in die Lücken der Terminkalender zweier gestresster, berufstätiger Eltern eingezwängt wird?

Kinder sind langsam, haben ein völlig anderes Zeitgefühl als Erwachsene, kommen mit der Hektik moderner Eltern nur schlecht zurecht und gewöhnen sich nur schwer an deren Gewohnheit, die Zeit nach Terminplänen zu zerhacken. Kinder vertragen es nicht, immer wieder aus ihren momentanen Situationen von nervösen Erwachsenen herausgerissen und an andere Orte verfrachtet und in neue Situationen geworfen zu werden.

Lernen kann man nur gut, wenn das Leben in ein Mindestmaß an Ordnung, Ruhe und Beständigkeit eingebettet ist, wenn es nach einem bestimmten Rhythmus verläuft, der möglichst selten durchbrochen werden sollte, sagt die Mainzer Sprechwissenschaftlerin Monika Müller, die viel mit gestressten und verhaltensauffälligen Kindern zu tun hat. Dass ein Kind seinen Rhythmus nicht findet, fängt schon im Kindergarten an, in den das Kind von seinen Eltern zu beliebigen Zeiten gebracht wird, mal früher, mal später, mal tagelang gar nicht. Meist gibt es in solchen Familien auch keine festen Essens- und Schlafenszeiten für das Kind.

Das schade nicht nur dem Kind, das von Anfang an lernt, dass es im Leben nach Gusto zugeht und nicht nach festen Regeln, sagt Monika Müller. Das störe auch das Leben im Kindergarten, erschwere die Kontinuität. Der Rhythmus solcher Kinder werde weiter gestört durch häufige Wochenendtrips und Kurzurlaube der Eltern, und später in der Schule melden die Eltern ihr Kind einfach krank oder vom Unterricht ab, um außerhalb der Ferienzeiten Urlaub zu machen.

Dieses Leben ohne Rhythmus, diese Takt-Losigkeit, gefällt zwar den Arbeitgebern der New Economy, die von Arbeitnehmern totale Verfügbarkeit verlangt, aber aushalten können das nicht einmal die Erwachsenen.

Gestresste Eltern; weit weg wohnende Großeltern; eine weiträumig verteilte Verwandtschaft; häufige Umzüge; wechselnde Kindermädchen oder Tagesmütter; mehrere Kindergärten mit den verschiedensten Erzieherinnen und pädagogischen Konzepten; die Einschulung; plötzlich der Vater weg oder die Mutter; gelegentliche Übernachtungen fremder Männer oder Frauen im Schlafzimmer der Mutter oder des Vaters; ein neuer Vater oder eine neue Mutter, die oder der nach ein paar Jahren auch wieder weg ist – welches Kind hält so etwas aus? Wieso wundern wir uns eigentlich, dass manche Kinder aus solchen Chaos- und Patchworkfamilien mit ihrem Leben und in der Schule nicht zurechtkommen und «auffällig» werden?

Die Eltern der neunjährigen Janine aus Hamburg haben sich vor neun Monaten getrennt, so war zu lesen[1], und die Mutter sagte, bei so viel Trauer, Verlust und Unglück liege Verwöhnung als Schmerzpflaster nahe. «Der Vater bringt von jeder Reise Spielzeug mit. Da er oft verreist ist, kommt schnell viel zusammen. Zum Geburtstag wollen die getrennt lebenden Eltern eine Museumsparty für die Tochter organisieren, etwas Besonderes. Aber da ist noch Janine: Sie wünscht sich ‹the same procedure

as every year›: Schatzsuche und Topfschlagen. Und dass die Eltern vielleicht doch …»[2]

Ende 1999 hat in Bad Reichenhall ein 16-Jähriger wild um
sich geschossen und vier Menschen getötet. «Hätte man die Vorgeschichte des Jugendlichen in Reichenhall beachtet, wäre die
Tat möglicherweise zu verhindern gewesen», denn der Junge sei
auffällig gewesen, sagt Rudolf Winkler, Chefarzt an der Klinik
für Kinder- und Jugendpsychiatrie und -psychotherapie im Josefinum in Augsburg.[3] Winkler hat es an seiner Klinik mit Kinder
zu tun, die «nicht fähig sind, die normalen Triebbedürfnisse mit
den Notwendigkeiten des sozialen Zusammenlebens zu vereinbaren».

Und davon scheint es immer mehr zu geben. Seit 1985 hat
sich im Josefinum die Zahl der Fälle, in denen «Störungen der
Geistestätigkeit» vorliegen, annähernd verzehnfacht, die Zahl
der stationären Behandlungen stieg von 250 pro Jahr auf 650.

Den Lehrern der Marbacher Uhland-Förderschule fiel auf:
Die leichteren «Störungen der Geistestätigkeit», Konzentra-
tions- und Wahrnehmungsstörungen, nehmen ebenfalls massiv
zu. Und während früher Verhaltensauffälligkeiten und Lernbe-
hinderungen vor allem ein Problem von Kindern aus sozial
schwachen Familien waren, sind heute Kinder aus allen sozialen Schichten davon betroffen, auch Geschwister von Hochbegabten.[4]

Die Mainzer Sprechwissenschaftlerin Müller zitiert aus einer Chemnitzer Studie aus dem Jahr 2000: Jedes vierte bis fünfte Kind im Alter von drei und vier Jahren ist sprachgestört. Das
merken besonders die Logopäden, zum Beispiel Thomas und
Brigitte Brauer aus Mainz. Sie verzeichnen seit Jahren deutlich
mehr Patienten, überwiegend Kinder im Vor- und Grundschulalter.

Professor Klaus Ring, Geschäftsführer der Stiftung Lesen in

Mainz, hat Zahlen: Der Anteil sprachentwicklungsgestörter Kinder im Alter von drei bis vier Jahren sei im letzten Jahrzehnt von 4 auf 25 Prozent gestiegen. Von den erwachsenen Deutschen verfügten 14 Prozent über ausgesprochen schlechte und weitere 34 Prozent über nur mäßige Fähigkeiten, den Inhalt von Texten zu verstehen.[5]

Ursachen? Da könne man vieles vermuten, sagt uns das Mainzer Logopädenpaar: Viele Kinder haben heute weniger Übung im Sprechen, sie reden weniger, weil sie Einzelkinder sind, weil ihre Eltern beide berufstätig sind und weniger Zeit haben, mit ihnen zu reden, und weil viele Kinder exzessiv vor dem Fernsehgerät, dem Videospiel oder dem Computer sitzen, wo Kommunikation nicht gefragt ist.

Gisela Friedrich von der Uni Leipzig untersuchte mit ein- und demselben Test vor und nach der Wende die sprachlichen Leistungen Leipziger Vorschulkinder: Sie waren deutlich schlechter geworden. Friedrich vermutet: Viele Horte und Kindergärten wurden nach der Wende geschlossen, die Betreuungszeit der Kinder wurde geringer, die Kinder waren nach der Wende mehr allein zu Hause, der Fernsehkonsum der sprachgetesteten Drei- und Vierjährigen nahm deutlich zu.

Für die Geschichten, die Eltern nicht mehr erzählen, gibt es die Teletubbies oder Pokèmons – was intelligente Kinder unterfordert. «Sprachloses Fernsehen, reduzierte Kommunikation – lala, winke-winke – macht Kinder selber sprachlos und zugleich empfänglich für Werbebotschaften», sagt Monika Müller, die in ihrer Praxis Kinder therapiert, welche kein einziges Märchen erzählen können, aber von 150 Pokèmons nicht nur deren Namen, sondern auch deren Eigenschaften kennen.

Monika Blumenthal, Konrektorin einer Mainzer Grundschule, hat ebenfalls das Fernsehen, aber auch die veränderten Wohnverhältnisse im Verdacht, die Sprachentwicklung unserer

Kinder zu stören oder gar zu verhindern. «Kinder spielen nicht mehr auf der Straße, wie früher», sagt sie. «Wenn es nicht regnete und man kein Bein gebrochen hatte, spielte man als Kind draußen, und zwar ohne sich zu verabreden. Kinder trafen sich und spielten.»

Heute kann man auf den Straßen unserer Städte nicht mehr spielen, und auf Spielplätze lassen Eltern ihre Kinder ohne Aufsicht nur ungern. Die Kinder selbst drängen auch nicht mehr so nach draußen. Sie haben ja zu Hause einen scheinbar viel interessanteren Spielplatz: die Couch vor dem Fernseher.

Ergebnis: Die Kinder hören im Unterricht nicht mehr richtig zu. Das, was sie noch hören, können sie nicht mehr richtig merken, und was sie sich gemerkt haben, können sie nicht angemessen wiedergeben. Blumenthal: «Kinder können einfachste Fabeln nicht nacherzählen.»

Warum ist das so? Was ist da los? Niemand vermag es genau zu sagen, aber manches deutet darauf hin, dass viele Kinder auf unterschiedliche Weise zu Opfern unseres modernen Lebensstils werden. Neben der Vaterlosigkeit beobachten die Lehrer der Marbacher Uhland-Förderschule, dass Eltern von heute viel weniger für ihre Kinder da seien als noch vor wenigen Jahren.

«Wenn Jugendliche plötzlich bockig werden, dann ist meist eine schwierige familiäre Situation im Hintergrund», sagt Anke Rasbieler, Deutschlehrerin an einem Mainzer Gymnasium. Sie habe das gemerkt, als sie eine ihre Klassen Porträts schreiben ließ. Viele Schüler haben ihre Eltern porträtiert. «Drei dieser Porträts waren erschütternde Zeugnisse zerstörter Familien.»

«Das Geld, der Erfolg, das Ansehen, dem die Eltern nachjagen, nehmen den Kindern Vater und Mutter weg, weil sie zu beschäftigt sind, um sich um den eigenen Nachwuchs zu kümmern», sagt Jugendpsychiater Rudolf Winkler. Die Kinder versuchten deshalb, «die Lücken in ihrem Seelenleben irgendwie zu füllen: im besten Fall, indem sie die Raffsucht ihrer Eltern nachahmen, im schlechtesten Fall mit der Hinwendung zu Sekten oder Drogen».

Seine Patienten litten unter Verletzungen, die ihnen zu Beginn ihres Lebens zugefügt wurden, vor allem in den ersten drei Jahren, in denen «das seelische Gefüge festgelegt wird», so Winkler. Oft handle es sich um Kinder, die nicht erwartet, übersehen und vernachlässigt wurden. Die damit verknüpften seelischen Verletzungen sieht man nicht, wohl aber deren Folgen: Intelligenzstörungen, Mängel in der Feinmotorik, Hyperaktivität, Konzentrationsmängel, Legasthenie, die Unfähigkeit zum sozialen Miteinander, die Unfähigkeit zum Aufschieben von Triebimpulsen. Schwierige Typen, man mag sie nicht besonders, hält sich von ihnen fern, schließt sie aus, und dadurch verschärft sich die Lage dieser Menschen. Die Grenzen zu Aggressivität, Vandalismus, Gewalt, Drogen und Kriminalität rücken immer näher.

«Während man vor zwanzig Jahren mit ein oder zwei auffälligen Kindern pro Klasse rechnen musste, sind es heute eher fünf oder sechs», schrieb Susanne Gaschke und zitiert den Rektor einer Grund- und Hauptschule in einem kleinbürgerlichen Stadtteil in der Nähe Hamburgs: «Das große, unauffällige Mittelfeld wird zugunsten der Extreme kleiner.»[6] Ein Teil unserer Kinder sei vollkommen überbehütet, ein anderer Teil verwahrlost. Beiden Gruppen würden zu Hause kaum Grenzen gesetzt. Beide seien eine Belastung, aber nicht belastbar. Sie könnten nicht zuhören, weil zu Hause niemand sei, der ihnen zuhört, und manchen von ihnen fehle jede Fähigkeit, sich in andere Menschen hineinzuversetzen.

Vernachlässigt und zugleich materiell verwöhnt, überbehütet oder sich selbst überlassen, von unserem Lebensstil und unserer Art zu wirtschaften überfordert, von gehetzten Eltern nicht richtig gefordert und gefördert, oft sogar unterfordert und zu keinerlei Pflichten und Aufgaben herangezogen – so schicken wir unsere Kinder in die Schule.

Dort überfordern sie dann ihre Lehrer, die sich damit abmühen, die versäumte Erziehung nachzuholen.

GEWALTTÄTIG

Vor einiger Zeit, 1998, erlitt eine Lehrerin in einer Schule bei Garching einen Nervenzusammenbruch, weil vier Schüler eine Pistole auf sie gerichtet und losgeballert hatten. Es war nur eine harmlose Soft-Air-Pistole. Dass die Lehrerin deshalb gleich die Nerven verlor, war kein Wunder. Kurz zuvor hatten in der US-amerikanischen Stadt in Jonesboro (Arkansas) der elfjährige Andrew Golden und der 13-jährige Mitchell Johnson mit richtigen Waffen um sich geschossen und vier Klassenkameraden und eine Lehrerin getötet. Die Tat machte weltweit Schlagzeilen.

Die Killer von Jonesboro sind heute schon wieder vergessen, auch der 15-Jährige, der in Springfield, Oregon, mit einem Gewehr in die Cafeteria marschierte und zwei Mitschüler tötete und 22 verletzte. Das liegt vermutlich daran, dass wenig später in der Kleinstadt Littleton, Oregon, alles überboten wurde, was es zuvor gegeben hatte. Dort marschierten an einem Vormittag im April 1999 der 17-jährige Dylan Klebold und dessen 18-jähriger Freund Eric Harris bombenwerfend und salvenfeuernd durch die Cafeteria und die Bibliothek ihrer Schule. Einen Lehrer und zwölf Mitschüler haben sie getötet, 28 zum Teil schwer verletzt.

Im November 1999 hat dann ein fünfzehnjähriger Schüler aus Meißen seine Lehrerin mit zweiundzwanzig Messerstichen getötet. Die Tat von Bad Reichenhall kurz danach haben wir bereits geschildert.

Während wir dieses Kapitel schreiben, kommt aus Amerika die Nachricht eines neuerlichen Amoklaufs. Ein 15 Jahre alter

Junge hat Anfang März 2001 in einem Vorort der kalifornischen Hafenstadt San Diego mit einem Revolver Kaliber 22 im einem Waschraum seiner Schule um sich geschossen und einen 14- und einen 15-Jährigen getötet sowie 13 weitere Schüler verletzt.[1]

Wir können davon ausgehen, dass der Amoklauf von San Diego nicht der letzte an einer amerikanischen Schule war, und auch in Europa werden wir uns wohl an Schüler und Jugendliche gewöhnen müssen, die einfach ausrasten. Wie jene Jugendlichen, die an einem Samstag im September des Jahres 2000 zur Geburtstags-«Party» des 14-jährigen Martin Sievers gekommen waren und das Haus in Abwesenheit der verreisten Eltern vollkommen unbewohnbar hinterließen.

In Martins Kinderzimmer, auf das sich die Party eigentlich hätte beschränken sollen, ging die Stereoanlage zu Bruch. Im Schlafzimmer der Eltern wurden Schranktüren herausgerissen, Lederjacken mit Farbe besprüht, Essensreste auf dem Boden verschmiert.

Auf dem Küchenboden lag ein Morast aus Ketchup, Eistee, Nudeln, Pizza, Alkohol, Eiern, Cola und Joghurt. Im Swimmingpool im Keller trieben Farbeimer, Wäscheständer, Geschirr, Saftpackungen, Fischfilets und Kot. Im ganzen Haus stank es nach Urin. Uriniert wurde in den Pool, in Gummistiefel, Gläser und in die Betten. Die Toiletten wurden mit Handtüchern verstopft, aber trotzdem noch eine Zeitlang benutzt. Eine unbekannte Zahl von Gästen hatte sich auf dem Teppich erbrochen.

Die Renovierung des Hauses dauerte drei Monate und kostete 180 000 Mark. Davon übernahm die Versicherung nur die Hälfte, weil Martin die Vandalen ja freiwillig ins Haus gelassen hat.

Bis heute ist nicht ganz klar, wie viele Jugendliche nun wirklich in dem Haus randaliert hatten und wer eigentlich was gemacht hatte. Unklar ist auch, ob Martin von den anstürmenden Gästen überrumpelt wurde und hilflos mit ansah, was seine «Gäste» in dem Haus veranstalteten, oder ob er eine aktivere Rolle dabei gespielt hat.

Alles Einzelfälle? Oder ein neuer Trend?

Kriminalstatistiken sind, wie jede Statistik, immer zweifelhaft. Das, was gezählt, was also überhaupt als statistisch interessant wahrgenommen wird, variiert über Grenzen und Zeiträume hinweg. Bei kriminellen Delikten kommt erschwerend hinzu, dass nur erfasst werden kann, was auch gemeldet und zur Anzeige gebracht wird, sodass jeder statistisch exakten Zahl immer eine schwer schätzbare Dunkelziffer gegenübersteht. Und in Deutschland haben wir zusätzlich das Problem, dass Zahlen, die nach der Wende erfasst wurden, kaum vergleichbar sind mit denen vor 1989.

Nach Berücksichtigung aller üblichen Einwände gegen die Statistik bleiben die meisten Pädagogen, Kriminologen und Soziologen, die auch nicht über gesicherte Zahlen verfügen, trotzdem der Meinung, dass die Gewalt von Kindern zunimmt, und zwar weltweit. Schießereien in den USA, Messerstechereien in Japan, prügelnde, raubende und auch vor Mord nicht zurückschreckende Kinderbanden in den Vorstädten von Paris, in Italien und in England – man kann es heute in unregelmäßigen Abständen immer wieder in den Zeitungen lesen. Vor zehn oder 15 Jahren hörte man von solchen Dingen allenfalls aus São Paulo und anderen Metropolen der Dritten Welt.

Aus Deutschland meldet die Polizei: Seit 1984 hat sich die Zahl der Jugendlichen, die von der Polizei einer Gewalttat bezichtigt wurden, in den alten Ländern verdreifacht. Und bei den Kindern unter 14 stieg die Zahl der Gewaltverdächtigen um 170 Prozent. Seit 1995 ist der Anteil der Gewalttäter in der Altersgruppe der Strafunmündigen unter 14 höher als der Gewalttäteranteil unter allen Erwachsenen über 30. Und die Zahlen aus Ostdeutschland sind der reine Horror: Siebenmal mehr tatverdächtige Kinder in Sachsen 1996 als fünf Jahre zuvor, fünfmal mehr in Mecklenburg-Vorpommern und Brandenburg und dreimal mehr in Thüringen.

Was zunimmt, sind weniger die kindlichen Ladendiebstähle oder Handtaschenräubereien bei alten Damen als vielmehr das Ausrauben von Kindern durch Kinder, Erpressungen, Einbrüche, Körperverletzungen, auch Vergewaltigung von Klassenkameradinnen, Sachbeschädigung, Vandalismus. Auch die Zahl der kindlichen Ausreißer steigt an. Viele bleiben dauerhaft weg, leben auf der Straße, schließen sich Kinderbanden an, prostituieren sich oder werden drogenabhängig.

Zugegeben: Das klingt, als ob man sich bei uns nicht mehr auf die Straße trauen dürfte und Schulen Brutstätten der Kriminalität wären. So ist es natürlich nicht, und viele Kinder haben bis heute Derartiges nicht erlebt. Doch in den eher privilegierten Wohnvierteln neigt man dazu, seine eigene einigermaßen heile Welt fürs Ganze zu halten und zu verdrängen, dass es auch ganz andere Realitäten gibt in Deutschland und Europa.

Fünf Prozent eines jeden Altersjahrgangs zeigen «eine nie erlebte Brutalität und Erbarmungslosigkeit», sagte der Bielefelder Soziologe Klaus Hurrelmann 1998 dem *Spiegel*. Wir wissen nicht, wie Hurrelmann auf diese Zahl kommt, aber selbst wenn er um 100 Prozent übertriebe, wären es immer noch zweieinhalb Prozent – genug, um die gesamte Gesellschaft zu terrorisieren und Polizei und Justiz auf Trab halten zu können.

Ob nun fünf Prozent oder zweieinhalb oder irgendetwas dazwischen – es sind zu viele. Der Trend weist nach oben.

Und er kreuzt sich mit der Gewalt der Rechten. «Hitler war ein guter Mann, zündet alle Juden an», singen 14-jährige Schüler in Berlin-Marzahn. Das gilt dort als normal. «Bei uns schreien viele ‹Heil Hitler!› und ‹Scheiß Ausländer› und finden das cool», sagen die Schüler.[2] So fängt es an, niemand schreitet ein, und so geht es halt mit «einen Vietnamesen abklatschen» weiter. Argumente prallen ab.

Jeder fünfte Berliner Schüler ordnet sich nach Angaben des Berliner Schulsenators Klaus Böger dem rechtskonservativen Lager zu, fast jeder Zehnte zeige rechtsextreme Neigungen. Appelle, Lichterketten, Diskussionen, Anti-Rassismus-Tage scheinen nichts zu bewirken.

Wegen dieser Jugendlichen – einer Minderheit, aber einer auffälligen – fürchtet man sich wieder vor uns. Weil sie jüdische Friedhöfe schänden, Synagogen anbrennen, Ausländer zu Tode hetzen und Asylantenheime anzünden, muss man sich wieder schämen, deutsch zu sein, wollen Ausländer nicht mehr in Deutschland studieren, wollen qualifizierte ausländische Spezialisten nicht in Deutschland arbeiten.

Bald nach dem Fall der Mauer, am 24. November 1990, fiel eine Bande von etwa 50 bis 60 rechtsradikalen Skinheads mit Knüppeln und Messern über Afrikaner in einem Gasthof her und prügelte den Angolaner Amadeu Antonio Kiowa zu Tode. Am 28. Dezember erstach ein Neonazi in Hachenburg (Rheinland-Pfalz) den 17jährigen Kurden Nihad Yusufoglu. Ein angetrunkener jugendlicher Skinhead schlug in der Silvesternacht 1990 in Flensburg einen 31 Jahre alten Obdachlosen zusammen, der sechs Tage später an den Folgen der Schläge und Tritte starb.

Und so geht es bis heute. Eine Chronik der *Frankfurter Rundschau* und des *Tagesspiegels* dokumentiert die Blutspur rechter Gewalt während der zehn Jahre deutscher Einheit und kommt auf – bisher – 93 Todesopfer, nicht mitgezählt die zahlreichen Fälle, bei denen «nur» Körperverletzung oder Psychoterror im Spiel war. Ebensowenig jene Anschläge, bei denen noch nicht bewiesen ist, dass es sich hier um rechte Gewalt handelte.[3]

Christian Pfeiffer, Justizminister in Niedersachsen, der als Kriminologe Jugendgewalt europaweit untersucht hat, warnt: «Kinder- und Jugendkriminalität kann nicht länger als Ausdruck einer vorübergehenden Krise des Heranwachsens interpretiert werden.» Die Gesellschaft müsse «eine Verfestigung krimineller Karrieren befürchten». Aus kriminellen Kindern werden Verbrecher.

Die wachsende Zahl jugendlicher Gewalttäter und Krimineller und die Tatsache, dass sogar Kinder zunehmend ins Blickfeld der Polizei geraten, ist das auffälligste Symptom mangelhafter oder verweigerter Erziehung. Im Falle des Bad Reichenhaller Amokschützen sagt Jugendpsychiater Winkler: «Der Junge war emotional vernachlässigt und völlig vereinsamt. In der Schule war er unauffällig. Und dennoch hätte man seine soziale Isolation bemerken müssen. Aber das ist Teil des Systems. Die Lehrer leiden schon so sehr unter den aktiv Gestörten, dass sie die passiv Gestörten eher dankbar hinnehmen.»

Aber auch auf die aktiv Gestörten reagiert die Schule falsch. «Viele Lehrer sind viel zu weich und lassen viel zu viel durchgehen, weil sie Angst davor haben, konsequent zu sein», sagt die Mannheimer Sonderschullehrerin Barbara Negrelli, die in der Gewaltprävention als Gewalt-Moderatorin arbeitet und als Anti-Aggressions-Trainerin ausgebildet ist. Auffällige, aggressive, zur Gewalt neigende Kinder aus Angst und Bequemlichkeit in Ruhe zu lassen, das sei der Nährboden für Gewalt. Ganz besonders fruchtbar ist der Boden, wenn auch die Eltern bequem sind. Ein aggressives Kind, das weder von Eltern noch von Lehrern zur Ordnung gerufen wird, sieht natürlich keinerlei Anlass, an seinem Verhalten irgendetwas zu ändern.

Die mangelnde Interventionsbereitschaft der Lehrer habe mit einem Mangel in der Lehrerausbildung zu tun, sagt Negrelli. Lehrer hätten nicht gelernt, mit Konflikten umzugehen. Sie wüssten oftmals nicht, wie man Verweigerungshaltungen in der Klasse auflöst, Schüler aus der Reserve lockt, Fehlverhalten sanktioniert oder auffällige Schüler beschäftigt.

Hinzu kommt: Lehrer haben Angst, mit Kollegen oder gar in der Lehrerkonferenz über ihre Probleme mit bestimmten Schülern und mit Konflikten in der Klasse zu reden. Sie fürchten, dann als Versager dazustehen, meinen, die Probleme alleine lösen zu müssen, was die Probleme nur verschlimmert.

Schon bei Referendarprüfungen müsse mitgeprüft werden, wie man als Lehrer klassische Konfliktsituationen löst, fordert Negrelli. «Gewalt ist Fehlen sozialer Kompetenz.» Soziales Lernen müsse daher schon in der ersten Klasse beginnen, nicht unbedingt als Schulfach und Unterrichtsstunde, sondern in Form kleiner Übungen, mit Rollenspielen, Wahrnehmungsübungen, Gesprächen, die täglich in unterschiedlichen Fächern gemacht werden.

Negrelli betont: «Lehrer müssen lernen, die Eltern frühzeitig einzuschalten.» Oft reicht das schon, um ein Kind wieder auf den richtigen Weg zu bringen. Oft aber auch nicht, nicht in den Fällen, in denen Kinder von prügelnden Eltern lernen, dass Gewalt eine Lösung sei. 70 bis 80 Prozent aller Kinder in Deutschland erleben handgreifliche Gewalt durch die Eltern, sagt der Kriminologe Christian Pfeiffer. Fast zehn Prozent der Kinder werden in strafbarer Weise körperlich misshandelt, sechs bis acht Prozent erleben Eltern, die sich gegenseitig verprügeln. «Die Opferrolle wird in der Kindheit gelernt – und die Täterrolle leider auch», sagt Pfeiffer.[4]

Wenn Interventionen an der Schule nichts bewirken und die Einschaltung der Eltern ebenso wenig, dann müssen die Lehrer oder die Schulleiter das Jugendamt einschalten oder auch die Polizei – wovor fast alle Lehrer besonders zurückschrecken. Die Hemmung, seine Schützlinge bei der Polizei «anzuschwärzen», sei verständlich, aber falsch, sagt Negrelli. Ebenso falsch wie verständlich sei die Befürchtung, Kinder durch Zusammenarbeit mit der Polizei unnötig zu kriminalisieren, die Schule in die Schlagzeilen zu bringen und den Ruf der Schule zu schädigen.

Die Polizei sei in der Regel immer bereit, sich bei Strafunmündigen zurückzuhalten. Es sei einfach wichtig, dass sie Bescheid wisse, dass sie bei ihren Streifen auf bestimmte Jugendliche achte und einschreiten könne, bevor es zu Gewalt oder kriminellen Handlungen kommt. Wenn aber über Fehlverhalten von Schülern hinweggesehen werde, fühlten diese sich natürlich bestärkt und ermutigt, die Grenzen des Erlaubten so lange zu überschreiten, bis sie zu Fällen für die Polizei würden.

Darum helfe man den Kindern nur durch rechtzeitige Intervention. Und wenn das nicht zum Erfolg führt oder schon zu spät kommt, müssten Lehrer lernen, vertrauensvoll mit den Eltern, dem Jugendamt und eben auch mit der Polizei zusammenzuarbeiten. Nur so könnten gefährdete Kinder vor Knastkarrieren bewahrt werden.

Im Grunde «diskutieren wir seit Jahren die gleichen Probleme, aber wir sind nicht weitergekommen», resümiert Negrelli. Diskutieren allein sei aber nutzlos. Deshalb geht sie seit einigen Jahren neue Wege. Sie reist durchs Land und besucht, zusammen mit einem Sozialarbeiter, Schulen, wo sie mit Lehrern und Schülern die Gewalt thematisiert mit dem Ziel, Tabus zu brechen und in den Klassen ein sozial freundliches Klima zu schaffen.

Über Rollenspiele wird das eigene Verhalten und das der anderen in Bedrohungssituationen analysiert, und Kinder lernen, wie sie auf Provokationen reagieren und neue Handlungsmöglichkeiten entwickeln. Die jeweiligen Lehrer lernen mit und bekommen den Anstoß, dranzubleiben am Thema und mit ihren Schülern weiterzuarbeiten.

Wo der Nährboden für Gewalt fruchtbar ist, kommt Negrelli mit solchen «weichen» Methoden oft schon zu spät. Dennoch können auch dort die Dinge wieder ins Lot kommen, mit etwas härteren Methoden, durch Anti-Aggressions-Trainings. Am Frankfurter Institut für Sozialpädagogik und Sozialarbeit wird seit einiger Zeit eine Ausbildung zum Anti-Aggressions-Trainer angeboten. Ursprünglich war diese Ausbildung nur für Sozialarbeiter gedacht, jetzt wird sie auch für Lehrer angeboten.

Zu diesen Trainings werden Schüler eingeladen, die schon mal einschlägig aufgefallen sind. Damit diese auch freiwillig kommen, heißt das Ganze nicht Gewaltprävention oder Anti-Aggressions-Training, sondern «Coolness-Training». Ohne Tricks geht es eben nicht. «Die Schüler wollen nichts mehr, als cool sein, sie merken selbst, dass sie Stress haben, und sind deshalb aufgeschlossen», sagt Negrelli.

Die Trainer sagen den Schülern: «Nur die Coolsten packen unser Training, denn da wird euch echt etwas abverlangt. Da werdet ihr hart angegangen, und nur wer sich wirklich etwas zutraut, der kann da mitmachen.»

Das funktioniert. Neunzig Prozent der Aggressivsten fühlen sich an der Ehre gepackt und steigen ein. Und dann werden sie wirklich hart angegangen, kommen auf den «heißen Stuhl», müssen von ihrer schlimmsten Tat erzählen, oder wenn es die nicht gibt, von den Situationen, in denen sie immer Probleme bekommen. Alle, die herumsitzen, dürfen Fragen stellen, den Menschen auf dem heißen Stuhl provozieren, ihn dahin bringen, dass er versteht, warum er so reagiert, wie er reagiert.

Ein Ziel dieser Aktionen ist es, Rechtfertigungstheorien von Tätern zu entlarven – «der hat so blöd geguckt», «der hat meine Schwester angemacht» etc. – ein weiteres, Mitleid mit dem Opfer zu entwickeln. Die meisten Gewalttäter seien «unfähig, Empathie zu entwickeln, sich in ein anderes Wesen hineinzuversetzen, überhaupt eine Situation aus einer anderen Perspektive zu sehen als aus ihrer eigenen», sagt Negrelli. Auf dem heißen Stuhl ändere sich das. Die Kumpel außen herum übernähmen die Rolle des Gegners oder Opfers und lernten selber dabei ganz viel, zum Beispiel, dass sie die Fallen erkennen, in die sie durch bestimmte Provokationen und eigenes eingeschliffenes Verhalten immer wieder tappen. Auch Deeskalationstechniken – Reden statt Schlagen – seien ein Lernziel.

Aber es wird nicht nur geredet und gespielt, sondern auch richtig gekämpft, nach Regeln. Deshalb arbeiten die Gewaltmoderatoren auch mit Kampfkünstlern, wie etwas Karatemeistern, zusammen. Diese lehren eine meditative Kampfkunst, sprechen über das richtige Kämpfen: Man kämpft *für* etwas, nie gegen etwas. Beim Kampf mit diesen Künstlern spielen die Jugendlichen durch, was passiert, wenn man sich nicht an Regeln hält.

Um Regeln, Einsicht, Verhaltensänderung geht's auch bei der mit dem Training verbundenen Erlebnis-Pädagogik. Die Jugendlichen müssen zusammen Mutproben bestehen, lernen, schwierige Aufgaben gemeinsam zu meistern. Dabei lernen sie auch, miteinander zu sprechen, nicht nur sachlich über die Lösung von Problemen, sondern auch persönlich, über sich und ihre Familien.

Und über ihre Opfer. «Wir konfrontieren die Täter mit ihrer Tat und verlangen von ihnen Wiedergutmachung in irgendeiner Form», sagt Negrelli. «Die Verständnispädagogik der letzten Jahrzehnte war nur gut für die 90 Prozent, die noch empathiefähig sind, die brauchen die Konfrontation nicht, aber die zehn Prozent der Gewalttätigen erreicht man mit Verständnis nicht. Bei den ganz harten Fällen muss man ganz klar fordern und Grenzen setzen.»

Die Methode hat Erfolg. Beträgt die normale Rückfallquote bei jugendlichen Straftätern 80 Prozent, so sinkt diese bei Teilnehmern des Anti-Aggressions-Trainings auf 37 Prozent. «Von sechs Teilnehmern kann man zwei umkrempeln, zwei erreicht man nicht, und bei zweien besteht eine 50:50-Quote», sagt Negrelli.

Für viele Schulen mögen Computerkurse das Richtige sein, für andere wären Coolness-Trainings besser.

VERDORBEN?

Am Abend jenes Tages, als der Halbwüchsige aus Bad Reichenhall das Gewehr seines Vaters aus dem Schrank holte und wahllos auf zufällig vorbeikommende Passanten schoss, «wobei er, schreckliche Ironie der medialen Selbstreferenz, auch einen pensionierten Fernsehkommissar verletzte – an jenem Abend holten die Reporter der Fernsehanstalten so ziemlich jeden Jugendlichen vor die Kamera, der den jungen Amokschützen kannte», schrieb Claudius Seidl in der *Süddeutschen Zeitung,* und diese, so Seidl, «lieferten lauter Sätze ab, wie man sie eben aus dem Fernsehen kennt: Ja gut. Computerspiele. Gewaltvideos. Ja sicher. Neonazi.»

Immer, wenn Kinder oder Jugendliche ausrasten, kommt unweigerlich die Frage: Sind die Medien schuld? Ist die Flut von Gewalt schuld, die sich aus den Fernsehgeräten in unsere Wohnzimmer ergießt, wenn ein Schüler mit dem Messer seine Lehrerin ersticht? Horrorszenen im Fernsehen, brutale Videofilme, grausame Bilder im Internet haben «die Seelen von Kindern regelrecht versaut», sagte Hildebrecht Braun, Vorsitzender der Bonner Kinderkommission.

Im niederbayerischen Krennerhäuser bei Passau wurde ein Bub ab dem neunten Lebensjahr von einem Onkel mit Videos versorgt, deren «Held» der Killer-Zombie Jason ist, eine Bestie, die im Blutrausch Menschen zerstückelt. Nach vier Jahren, im Jahr 1996, hatten diese Videos offenbar ihre Wirkung getan. Der Junge setzte sich eine selbst gemachte Maske auf, mit der er so furchteinflößend aussah wie sein Vorbild aus den Videos, bewaffnete sich mit einem Buschmesser und einer Axt, rannte ins Haus der zehnjährigen Cousine, traf dort überraschend auf eine alte Dame aus der Nachbarschaft und stach sie nieder. Dann stürzte er sich auf das schreiende Mädchen und schlug ihr zweimal die Axt in den Kopf.[1]

Auch in den USA wurde nach dem Massaker von Littleton gefragt: Ist es die Gewalt in den Medien, die Jugendliche zu ihren Gewalttaten anstiftet? Eltern von Schulkindern, die 1997 bei einem ähnlichen Massaker in Kentucky getötet wurden, verklagten nach der Bluttat von Littleton die Produzenten des Films «The Basketball Diaries». Leonardo Di Caprio spielt darin einen Schüler, der davon träumt, seine Lehrer und Mitschüler zu erschießen. In den Traumszenen, in denen er dies ausführt, trägt er einen langen und schwarzen Trenchcoat, ein «Markenzeichen» auch der Gruppe, der Dylan Klebold und Eric Harris angehörten, die Amokschützen von Littleton. Auch im Kult-Film «The Matrix» bewegen sich die beiden schießwütigen Helden mit langen schwarzen Trenchcoats durch die Welt.

Natürlich weisen die Produzenten von Gewalt und Action, wie auch die Fernsehsender und Programmmacher jegliche Schuld weit von sich. Millionen von Menschen sähen täglich Morde im Krimi und in Actionfilmen, aber nur ein paar Promille werden tatsächlich zu Mördern. Die wären es wahrscheinlich auch ohne filmische Vorlage geworden. Mord und Gewalt habe es ebenfalls schon zu allen Zeiten gegeben.

Um solche Argumente auch wasserdicht zu machen, zitieren die Verkäufer von Gewalt wissenschaftliche Gutachten und Studien, die bestätigen: Ein Zusammenhang zwischen Gewaltdarstellungen in den Medien und wachsender Gewalt in der Gesellschaft lässt sich nicht beweisen.

Solche Studien mögen Auftragsarbeiten sein, doch auch unabhängige Gutachter kommen immer wieder zu dem Ergebnis, dass die Darstellung von Gewalt zu Nachahmung führen kann, aber nicht zwangsläufig muss. Die jüngste Studie dieser Art, eine von der Unesco in Auftrag gegebene schwedische Untersuchung, hat genau dies bestätigt.

Vielleicht ist ja auch schon die Frage falsch gestellt. Vielleicht ist es ja so, dass diejenigen, die eher zur Gewalt neigen oder sie interessant finden, vermutlich auch lieber und länger vor entsprechenden Filmen sitzen oder einschlägig bekannte Computerspiele spielen. Und vielleicht verstärkt das die schon latent vorhandene Gewaltbereitschaft bis hin zu tatsächlichen Aktionen. Dann müsste man fragen, was, wenn nicht die Medien, bei Kindern das Interesse an Gewalt weckt.

Vierhundertneunundreißigmal, so hat eine Programmzeitschrift gezählt, sind Kinder im Jahr 1999 in Fernsehspielfilmen geprügelt, vergewaltigt oder ermordet worden. Experten schätzen, in unserem bundesdeutschen TV-Programm könne man pro Jahr rund 25 000 Morde erleben. In den USA hat ein durchschnittliches Kind im Alter von 13 Jahren rund 100 000 Morde gesehen. Und in der Woche des Mordes in Meißen lief auf RTL der Film «Schrei – denn ich werde dich töten». Hauptfigur war ein messerstechender Massenmörder an einer Schule.

Gewiss macht das Morden im Fernsehen die Zuschauer nicht zu Mördern, doch wer würde bestreiten, dass diese stetig und über Jahrzehnte gezeigten und auch immer weiter gesteigerten Gewaltorgien nicht ohne Einfluss auf die Zuschauer und die Gesellschaft bleiben? Schon gar bei Kindern, die – wie man weiß – bis ungefähr zum zehnten Lebensjahr nicht genau zwischen Fiktion und Realität unterscheiden können.

Es wäre eine Zumutung, von Eltern zu erwarten, dass sie täglich das Programm von über 30 Sendern auf fragwürdige, eventuell für die Kinder ungeeignete Sendungen abklopfen.

Die Wissenschaft sollte mehr nach indirekten Zusammenhängen suchen als nach direkten. Es ist sicher ein falscher Ansatz, die Kinder am Vormittag vor ein Gewaltvideo zu setzen und zu beobachten, was sie am Nachmittag tun. Viel aufmerksamer und stärker müsste man untersuchen, wie sich der über viele Jahre erstreckende Konsum medialer Produkte langfristig auf den Einzelnen und auf die Gesellschaft auswirkt und was die Gewöhnung an Gewalt in den Medien bewirkt.

So einen Ansatz haben jetzt zwei Psychologen von der Universität Freiburg, Michael Myrtek und Christian Scharff, verfolgt. In einer aufwendigen Studie haben sie wissenschaftlich bewiesen, dass Jugendliche, die viel fernsehen, emotional abstumpfen und vereinsamen und den realen Alltagsstress weitaus weniger gut verkraften können als Wenigseher.[2]

Auch die Freiburger Psychologen lehnen die einfache Kausalitätsbehauptung – Gewalt in den Medien führt zu Gewalt in der Realität – ab, sagen aber: «Wir waren tatsächlich erstaunt, belegen zu können, welch starken Einfluss der Fernsehkonsum auf die Emotionen hat. Aber ich würde mich darauf beschränken zu sagen: Ältere Vielseher bekommen Schwierigkeiten in der Schule, kommen nicht mehr mit. Das empfinden sie als belastend, und das wiederum kann die Aggressivität fördern.»

Oder anders gesagt: Jugendliche, die zu oft und zu lange vor dem Fernseher sitzen, ahmen im allerschlimmsten Falle deshalb den Messerstecher aus dem Fernsehen nach, «weil sie das wirkliche Leben nicht mehr meistern, weil sie es als anstrengender, komplizierter und bedrohlicher empfinden als alles, was sie in der Glotze sehen».[3]

Gewalt ist im Übrigen nur ein Phänomen unter anderen, das im Zusammenhang mit dem TV-Konsum von Kindern noch genauer untersucht werden müsste. Den Bildern des Fernsehens sind Kinder schon ausgesetzt, bevor sie lesen können, und dann noch viele Jahre, in denen ihre Urteilskraft noch nicht entwickelt ist. Es kann uns nicht egal sein, was in diesen wichtigen Jahren in die Köpfe unserer Kinder eindringt.

«Früher spielten wir draußen, heute sitzen Kinder vor dem Fernseher bei Bärbel Schäfer und verbringen ihre Nachmittage mit Menschen, die ich nicht in mein Haus lassen würde», sagte die Publizistin Elke Schmitter bei den Mainzer Tagen der Fernsehkritik im ZDF. «Früher hieß es, spiel' nicht mit den Schmuddelkindern, heute kommen Schmuddelerwachsene via TV ins Haus und erzählen den Kindern, wie das Erwachsenenleben aussieht: Ehebruch, Liebe zu dritt, schwul sein, lesbisch sein, Gummifetischist sein, zu dick, zu hässlich, zu dumm sein.»

Die Freiburger Psychologen Myrtek und Scharff stießen bei ihren Untersuchungen auf elfjährige Vielseher, die bis zu knapp drei Stunden täglich fernsehend verbringen. Bei 15-jährigen Vielsehern steigt diese Zeit auf knapp dreieinhalb Stunden an. Beide Gruppen von Vielsehern verbringen damit im Durchschnitt mehr Zeit pro Jahr vor dem Fernsehen als in der Schule oder mit der Familie.

Ein Kind, das viel fernsieht, treibt weniger Sport und trifft seltener Freunde. Vielseher spielen auch seltener ein Instrument. Und naturgemäß sitzen und liegen sie öfter als Wenigseher, was nicht gesund ist. Da hat es die Psychologen schon nicht mehr sonderlich überrascht, dass ältere Jugendliche, die viel fernsehen, mit den höchsten Stress-Werten auf die Schule reagierten und ihre Noten am schlechtesten sind, vor allem in Deutsch.

Darum dürfen Fernsehmacher und Produzenten von Kindervideos und Computerspielen ihre Produkte nicht als normale Ware betrachten. Betriebswirtschaftlich mag es ja für die Fernsehsender höchst sinnvoll sein, Heerscharen von Produzenten Programme entwickeln zu lassen, welche das jugendliche Publikum massenhaft vor die Mattscheiben locken. Gesellschaftlich betrachtet, ist dies schlicht verantwortungslos. Und nicht einmal volkswirtschaftlich ist es sinnvoll.

Wenn die Verbandsfunktionäre der Wirtschaft immer wieder das geringe Bildungsniveau der Jugend beklagen, dann sollten sie zuallererst auf ihre Klientel in der Medienwirtschaft einwirken, damit diese etwas mehr für die Bildung ihrer jungen Zuschauer tut oder zumindest Bildung nicht verhindert.

Aber das Gegenteil geschieht. Statt zu einem Medium für mündige Bürger entwickelt sich das Leitmedium unter dem Druck der Quote zu einem Fernsehen für Debile. Statt Aufklärung, Analyse und Information liefern die TV-Sender immer mehr Gequassel, Horror, Action, Sex, Werbung, Soap und organisierten Schwachsinn, und das rund um die Uhr, an sieben Tagen in der Woche und mit der Tendenz: nach unten.

Vielleicht setzt sich ja Harald Schmidt, der Trendsetter des deutschen Fernsehens, noch einmal durch. Als Ende der 80er Jahre die Political Correctness zum Tugendterror auszuarten drohte, unterminierte Harald Schmidt mit seinem Partner Fred Feuerstein den Terror mit Hilfe von höchst unkorrekten Polen- und Behindertenwitzen. Die PC-Terroristen sind seitdem erledigt.

Neuerdings macht Harald Schmidt Bildungsfernsehen und unterminiert damit den Quotenterror. Dass Schmidt damit ihn und nicht sich selbst erledigt, das hoffen und dafür beten wir.

KRISENHERD SCHULE

DIE SCHULE ALS ABSTELLRAUM

Seit Heinrich Zille wissen wir: Man kann einen Menschen auch mit einer Wohnung erschlagen. Achtzig Jahre später muss man hinzufügen – und Lehrer und Schüler mit einer Schule.

Funktional und zweckmäßig sollten sie sein, die Schulgebäude, die in den 70er Jahren gebaut wurden. Was dabei herauskam, waren überwiegend hässliche Betonkästen, die nicht mal funktional und nicht besonders zweckmäßig waren, denn zur Funktionalität einer Schule gehört mehr als eine Ansammlung von Klassenräumen, Turnhallen, Pausenhöfen, Lehrerzimmern und Labors. Zur Funktionalität eines Gebäudes gehört auch, dass man sich darin wohlfühlt. Zur Funktionalität gehört ein kultiviertes Ambiente, in dem Bildung erst gedeihen kann. Dieses Ambiente, dieser scheinbare Luxus, für den die öffentliche Hand keinen Pfennig übrig zu haben glaubt, fehlt unseren Schulgebäuden weitgehend. Wenn es früher hier und da mal vorhanden gewesen sein sollte, so ist es jetzt spätestens verschwunden, denn viele Schulen wurden seit Jahrzehnten nicht mehr renoviert.

In Bremen gibt es Klassenräume, die seit vierzig Jahren nicht gestrichen wurden, gibt Bremens rühriger Schulsenator Willi Lemke zu. In einigen Lehrbüchern existiert noch die DDR. Das Durchschnittsalter der Lehrer beträgt 51 Jahre.[1] In reicheren Bundesländern mag es etwas besser sein, aber richtig gut ist es nirgends mehr. Das äußere Erscheinungsbild der Schulgebäude spiegelt die innere Realität der Schule wider. So renovierungsbedürftig wie die Gebäude und so überaltert wie die Lehrerschaft, so reformbedürftig und überaltert ist das System.

119

Darum sind renovierte und kultivierte Gebäude und junge Lehrer zunächst nötiger als Internetanschlüsse und Laptops.

Wenn manche Unternehmen meinen, sie helfen der Schule, wenn sie dort ihren Computerschrott entsorgen, so sollen sie wissen: Mit gespendetem Baumaterial, einer Beteiligung an den Renovierungskosten oder bezahlten Lehrerplanstellen wäre mancher Schule besser gedient.

Betrachten einige Unternehmen die Schule als Abstellraum für ihre alten Computer, so betrachten viele Eltern die Schule als Abrichtplatz für ihre Kinder. Ähnlich wie Hundebesitzer ihre Schützlinge in jungen Jahren in die Obhut eines Hunde-Abrichters geben, damit dieser sie erziehe, geben zahlreiche Eltern ihre Kinder morgens in Krabbelstuben, Kindergärten, Horten und Schulen ab, holen sie mittags oder abends wieder ab und denken, in der Zwischenzeit würden ihre Kinder alles Nötige lernen.

«Eine symptomatische Einstellung mancher Eltern gegenüber der Schule lautet: ‹Mein Sohn raucht, tun Sie was dagegen›», sagte der Schulleiter der Realschule in Dollern: «Über die Hälfte unserer Elternhäuser sind kaputt: Trennungen oder Alkoholismus. Viele Leute, die hierher gezogen sind ... pendeln zur Arbeit nach Hamburg – da sind die Kinder nachmittags zwangsläufig allein. Und es kommt auch immer öfter vor, dass Eltern mitten im Schuljahr eine Woche nach Kenia fliegen – ohne die Kinder.»

Schon unter normalen Bedingungen wären die Lehrer in dem Bemühen überfordert, die zu Hause unterlassene Erziehung nachzuholen. Aber an unseren Schulen herrschen keine normalen Bedingungen. Unterrichtsausfall, zum Teil hohe Anteile von Ausländerkindern, die des Deutschen nicht mächtig sind, Überalterung der Lehrerschaft, Material- und Geldmangel erschweren die Arbeit an der Schule fast unerträglich.

Mehr als zwei Jahrzehnte lang haben Eltern, Staat und Gesellschaft die Erzieher, Lehrer, Vorschulkinder und Schüler allein gelassen mit diesen Problemen. Wenn es doch einmal um Schulen und Kindergärten ging, dann weniger um die Frage, ob unsere Kinder eigentlich optimal gefördert werden, sondern um die Frage, wie Kindergärten und Schulen kompatibel gemacht werden können mit den Bedürfnissen berufstätiger Mütter.

Wir schreiben das nicht, um berufstätigen Frauen ein schlechtes Gewissen zu machen, sondern in selbstkritischer Absicht. Wir selbst haben ein nicht ganz reines Gewissen. Auch wir haben in der Vergangenheit nach dem Prinzip gelebt: Hauptsache, die Kinder sind irgendwo untergebracht und versorgt, und wir können unserer Arbeit nachgehen.

Aber inzwischen sind wir aufgewacht. Jetzt stört uns, dass es schon wieder nicht vorrangig um die Kinder geht, sondern um fehlende Programmierer, Techniker und Kaufleute, um die Renten und um die Probleme der Wirtschaft in einer alternden und schrumpfenden Bevölkerung. Es wird Zeit zu fragen: Was ist eigentlich für die Kinder gut?

BILDUNG NACH KASSENLAGE

Was ist für unsere Kinder gut? Seien wir nicht so anspruchs-
voll. Fragen wir lieber: Was ist mindestens nötig? Was brauchen sie?

Zunächst brauchen sie genügend Lehrer. Die ersten Wochen unserer Tochter auf dem Gymnasium begannen für sie
mit einem bis dahin nicht gekannten Phänomen: Unterrichtsausfall. Hessens Ministerpräsident Roland Koch hatte die Sorgen der Eltern als Wahlkampfthema entdeckt und ließ seine
Kultusministerin in anderen Bundesländern wildern, um Lehrer für Hessen abzuwerben. Die Deutschlehrerin, die in der
Klasse unserer Tochter unterrichten sollte, quittierte nach einer Woche den Dienst und machte sich auf nach Hessen, wo
ihr bessere Bedingungen geboten wurden. Deshalb hatte unsere Tochter in den ersten Wochen ihrer Gymnasialzeit keinen
Deutschunterricht. Danach fiel eine Zeit lang Latein aus, weil
der Lateinlehrer auf Klassenfahrt und eine Vertretung nicht
organisierbar war, und dann fällt von Zeit zu Zeit mal diese
oder jene Stunde aus, weil eine Lehrkraft erkrankt und kein Ersatz vorhanden ist. Die Sportlehrerin war über drei Monate
krank.

Das Phänomen Unterrichtsausfall wird unsere Tochter vermutlich während ihrer gesamten Gymnasialzeit begleiten. Das
ist kein Einzelfall. Nicht auf die Klasse unserer Tochter beschränkt, nicht aufs Gymnasium, nicht auf die Stadt und nicht
aufs Bundesland Rheinland-Pfalz, in dem wir wohnen. In anderen Bundesländern gehört Unterrichtsausfall ebenfalls zum

Schulalltag, egal, ob sie von der SPD oder der CDU regiert werden. Man kann es kaum glauben, doch erst durch den Unterrichtsausfall an der Schule unserer Tochter sind wir darauf aufmerksam geworden: Die minimale Voraussetzung für einen einigermaßen gesicherten Lernerfolg ist bei uns in Deutschland nicht gegeben. Der Hightech-Industriestandort Bundesrepublik Deutschland hat weniger Lehrer, als er für eine gute Bildung und Ausbildung braucht.

Politiker aller Parteien haben in den letzten zwei Jahrzehnten gerne an der Bildung gespart. Wahlen sind alle vier oder fünf Jahre, Bildungsinvestitionen aber amortisieren sich erst spät, da fällt es nicht gleich negativ auf, wenn Politiker auf Kosten der Bildung ihre Etats sanieren. Irgendwann aber rächt es sich. Dieser Zeitpunkt ist jetzt da – und am meisten überrascht zeigen sich die Schulbehörden und jene Politiker, die noch vor wenigen Jahren Abiturienten vom Lehramtsstudium abgeraten oder ganzen Jahrgängen von Lehramts-Absolventen nur Zeitverträge und Halb- oder Zweidrittelstellen angeboten haben. Jetzt ist der Markt leer gefegt, an den Schulen fällt der Unterricht aus. Und die Qualität des Unterrichts, der nicht ausfällt, sinkt, weil die meisten Lehrer an der Belastungsgrenze arbeiten und viele Klassen zu groß sind.

«Wir hatten vorübergehend 23 Pflicht-Wochenstunden», sagt Georgia Wentworth, Oberstudienrätin aus Worms. «Heute haben wir 24, viele Lehrer kommen wegen der zahlreichen Vertretungsstunden für erkrankte Kollegen, aber auch durch Sparmaßnahmen der Landesregierung locker auf 26 Wochenstunden.» Dazu kämen immer mehr bürokratische Aufgaben und mehr zusätzliche Arbeitsgemeinschaften wie Computer, Chor, Orchester und dergleichen.

Krankheiten, Schwangerschaften, Konferenzen, Dienstbesprechungen, Fortbildungen, vorübergehend nicht besetzte

Planstellen – die Verwaltungen haben geplant, als ob es dies alles nicht gäbe. Zum Beispiel in Berlin. Die Lehrergewerkschaft GEW teilte mit: Im vergangenen Schuljahr (2000) besuchten 20000 Schüler mehr die Berliner Schulen als im Schuljahr 1992/93. Zusätzliche Lehrer wurden jedoch nicht eingestellt – stattdessen wurden 6400 Stellen gestrichen. Um nahezu 20 Prozent sei die personelle Ausstattung in den Berliner Schulen in den vergangenen acht Jahren geschrumpft.[1]

Das Berliner Landesschulamt räumt ein: Von den 575000 Unterrichtsstunden in Berlin fallen jede Woche rund 60000 «zur Vertretung an». 32000 davon werden tatsächlich vertreten, «richtig ausfallen» würden also nur die restlichen 28000.[2] Auch das wären 28000 Stunden zu viel, in Wahrheit sind es aber natürlich 60000, denn eine «Vertretung» ist vielleicht eine Hausaufgabenbetreuung, aber kein Unterricht. Jedenfalls wird die Englischlehrerin kaum Mathematik üben mit den Schülern, wenn der Mathelehrer krank ist.

Die verschwiegenen 32000 Stunden sind nicht der einzige Trick, mit dem die Politiker, nicht nur in Berlin, die tatsächliche Lage an den Schulen verschleiern. Man pfropfe immer mehr Schüler in eine Klasse, kürze bei den Viertklässlern die Wochenstundenzahl für Mathe um eine Stunde, bei den Fünftklässlern Erdkunde um zwei Stunden, definiere auch in den übrigen Klassen den Bedarf herunter, erhöhe im Gegenzug die Wochenstundenzahl für den einzelnen Lehrer, und schon ist alles wieder im Lot, muss kein Unterricht ausfallen, kein Lehrer neu eingestellt werden. Die Zahl der Schüler pro Lehrer ist nach Berechnungen des Instituts der deutschen Wirtschaft in Köln seit 1990 um 10 Prozent gestiegen. Die Zahl der Unterrichtsstunden ist danach in fast allen Bundesländern gesunken, besonders stark unter der SPD-Regierung in Hessen, wo die Unterrichtsversorgung zeitweise nur 90 Prozent betrug.

An nordrhein-westfälischen Schulen fällt zwischen 5,8 und 7,9 Prozent des Unterrichts aus aktuellen Gründen aus. Das hat die Schulministerin Behler in einer «nicht repräsentativen, aber realistischen» Untersuchung an 125 Schulen des Landes ermittelt. «Strukturellen Unterrichtsausfall», also Unterricht, der in der Stundentafel vorgesehen ist, aber nicht erteilt wird, gebe es in NRW jedoch nicht, betonte Behler.[3]

Wir wissen nicht, ob das wirklich ein Trost ist, weil wir nicht wissen, was in der Stundentafel vorgesehen ist und ob das internationalen Standards entspricht. Wir bezweifeln es, denn in keinem westeuropäischen Land erhielten Schulkinder bis zur Sekundarstufe II so wenig Unterricht wie in Deutschland, erklärt der Verband Bildung und Erziehung, der sich auf Daten der Europäischen Kommission stützt. Bei den Zweitklässlern betrage der Rückstand gegenüber den Ländern mit der höchsten Unterrichtsversorgung 323 volle Zeitstunden pro Jahr, in den vierten Klassen 288 Zeitstunden und in der Sekundarstufe I 277 Stunden. Nur in der Sekundarstufe II bilde Deutschland nicht das Schlusslicht in der Unterrichtsversorgung.[4]

Unterrichtsausfall gibt es überall in Deutschland, aber genaue Zahlen fehlen, denn viele Kultusminister drücken sich vor exakten Erhebungen. «Das würden wir uns gar nicht trauen», zitiert die *Süddeutsche Zeitung* Anne Rother, Sprecherin der Kultusministerkonferenz, denn Unterrichtsausfall ist ein heikles Thema, auf das Eltern und zunehmend auch Schüler immer sensibler reagieren.[5] Und wo Ministerien doch Angaben über Unterrichtsausfall machen, handele es sich um reine Fiktion, beklagt Professor Peter J. Brenner, Leiter des Instituts für Medienevaluation, Schulentwicklung und Wissenschaftsberatung in Bayreuth.[6] Bayern etwa verzichte «wegen des hohen Aufwandes» ausdrücklich auf die «regelmäßige Erhebung des Stundenausfalls», gebe aber trotzdem schöne Zahlen bekannt, um die eigene Spitzenstellung zu dokumentieren, sagt Brenner und betont: «Nichts wäre im digitalen Zeitalter leichter, als den Stundenausfall jede Woche oder auch jeden Tag flächendeckend zu erfassen, Schwerpunkte zu ermitteln, Ursachen zu erforschen und gezielte Maßnahmen einzuleiten.» Aber wer will das schon? Die Ministerien scheuten nicht den Aufwand, sondern die Wahrheit, sagt Brenner.

Und man kann den Ausfall auch gut vertuschen. Fallen beispielsweise drei Lehrer gleichzeitig aus, werden eben drei Klassen zusammengelegt, erzählt die Konrektorin einer Mainzer Grundschule, Monika Blumenthal. Und schon hat es keinen Unterrichtsausfall gegeben.

Aber behaupten die Politiker nicht immer, über eine Reserve zu verfügen, so genannte Feuerwehrlehrer? Ja, die gebe es wohl, sagt Blumenthal, sie habe aber noch nie einen an ihrer Schule gesehen, was sie wiederum nicht wundere. Um die zwei Feuerwehrlehrer in ihrem Schulkreis kämpfen nämlich 36 Schulen.

Der Unterrichtsausfall in Deutschland hat je zur Hälfte temporäre und strukturelle Gründe. Temporär fällt Unterricht aus, weil Lehrer erkranken, an Fortbildungen teilnehmen oder auf Klassenfahrt sind. Dieser Ausfall nimmt stetig zu, weil sich in den überalterten Lehrer-Kollegien Krankheitsfälle häufen.[7]

Strukturell fällt Unterricht aus, weil es an Lehrern mangelt. Die Schüler erhalten also weniger Unterricht, als es die Lehrpläne eigentlich vorschreiben. In Schleswig-Holstein und Hessen lag 1999 dieser strukturelle Unterrichtsausfall bei zehn Prozent. Andere Bundesländer erfüllen das Stundensoll nur, weil sie die Zahl der Kinder pro Klasse erhöhen (wie beispielsweise Bayern) oder, wie in Brandenburg, die Lehrer länger arbeiten lassen.[8]

Lehrer mit gefragten Fächerkombinationen – Mathe, Physik, Chemie, Informatik – fehlen praktisch überall, in Gymnasien genauso wie an Real- und Hauptschulen. Ganz besonders stark trifft es die Berufsschulen. Von den insgesamt 110 000 Berufsschullehrern treten bis zum Jahr 2020 etwa drei Viertel in den Ruhestand. Nur rund ein Drittel davon könne ersetzt werden, hat der Deutsche Lehrerverband (DL) vorgerechnet. Vor allem an Lehrern für Elektrotechnik, Informationstechnik, Metalltechnik, Bau- und Holztechnik, Gesundheit und Pflege, Wirtschaft und Verwaltung und Druck und Medien werde es fehlen.[9]

Nicht nur die Qualität des Unterrichts und der Erziehung leidet, wenn zu wenig Lehrer in zu großen Klassen unterrichten müssen. Auch die Qualität des Lehrer-Schüler-Verhältnisses leidet. Für eine erfolgreiche Zusammenarbeit von Schülern, Lehrern und Eltern bedarf es einer guten gegenseitigen persönlichen Bekanntschaft, noch besser wäre ein richtiges Vertrauensverhältnis. Wie soll das entstehen, wenn eine Lehrerin ihre 26 Wochenstunden auf elf Klassen und 300 Schüler verteilen muss?

Wie soll eine Klassenlehrerin es schaffen, auf jedes einzelne Kind ihrer Klasse so individuell einzugehen, dass wirklich jedes optimal gefördert wird, wenn sie auch noch den hundert Schülern aus anderen Klassen einigermaßen gerecht werden will? Und warum sollen sich Eltern die Mühe machen, auf diversen Elternabenden alle Lehrer ihrer Kinder kennen zu lernen, wenn die Lehrer bestimmter Fächer innerhalb eines Jahres zwei- oder dreimal wechseln?

Neue Lehrer, mehr Lehrer, bessere Lehrer – dieser Ruf gellt jetzt den Politikern immer lauter in den Ohren. Und schon verkünden sie, dass alles besser werde, versprechen Unterrichtsgarantien, starten Bildungsoffensiven und versprechen wieder einmal mehr, als sie halten können – nicht nur, weil sie kein Geld haben. Sie haben auch keine Lehrer.

Schon heute müssen Lehrer, die eigentlich ein anderes Fach studiert haben, so genannte Randfächer wie Musik und Religion abdecken. In Nordrhein-Westfalen werden bereits 80 Prozent der Musikstunden fachfremd erteilt. Im Jahr 2000 bemerkte man dann plötzlich, dass Lehrer für die Naturwissenschaften fehlen, und inzwischen mangelt es auch an Lehrern für Englisch und Deutsch.[10]

Es wird so schnell nicht besser werden. Die 750000 Lehrer an den 40000 Schulen Deutschlands sind im Durchschnitt 47 Jahre alt[11], rund ein Fünftel davon ist älter als 55.[12] Bei einem durchschnittlichen Ruhestandsalter von 60 Jahren heißt das: In den kommenden Jahren bis 2013 werden mehr als 350000 Lehrer aus dem Beruf ausscheiden.

Das wäre – abgesehen von der Kassenlage – kein Problem, wenn es genügend Junglehrer gäbe. Ebendie gibt es nicht. Auch wenn sich jetzt wieder einige Abiturienten oder Studenten für den Lehrerberuf entscheiden, wird der Fachunterricht sogar im Gymnasium überall einbrechen.[13] Selbst Länder, die gegenwärtig noch einen Lehrerüberhang aufweisen, werden bald unter Lehrermangel leiden, weil viele ihrer Absolventen von benachbarten Bundesländern abgeworben wurden. Immer mehr Schüler werden künftig damit zurechtkommen müssen, dass über Wochen und Monate der Unterricht in bestimmten Fächern ausfällt, sie innerhalb eines Schuljahres zwei oder drei verschiedene Lehrer bekommen oder auch gar keinen.

Anke Rasbieler, die Deutschlehrerin unserer Tochter, erzählte uns, das Kultusministerium habe ihr massiv vom Lehramtsstudium abgeraten. Sie würden nicht gebraucht, würden keine Stelle finden. «Und jetzt sind Deutschlehrer plötzlich Mangelware.»

Jahrzehntelang haben so gut wie alle Kultusminister den Studenten erzählt: Studiert nicht fürs Lehramt. Seitdem geht die Zahl der Lehramts-Studenten drastisch zurück. «Von 2005 an könnte es dramatisch werden», warnt der Bildungsexperte Klaus Klemm von der Universität Essen.

«Egal, was die Kultusminister jetzt unternehmen: Es gibt so schnell keine neuen Lehrer», sagt Martin Fischer, Vorsitzender der Bundesvereinigung der Oberstudiendirektoren. Herrliche Aussichten für den «Bildungsstandort Deutschland».

Trotzdem wäre es falsch, sich jetzt dem Fatalismus hinzugeben. Die Politiker werden zwar keine Lehrer herbeizaubern können, aber sie könnten wenigstens über Reformen nachdenken, die das Übel des Unterrichtsausfalls zumindest lindern.

Wie wäre es zum Beispiel mit einer Reform der Einstellungspraxis von Lehrern? Die heutige Praxis ist haarsträubend. Eingestellt werden neue Lehrer nur zu Beginn eines Schuljahres[14] – im Ausnahmefall zu Beginn eines Schulhalbjahres. Krank dagegen werden Lehrer auch zwischendurch, pensioniert ebenfalls, und Lehrerinnen sollen gelegentlich schwanger werden.

Der Schulleiter, der dann sofort einen Ersatz haben möchte, bekommt ihn nicht, es sei denn, er ist ein Hellseher. Dann kann er – nachdem er den Personalrat gehört und dieser zugestimmt hat – die zu besetzende Stelle ausschreiben, die Ausschreibung der Schulkonferenz präsentieren, die mit gesetzlich vorgeschriebener Ladungsfrist zusammengerufen wird, um über den Wunsch des Schulleiters ausführlich zu beraten und die Ausschreibung zu ändern, abzulehnen oder zu genehmigen. Der Schulleiter sollte dieses Verfahren spätestens im September zum Abschluss gebracht haben, wenn er voraussieht, dass er den betreffenden Lehrer im August des Folgejahres braucht. Früher kriegt er keinen. Und wenn er nicht voraussieht, was er braucht, kriegt er nie einen. Oder stets die Falschen.

Ist er kein Hellseher, hat er beispielsweise nicht vorausgesehen, dass sein Lehrer für Englisch und Deutsch im März einem Herzinfarkt erliegen wird, kommt im August der angeforderte Lehrer für Mathematik und Sport, der zwar auch gebraucht wird, aber nicht so dringend wie der einzige und leider viel zu früh verschiedene Englisch-Deutsch-Lehrer. Darum sollten deutsche Schulleiter dringend Kurse in Hellseherei besuchen.

Andererseits ist die deutsche Schulbürokratie flexibel. Sie eröffnet dem Schulleiter noch eine zweite Möglichkeit, an Lehrer zu kommen, nämlich eine Liste aller Bewerber für den Schuldienst eines Bundeslandes. Auf die darf der Schulleiter zugreifen, allerdings nur telefonisch. Er bekommt kein Papier mit den Namen der Bewerber vorgelegt, sondern muss seiner Schulaufsicht am Telefon sagen, was er braucht.

Also meldet er kurz vor Ende des Schuljahrs, in dem ihm sein Lehrer für Englisch und Deutsch weggestorben ist: Ich möchte jemanden für Deutsch und Englisch. Und erfährt: Auf der Liste stehen zwei. Sonst erfährt er nichts, nicht einmal die Namen. Dann wird ihm mitgeteilt, dass die Behörde dem Lehrer mit der besseren Examensnote ein Angebot machen werde. Nach einer Woche erfährt der Schulleiter, wiederum von der Behörde übers Telefon, dass der Bewerber nicht wolle. Das Verfahren beginnt von neuem, und wenn jetzt Bewerber zwei ebenfalls ablehnt, steht der Schulleiter mindestens ein Jahr lang ohne Lehrer für Englisch und Deutsch da.

Um zu retten, was zu retten ist, fordert er einen Lehrer für Englisch und Sport an. Nach weiteren drei Wochen – es sind schon Ferien – weiß er, dass er auch diese Kombination nicht bekommt. Englisch mit Religion auch nicht, also dann Englisch mit irgendwas oder Deutsch mit irgendwas. Wenn er Pech hat, bekommt der Schulleiter nicht einmal irgendwas, sondern gar nichts. Am ersten Schultag fällt dann Deutsch und Englisch aus, im ungünstigsten Fall ein ganzes Jahr lang.

Mit Sicherheit sind die Behörden, die Ministerialbürokratie, die Gewerkschaften, die Frauenbeauftragten, die Gleichstellungsbeauftragten und die Politiker aller Parteien in der Lage, aus dem Stand in jeweils 45-minütigen Referaten zu begründen, warum dies alles so sein muss, durchaus weise ist und, wenn überhaupt, nur nach gründlicher Diskussion und Anhörung aller Betroffenen – also frühestens in vier oder fünf Jahren – vorsichtig verändert werden kann. Aber mit der gleichen Entschiedenheit sollten Lehrer, Schüler und Eltern in einem 30-Sekunden-Statement antworten: Interessiert uns nicht, geht uns nichts an. Wir haben Unterrichtsausfall, und wir bestehen darauf, dass jetzt ein neuer Lehrer kommt. Jetzt! Nicht in drei Monaten, schon gar nicht in einem Jahr.

Und mit Sicherheit wird dieses Statement überhaupt nichts nützen, wenn es beim bloßen Statement bleibt, denn Politiker und Behörden gehen stets den Weg des geringsten Widerstands. Gewerkschaften, Behörden, Lobbyisten und menschliches Beharrungsvermögen setzen Politikern und Bürokratien immer einen größeren Widerstand entgegen als vereinzelte Eltern, im Schulbetrieb zerriebene Lehrer und zersplitterte Schülergruppen. Sich über diese unorganisierten Einzelkämpfer hinwegzusetzen ist für Politiker und Bürokratien fast immer mit weniger Gefahr verbunden, als sich mit den schlagkräftigen Truppen organisierter Interessen anzulegen.

Fast.

Wenn Eltern, Schüler und Lehrer sich ihrer Möglichkeiten besännen, könnten sie dieses Problem lösen. Diese Möglichkeiten heißen: Öffentlichkeit, Straße, Demonstration, Protest, Kundgebungen, Leserbriefwellen an die Zeitungen und Talkshow-Redaktionen, Protestschreiben an die Behörden und Politiker, organisierter Aufstand der Unorganisierten. Man renne den Kultusministern die Bude ein, und man wird sehen, wie schnell diese bereit sind, sich über die organisierten Interessen der Lobbyisten hinwegzusetzen. Und ab und zu finden ja auch Wahlen statt.

DER VERHEIZTE LEHRER

Vielen Lehrern macht die Schule schon lange keinen Spaß mehr, und wir glauben nicht, dass das an larmoyanten Lehrern liegt, denen jede Anstrengung zu viel ist. Wir müssen nur an jene Chaostage denken, die sich bei uns zum Glück auf zwei Tage im Jahr beschränken: die Kindergeburtstage, die anstrengendsten Tage des Jahres. Die Kinder sind laut, fordernd, unaufmerksam, fast nie zufrieden oder gar dankbar, was sich daran zeigt, dass man immer nur höchstens die Hälfte für ein Spiel, ein Lied, eine Mahlzeit oder sonst eine gemeinsame Aktivität begeistern kann. Die andere Hälfte findet das jeweils Vorgeschlagene ätzend und macht deshalb nicht mit, tut irgendetwas anderes und ist ungehalten, wenn man wünscht, trotzdem mitzumachen, um den anderen, denen es gefällt, den Spaß nicht zu verderben. An keinem Tag im Jahr sind wir physisch und psychisch so geschafft wie nach einem Kindergeburtstag.

Deshalb können wir uns gut vorstellen, was es bedeutet, Tag für Tag morgens um acht in dreißig Gesichter zu sehen, und nach einer Stunde in dreißig andere, und dann wieder in dreißig andere, dabei irgendetwas Sinnvolles zu vermitteln, sich auf den Unterricht und den Stoff konzentrieren zu müssen, nebenbei mit Störungen fertig werden zu müssen und dann noch von dem selbst gestellten Anspruch getrieben zu sein, jedem Schüler gerecht werden zu wollen. Uns würde das schon in einer Schule mit einigermaßen gut erzogenen Kindern überfordern.

Aber die Gesellschaft verlangt von den Lehrern, auch in einer Klasse von Nervensägen die Nerven nicht zu verlieren und gut gelaunt mit ihnen zu arbeiten, möglichst ohne Repression, mit Argumenten, einem spannenden Unterricht, Appellen an die Vernunft der Schüler, und das an fünf Tagen in der Woche, Jahr für Jahr, bis zur Pensionierung. Verlangen wir da nicht zu viel? Ist es wirklich erstaunlich, dass viele Lehrer einfach nicht mehr durchhalten, dass sie krank werden, vorzeitig aus dem Dienst scheiden oder nur noch resigniert auf ihre Pensionierung warten?

Alles hinschmeißen, nie wieder eine Schule von innen sehen, nie mehr Ärger mit den Schülern, den Kollegen, dem Chef, den Eltern, der Bürokratie – davon träumen viele unserer Lehrer, und es werden immer mehr, sagt Thomas Ziehe, Professor für Sozialpädagogik in Frankfurt.[1] Nach Auskunft des bayerischen Schulpsychologen Hermann Meidinger sind 80 Prozent aller Pädagogen heute vom Burn-out-Syndrom betroffen.[2]

Lehrer müssen sich Gehör verschaffen, reden ständig gegen einen hohen Lärmpegel an – und landen dann beispielsweise bei der Mainzer Sprechwissenschaftlerin Monika Müller. Ihre Erfahrung lautet: «Heiserkeit bis Stimmverlust ist die Berufskrankheit der Lehrer und kann bis zur Berufsunfähigkeit führen.»

Aber die Stimme ist es nicht allein. Die Psyche leidet mindestens genauso. «Die Stimme ist der Spiegel der Seele», zitiert Müller die alten Griechen und zugleich eine Studie, die exakt einen Zusammenhang nachweist zwischen dem Sympathiewert einer Person und deren Stimme. Die heisere, raue Stimme des Lehrers macht diesen bei den Schülern unbeliebt und trägt zu dessen Autoritätsverlust bei.

Sie erzählen viel, die Lehrer in Müllers Praxis, und fast alle erzählen das Gleiche: Ihre Schüler kommen häufig unpünktlich in die Schule, immer öfter gar nicht, und am nächsten Tag ohne Entschuldigung oder mit einer selbst geschriebenen. Kaum eine Stunde vergeht, in der nicht ein oder mehrere Schüler mitten im Unterricht einfach aus dem Klassenzimmer gehen. Sie frühstücken im Unterricht, spielen Gameboy, haben klingelnde Handys dabei, schicken sich gegenseitig SMS-Nachrichten, schreiben Briefchen oder erledigen die Hausaufgaben für das Fach in der folgenden Stunde. Die eine tuschelt, der nächste spielt mit dem Taschenrechner, ein anderer verschwindet unter dem Tisch. Papierflieger, Korken, Spitzer und Radiergummis fliegen durchs Zimmer. Während ein Schüler eine Aufgabe beantwortet, hört keiner richtig zu – selbst die Lehrerin nicht, weil sie die anderen zugleich ermahnen muss.

«Man ist nicht Lehrer, sondern Polizist, das ist das Ermüdende an der täglichen Arbeit. Es gibt Tage, an denen man nach Hause geht und sich fragt, wozu man aufgestanden ist», sagt Gisela Sembritzki, Lehrerin an einer Münchner Hauptschule.[3]

Disziplinprobleme sind nicht auf bestimmte Schultypen beschränkt. Es gibt sie überall, auch in den besten und traditionsreichsten Gymnasien. Georgia Wentworth, seit dreißig Jahren im Schuldienst, erinnert sich: «Wenn man früher einem Schüler im Unterricht gesagt hat, nimm deine Kopfbedeckung ab, nahm er sie ab. Heute muss man fünf Minuten diskutieren, warum einer seine Baseballmütze abnehmen soll.»

Und man ist allein, kann sich nicht wehren. Alle Lehrer, mit denen wir sprachen, haben dieses Gefühl: Du sollst alles können, aber nichts dürfen. «Kein Kollege, kein Direktor, keine Schulbehörde, kein Minister stärkt einem den Rücken, gibt einem Sanktionsmittel in die Hand», sagt die Mainzer Konrektorin Monika Blumenthal. «Fast alle Sanktionsmöglichkeiten, die es früher einmal gab, sind dem Lehrer heute aus der Hand genommen oder bis zur Unanwendbarkeit erschwert worden.»

«Strafen wie Verweise, Abmahnungen, Benachrichtigungen der Eltern und – bei schweren Vergehen – Androhung des Ausschlusses oder Ausschluss aus der Schule sind so von Vorschriften, Anträgen, Abstimmungen und Schulkonferenzen umstellt, dass jeder Lehrer lieber darauf verzichtet», schreibt Dietrich Schwanitz in seinem Bestseller über Bildung.[4] Der Lehrer würde sich damit selbst am meisten bestrafen. Da die Schüler das wüssten, ernte der Lehrer, der mit Sanktionen drohe, nur Hohn und Spott. «Und bis der Verweis erteilt ist, hat der Schüler und die Klasse längst vergessen, was überhaupt der Anlass war», ergänzt Blumenthal.

Die Aberwitzigkeit dieses Zustands führt im Lehreralltag zu Situationen, wie sie Professor Peter J. Brenner schildert: Es könne ohne weiteres vorkommen, dass ein Erstklässler «mit Fäusten auf seine Lehrerin einschlägt und gleichzeitig, gut geschult von den Mittelstandseltern, schreit: ‹Du darfst mich nicht anfassen.›»[5]

Natürlich, eine Rückkehr zur repressiven Schule, in der sich die Schüler ducken und nur lernen und gehorchen, weil der Lehrer die Peitsche schwingt, will niemand. Aber eine Schule, in der Unhöflichkeit, Frechheit, Disziplinlosigkeit, Respektlosigkeit, Faulheit, Aggressivität bis hin zur Gewalt zu keinerlei Konsequenzen führen, kann auch niemand wollen. «Solche Schulen sind verloren», sagt Monika Blumenthal, «und mit ihnen die Schüler, die Frechen und Faulen genauso wie die Fleißigen und Höflichen.»

Es ist keine einfache Schule, an der sie unterrichtet: In ihrer Klasse hat sie Kinder aus acht Nationen mit unterschiedlichsten Voraussetzungen. Der Ausländeranteil unter den 300 Schülern ihrer Grundschule schwankt zwischen 70 und 80 Prozent. So eine Schule bezeichnet man heutzutage als «sozialen Brennpunkt».

Kinder mit christlichem Glaubensbekenntnis sind darin eine kleine Minderheit. Von den fürs nächste Schuljahr neu angemeldeten 68 Kindern sind 21 katholisch und 7 evangelisch.

Christliche Feste können nicht mehr angemessen und gemeinsam gefeiert werden. Dies alles erschwere ihre Arbeit sehr, so Blumenthal. Aber vielleicht gerade deshalb seien sie und ihre Kolleginnen hoch motiviert. Auch nach dreißig Jahren Schuldienst habe sie immer noch Freude an ihrem Beruf. Sie fahre jeden Tag mit guten Gefühlen in ihre Schule. Und dann vermerkt die Pädagogin noch sachlich, ohne jede Bitterkeit: «In den dreißig Jahren, die ich jetzt an meiner Schule arbeite, hat sich noch nie ein Wahlkreisabgeordneter, geschweige denn ein Minister, blicken lassen.»

«Gehen Sie nicht gleich zum Anwalt ...»

Die 46-jährige Oberstudienrätin Ursula Restle unterrichtet seit zwei Jahrzehnten an einer katholischen Privatschule in Oberschwaben. Die Bedingungen, unter denen sie das tut, sind geradezu ideal, wenn man sie mit jenen Bedingungen vergleicht, unter der ihre Kollegin Blumenthal arbeiten muss. An Restles Schule sind fast alle Kinder katholisch oder zumindest evangelisch, die Eltern fast ausnahmslos gut situierte, schwäbisch-solide Akademiker. Die Ausländerquote beträgt quasi null.

Restle ist, wie ihre Kollegin Blumenthal, eine engagierte Pädagogin. Aber im Gegensatz zu jener ist ihr inzwischen der Spaß am Lehrerberuf vergangen. Nächstes Jahr will sie aufhören und sich selbständig machen, trotz scheinbar idealer Bedingungen. Warum? Vielleicht gerade, weil sie ihren Beruf ernst nimmt und engagiert ausübt. Aber das ist schwieriger geworden.

Nicht zuletzt wegen der Eltern, die viel anspruchsvoller als früher seien: «Sie rufen heute gern die Lehrer zu allen Tageszeiten an und telefonieren mal ein, zwei Stunden wegen ihres Sprösslings und planen die Lehrer für Elternstammtische,

Grillfeste oder sonstige Veranstaltungen ein.» Hält Restle ihnen gewisse Defizite ihrer Kinder vor, die mit schlechter Erziehung zu tun haben, bekam sie in den letzten Jahren immer häufiger zu hören: «Wozu sind Sie da», und «Sorgen Sie dafür, dass …».

Nimmt ein Lehrer diese Aufforderung beim Wort und versucht, bestimmte Regeln durchzusetzen, scheut er sich auch nicht, Sanktionen zu verhängen, dann stehen die Eltern auf der Matte und schimpfen, so gehe es ja nicht – oft die gleichen, die zuvor verlangt haben, der Lehrer möge dafür sorgen, dass …

«Kinder akzeptieren keine Regeln mehr», bestätigt Katja Buck, die Deutsch und Ethik an einem Gymnasium in Göppingen unterrichtet. Wenn sie interveniert, weil ein Schüler während des Unterrichts isst oder trinkt, muss sie, wie ihre Wormser Kollegin Wentworth, mit der Klasse zermürbende Diskussionen darüber führen. Schlimmer noch: Auch mit ihren Kollegen muss sie darüber diskutieren. Manche der jungen Lehrer sagen, sollen sie doch … Es gebe 75 Lehrer an ihrer Schule, erzählt Buck, «diese schaffen es nicht, sich auf für die gesamte Schule verbindliche Regeln zu einigen».

Wenn sie sich aber ausnahmsweise einmal doch einig sind, dann sind die Eltern dagegen. Als an Bucks Gymnasium einige Schüler ein Spiel ins Internet lancierten, bei dem einzelne namentlich genannte Lehrer erschossen oder erstochen werden mussten, verhängte die Klassenkonferenz die vor dem Rauswurf härteste Strafe, die möglich ist: vier Wochen Unterrichtsausschluss. Die Eltern fanden das übertrieben. Die Kinder seien doch erst 14 Jahre, wandten sie ein, und ob denn die Lehrer keinen Humor hätten.

«Früher», erinnert sich Monika Blumenthal, «haben Eltern dem Lehrer gesagt: Wenn der nicht tut, was Sie sagen, dann … Heute drohen die Eltern den Lehrern, wenn ihnen die Noten zu schlecht erscheinen oder das Kind nicht versetzt werden soll.»

Cathrin Kahlweit, Redakteurin aus München, hat die Einschulung ihrer Kinder in Offenbach erlebt. In seiner Einführungsrede am ersten Schultag sagte der Rektor der Grundschule: «Und bitte, liebe Eltern, wenn Sie Probleme mit einem der Lehrer haben, gehen Sie nicht gleich zum Rechtsanwalt, sprechen Sie zuerst mit uns.»

Eltern wollen, dass ihre Kinder – wie faul, uninteressiert oder auffällig sie auch sind – nicht auf der Hauptschule landen, möglichst auch nicht auf der Realschule, sondern das Abitur machen, koste es, was es wolle. Schaffen sie es trotz Nachhilfe, Weckaminen und Beruhigungspillen nicht, dann werden eben die Lehrer bearbeitet und der Direktor, dann werden schlecht benotete Prüfungsaufgaben in Zweifel gezogen, neutrale Gutachter verlangt, wird mit Klage gedroht, so lange, bis die Lehrer und der Direktor der Versetzung in die nächste Klasse entnervt zustimmen.

«Die Lehrerempfehlung für oder gegen das Gymnasium gilt nichts mehr. Eltern schicken auch völlig unbegabte, überforderte Kinder aufs Gymnasium, und diese nehmen sie aus Konkurrenzangst», sagt Blumenthal. «Dort erschweren die Ungeeigneten die Arbeit des Lehrers, halten den Unterricht auf, sorgen für Langeweile bei den Begabteren, verhindern deren Förderung und drücken das Gesamtniveau.»

Noch mehr als unter Schülern und Eltern leidet die schwäbische Pädagogin Restle unter denjenigen ihrer Kollegen, die sich das Leben einfach machen: «Wenn man als Fremdsprachenlehrerin den Schülern eine Nacherzählung als Hausaufgabe gibt, ist das nur dann sinnvoll, wenn man die Nacherzählungen auch mit nach Hause nimmt, liest und kommentiert. Ist viel Arbeit. Aber gute Lehrer machen das. Die anderen ersparen es sich.» Genauso sei es im Unterricht, fährt Restle fort. «Ein Lehrer kann im fremdsprachlichen Unterricht in gut vorbereiteten

Arbeitsphasen neue Wörter in der Fremdsprache einführen, erklären und mit Hintergrundwissen anreichern – und er kann es auch bleiben lassen und den Stoff seinen Schülern ohne jede Vorbereitung einfach vor den Latz knallen. Ob er's tut oder lässt, niemanden interessiert's.»

Die Konrektorin Blumenthal war in ihrer 30-jährigen Dienstzeit genau einen Tag krank. Zu ihrem 25-jährigen Dienstjubiläum hat sie vom Ministerium eine Urkunde geschickt bekommen. Die Kollegin, die wegen jedem Wehwehchen zum Arzt gerannt und in rund der Hälfte ihrer Dienstzeit krank gewesen ist, bekam die gleiche Urkunde. Und natürlich auch immer das gleiche Gehalt.

Dass der Staat keinen Unterschied macht zwischen Lehrern, die engagiert arbeiten und solchen, die eine ruhige Kugel schieben, darin sieht Blumenthal auch einen Teil der Misere: «Wenn Leistung sich nicht lohnt, wenn befördert wird, wer dran ist, drängt es sich doch geradezu auf, sein Lehrerleben in einer freizeitorientierten Schonhaltung zu verbringen.» Blumenthal fragt daher: «Warum kann ein Schulleiter nicht eine gute Lehrerin für eine Leistungsprämie, eine schnellere Beförderung, für besondere Aufgaben oder eine herausgehobene Stellung vorschlagen?»

Blumenthal versteht nicht, warum es dem Staat oder anderen Schulträgern offenbar völlig egal ist, ob ihre Lehrer sich anstrengen und eine gute Arbeit oder sich ein schönes Leben machen: «Es ist doch für Kollegen erheblich schwieriger, z. B. an Schulen in sozialen Brennpunkten zu unterrichten als an einer Schule, an der man sich der Unterstützung und Eigeninitiative der Eltern sicher sein kann. Warum gibt es keine Transparenz über die Leistungen von Schulen?»

Weil objektive Kriterien für Schulqualität weder erstellt noch kontrolliert werden, werden scheinobjektive herangezogen. Da hält dann ein Direktor sein Gymnasium schon deshalb für gut, weil sich jedes Jahr aufs Neue eine große Zahl von Schülern bewirbt. Und der Direktor ist bestrebt, möglichst alle zu nehmen, weil er ja mit wachsenden Zahlen das Ansehen und die Leistung seiner Schule steigert. Dass er eigentlich gar nicht genügend Lehrer und Räume hat und nicht jeder Schüler, den er nimmt, wirklich für seine Schule geeignet ist, kümmert den Direktor nicht. Dieses Problem wird sich durch eine geschickte Organisation schon irgendwie lösen lassen.

Doch was da organisiert wird, geschieht auf dem Rücken von Lehrern und Schülern. So wird Schule zu dem Ort, an dem frustrierte Lehrer auf frustrierte Schüler treffen, um einander zu frustrieren. Und das macht die Lehrer massenhaft krank.

Eine Studie der Hamburger Universität und des Zentralinstituts für Arbeitsmedizin in Hamburg zeigt: Lehrer sind häufiger krank und öfter frühpensioniert als zum Beispiel Richter, Ärzte oder Architekten. Jede zweite Lehrkraft scheidet vorzeitig aus dem Schuldienst aus. 84 Prozent der Befragten waren im vergangenen Jahr (1999) in ärztlicher Behandlung, von den Frauen gar 90 Prozent. Heraus kam auch: Was die Lehrer vor allem erschöpft, ist die Arbeit zu Hause, das Gefühl, keine Freizeit mehr zu haben, weil die scheinbar freie Zeit komplett für die Unterrichtsvorbereitung, das Korrigieren von Klassenarbeiten, Organisation und Weiterbildung draufgeht.[6]

Wer den Stress mit den Schülern, Eltern, Kollegen, Vorgesetzten und der Schulbürokratie bis zum regulären Pensionsalter (65 Jahre) durchsteht, zählt zu einer Minderheit. In Hamburg sind das nur noch zehn Prozent. Rund 45 Prozent gehen in den Vorruhestand, weitere 45 Prozent scheiden wegen dauerhafter Arbeitsunfähigkeit aus – manche schon vor dem 40. Lebensjahr.[7] Bundesweit sind fast zwei Drittel der 1999 pensionierten Lehrer wegen Dienstunfähigkeit ausgeschieden und haben die gesetzliche Altersgrenze von 65 Jahren nicht erreicht. Der Anteil der dienstunfähigen Lehrer stieg von 51 Prozent 1998 auf 62 Prozent an, berichtete das Statistische Bundesamt in Wiesbaden. Die vielen Ausfälle durch Krankheit und vorzeitig ausscheidende Lehrer verschärfen natürlich den Lehrermangel, erhöhen den Unterrichtsausfall und zugleich den Druck auf jene, die weiter den Karren ziehen. Dank ernten sie dafür nicht.

Eine an der Universität Potsdam durchgeführte Untersuchung über die Belastung im Lehrerberuf listet auf: zu viele schwierige Schüler, zu große Klassen, zu hohe Stundenzahl. Die Folgen sind ein hoher emotionaler Druck und eine zunehmende Anfälligkeit für Krankheiten. Die solchermaßen belasteten Lehrer zögen sich unter diesem Druck auf zwei Verhaltensmuster zurück, die beide mit einem hohen Krankheitsrisiko behaftet sind, heißt es weiter in der Studie. Typ A reagiere mit gesteigertem Einsatz auf Misserfolge. Bleibt der Erfolg dennoch aus, werde der Einsatz noch weiter erhöht und so fort. Statt zum Erfolg führt dieses Muster zu Herz- und Kreislaufkrankheiten. Besonders oft betroffen: die Frauen. Typ B dagegen resigniere, reagiere mit «Null Bock»-Verhalten und verfalle in eine depressive Grundstimmung. Weiter fiel auf: Ob die Lehrer nun nach Muster A reagieren oder nach Muster B – sie tun es nicht erst in ihren späten Jahren, sondern fast sofort, kaum dass sie angefangen haben.[8]

Anke Rasbieler, die Deutschlehrerin unserer Tochter, ist uns als überaus engagiert und fröhlich aufgefallen. An ihren Anmerkungen in den Aufsätzen lässt sich erkennen, dass sie alles genau liest, ausgiebig kommentiert und individuell auf jedes Kind eingeht. Wir fragten uns: Wie viel Freizeit bleibt ihr, wenn sie das bei jedem Aufsatz so macht?

Von «Null Bock» oder «depressiver Grundstimmung» jedenfalls keine Spur bei dieser Lehrerin. Sie habe sich auch bewusst für diesen Beruf entschieden, trotz der Probleme, die sie alle schon vorher kannte, weil sie aus einer Lehrerfamilie stammt. Mutter und Onkel hätten sie gewarnt. Der Beruf habe sich verändert, sagten sie ihr. Ihre Mutter leide massiv unter Lärm, habe einen Hörsturz erlitten.

Rasbieler wurde trotzdem Lehrerin. Und – wie hat sie die Schule dann tatsächlich erlebt? «Heftig, sehr heftig», sagt sie. «Mein oberstes Ziel ist – im Beruf zu überleben.» Das heiße, die Kraft so einteilen, die Arbeit so organisieren, dass wenigstens ein bisschen Freizeit und Privatleben übrig bleiben. Gelingt aber kaum. Die Korrekturen der Aufsätze seien kaum zu ökonomisieren. «Wenn ich die ganze Woche und das ganze Wochenende gearbeitet habe, komme ich manchmal völlig gerädert in die Schule.» Und dabei habe sie nur eine Dreiviertelstelle.

«Faule Hunde»

Neuerdings nun der barsche Ruf der Standortkommandanten: Lehrer in die Wirtschaft! Lehrer bewegten sich ein ganzes Leben lang nur im Schonraum der Schule und würden die «richtige Welt da draußen» nur aus Büchern kennen, schimpfen Manager und Unternehmer. Und sie fragen: Wie soll solch ein weltfremdes Personal die jungen Leute auf «das Leben draußen» vorbereiten können? Wieder ein Lehrerdefizit mehr. Aber vielleicht wäre auch der umgekehrte Weg mal ganz sinnvoll: Manager und Arbeitgeberfunktionäre in die Schule. Wie lange würden sie durchhalten? Einen Vormittag lang, zwei, drei?

Und dann steht da noch das Kanzlerwort von den «faulen Säcken» im Raum – auch nicht gerade aufmunternd oder ermutigend, zumal die Presse in der Vergangenheit dieses Wort nicht korrigiert, sondern eher verstärkt hat, meist mit dem Hinweis auf die Ferien, Freizeit, Sicherheit des Jobs und die gute Bezahlung. Günter Oettinger, CDU-Fraktionschef im Landtag von Baden-Württemberg, beschimpfte Lehrer über 50 als «faule Hunde».[9] Gerhard Schröder hat sich seitdem immerhin mehrfach für sein Wort entschuldigt.

«Ich arbeite gerne und nehme auch in Kauf, dass unsere Arbeit relativ schlecht bezahlt wird», sagt die Göppinger Gymnasiallehrerin Katja Buck, «aber was mir wirklich zu schaffen macht, ist unser schlechtes Image.» Auch der Oberstudienrätin Restle macht das zu schaffen: «Der Beruf Lehrer ist heutzutage so negativ besetzt, dass ich lieber sage, ich bin Hausfrau, als dass ich sage, ich bin Lehrerin.» Und ihre Schüler sehen das offenbar genauso. Vor unserem Interview hat sie ihre Schüler in der achten und neunten Klasse gefragt, was für und was gegen den Lehrerberuf spreche. Fazit: Pro – nur die Ferien. Contra – fast alles aufgezählt, den Stress, die unerzogenen Kinder, die großen Klassen. Kein einziger Schüler erklärte, später selbst Lehrer werden zu wollen. «Und ich rate auch dringend ab», sagt Restle.

Und so sind Lehrer die großen Prestigeverlierer unserer Gesellschaft. Hatten 1966 noch 37 Prozent der Westdeutschen besondere Hochachtung vor den Grundschullehrern, so sind es 1999 nur noch 20 Prozent. Das Prestige von Studienräten schrumpfte in der gleichen Zeit von 28 auf 15 Prozent.[10]

In Schleswig-Holstein sah sich das Schulministerium schon gezwungen, das Ansehen der Lehrer zu verbessern. Plakate zwischen Flensburg und Neumünster warben mit Sprüchen, wie «Gute Leute machen Schule – Unsere Lehrerinnen und Lehrer». «Eine Imagekampagne wie für eine diskriminierte Randgruppe», schrieb Martin Spiewak in der *Zeit*.[11]

An den festgefahrenen Vorurteilen ändern solche Imagekampagnen so schnell nichts. Wahrscheinlich helfen nicht einmal diverse Untersuchungen etwas, die belegen: Lehrer arbeiten – Ferien und früher Unterrichtsschluss mitgerechnet – im Schnitt sogar mehr als andere Angehörige des öffentlichen Dienstes.[12] Allerdings ist die Arbeit ungleich verteilt. Deutschlehrer haben kaum noch Freizeit, Sportlehrern geht es dagegen gut.

Natürlich gibt es an den Schulen, wie überall, tatsächlich ein paar faule Säcke, was Restle und andere auch gar nicht bestreiten und diese selbst am meisten ärgert. Die Faulen unter ihnen ruinieren ja nicht nur das Ansehen eines ganzen Berufsstandes, sondern auch das Niveau ihrer Schulen. Die Lehrer, die es sich und ihren Schülern leicht machen, die Anforderungen also senken, machen es zugleich den engagierten Lehrern schwer. Fordern diese ihre Schüler heraus und verlangen sie Leistung, stoßen sie auf erbitterten Widerstand, weil die Schüler von den bequemeren und beliebteren Lehrern verwöhnt wurden. Genau wie ihre Kollegin Blumenthal beklagt Restle, dass es für Lehrer kein Leistungsprinzip gibt, auch nicht an ihrer katholischen Schule.

Zu einem guten Lernklima gehört, dass Lehrer und Schüler einander vertraut sind. Das gelingt kaum noch, weil an unseren Schulen die Lehrer zu häufig wechseln. Deshalb wächst die Fremdheit zwischen Lehrern und Schülern.

Sie wächst auch, weil die Lehrer im Schnitt zu alt sind für ihre Schüler, und sie wächst wegen sozialer Differenzen. Eine Studie des Instituts für Allgemeine Pädagogik der Universität Karlsruhe über Grundschullehrer gliederte die Bundesdeutschen in zehn Sozialmilieus und belegt: Unsere Grundschullehrer stammen überwiegend aus einem einzigen Milieu, nämlich aus der liberal-intellektuellen Ecke, in der die Gesamtbevölkerung nur mit 10 Prozent vertreten ist. Kennzeichen dieses Milieus: ausgeprägtes Streben nach ökologischer und politischer Korrektheit, nach sozialer Gerechtigkeit, Versöhnung von Mensch und Natur, gesundheitsbewusster Lebensführung und einer tiefen Abneigung gegenüber «sinnentleertem» Konsum.

Das spricht natürlich nicht gegen die Lehrer. Aber wenn diese noch nie das Steuergerät einer Videospielkonsole in der Hand gehabt haben, wenn diese keine einzige Boygroup kennen, von Britney Spears noch nichts gehört haben, die Zeitschrift «Yam» nicht kennen, die «Bravo» vor 30 Jahren zum letzten Mal in der Hand gehabt haben, wenn sie nicht wissen, was sich hinter der Abkürzung «GZSZ» verbirgt, wenn sie generell wenig fernsehen oder vielleicht nicht einmal ein Fernsehgerät besitzen – dann leben diese Lehrer sehr weit weg von der Realität der Kinder, die sie unterrichten. Wir verstehen zwar, dass man sich als vernünftiger Mensch gegen all diesen Unsinn sträubt, wir sträuben uns ja auch. Aber den Kindern gefällt dieser Unsinn, unseren auch, und wegzubringen sind die Kinder von diesem Unsinn nur, wenn man ihn kennt und mit ihnen darüber reden kann.

Dem Lehrer, dem dieser Unsinn fremd ist, werden auch die Kinder fremd sein, und er ihnen. Auch deshalb ist es ein Unglück, dass in den letzten 25 Jahren kaum noch Junglehrer eingestellt worden sind.

Wenn Lehrer und Schüler einander fremd sind, fremd bleiben, und das Klima an der Schule insgesamt stressig ist, dann stellt sich bei den Sensiblen und weniger Stabilen früher oder später der größte Lernverhinderer ein: Angst, bei Lehrern wie bei Schülern.

«Gestandene Lehrer bekommen nach vielen Jahren Erfahrung plötzlich Angstneurosen», sagt die Sprechwissenschaftlerin Monika Müller. Nicht wenige Lehrer gehen Tag für Tag mit Angst in die Schule – mit Angst vor den Schülern, mit Angst vor den Eltern, mit Angst vor den Anforderungen. In den letzten vier Berufsjahren, so berichtete eine Berliner Gymnasiallehrerin, sei sie «nur noch auf dem Zahnfleisch in die Klasse gekrochen».[13] Die Pädagogin wurde wegen «psychischer Störungen mit ungünstiger Prognose» 46-jährig in den Ruhestand geschickt. Schon mit

42 meldeten sich die ersten Symptome: «Der Kreislauf sackte weg, wenn ich in der Klasse stand.» Nachts schlief sie schlecht, von «Albträumen geplagt», weil sie sich «wieder einmal gegen die schreckliche Klasse 10 b nicht durchsetzen» konnte.

Auch Schüler haben Angst – Angst vor Versagen, vor den Lehrern, den Mitschülern, den Eltern. Auf diese Weise verkommt die Schule, die doch eine Lernstatt sein sollte, zur Psychomühle. Dass der Lernerfolg in solch einer Mühle nicht besonders groß sein kann, dürfte eigentlich niemanden verwundern.

Eher schon wundert es einen, dass es überhaupt noch Lehrer und Schüler gibt, die gerne in die Schule gehen.

EIN SCHOCK UND DIE FOLGEN

Wenn an unseren Schulen der Mangel herrscht, dann braucht man sich über Mängel nicht zu wundern. Trotzdem rieben sich unsere Bildungspolitiker die Augen, als 1997 nach einem weltweiten standardisierten Vergleich der Schülerleistungen in Mathematik und Naturwissenschaften Deutschlands Achtklässlern nur Mittelmaß bescheinigt wurde.

Diese internationale Studie mit dem Titel «Third International Mathematics and Science Study», und darum «TIMSS» genannt, bescheinigte dem 80 Milliarden Mark teuren deutschen Bildungssystem: Deutsche Schüler können nicht rechnen. Besser können es die Franzosen, am besten die Asiaten, besonders die Japaner.

Im Herbst 2000 legte eine Forschungsgruppe des Berliner Max-Planck-Instituts für Bildungsforschung den Abschlussbericht des letzten Teils der Studie vor. Der Bericht bestätigte, was schon die Veröffentlichungen über TIMSS aus dem Jahr 1997 aussagten:

«Die Testleistung deutscher Schüler im Bereich der mathematisch-naturwissenschaftlichen Grundbildung liegt in der Gruppe vergleichbarer Länder im unteren Bereich.»[1]

Weitere Ergebnisse des Max-Planck-Berichts lauten:

◆ Mit Schülern aus wichtigen Nachbarländern können sich deutsche Abiturienten nicht messen. Sie erreichen mit ihren Leistungen als einzige dieser Gruppe nicht den internationalen Mittelwert.[2]

- Zwischen den Zielen des Unterrichts und den tatsächlich erreichten Ergebnissen besteht eine erhebliche Diskrepanz.
- In Mathematik sind die deutschen Schülerinnen und Schüler relativ stark beim Lösen von Routineaufgaben, in den Naturwissenschaften bei Aufgaben, die überwiegend vorfachliches Wissen oder nur elementare Fachkenntnisse verlangen. In der internationalen Spitzengruppe sind die deutschen Schüler nicht vertreten. Selbst die leistungsstärksten unter ihnen können im Vergleich mit Spitzenschülern europäischer Nachbarländer nicht bestehen.
- Im Bereich der mathematischen Grundbildung gelangen 70 Prozent der deutschen Teilnehmer über das Niveau der Beherrschung einfacher Routinen nicht hinaus.
- Selbst die Rechenfähigkeiten von Gymnasiasten der gymnasialen Oberstufe sind deprimierend. Rund 40 Prozent von ihnen werden schon bei elementaren Rechenaufgaben unsicher.
- Auch in Physik sind deutsche Schüler nur Mittelmaß.

Diese Ergebnisse waren für die deutschen Kultusminister, aber auch für die Schulbürokratie, für Lehrer, Schulleiter und Erziehungswissenschaftler ein Schock und für die Medien eine Überraschung. Bis 1997 galt das deutsche Schulsystem als gut. Warum es als gut galt, weiß man nicht so genau, vielleicht, weil es teuer ist, und man schloss: Was teuer ist, muss auch gut sein.

Jetzt wissen wir: Unser Schulsystem ist offenbar nur teuer.

Als der Schock nachließ und die Betroffenen wieder zur ihrer Sprache zurückfanden, passierte genau das, worauf Eltern in so einer Situation am allerwenigsten Wert legen: Die Testergebnisse wurden von den Politikern, Experten und einigen Medien je nach politischem Standort oder eigenem Interesse weg-, um- oder fehlinterpretiert. Bayern sah sich an der Spitze und verteidigte seine Gymnasien. Nordrhein-Westfalen und Hessen verteidigten ihre Gesamtschulen. Die Befürworter eines Zentralabiturs fanden in der Studie Argumente fürs Zentralabitur, die Gegner fanden Argumente dagegen. Einige Medien, allen voran die FAZ, verlangten ein Ranking der Bundesländer, die Kultusminister wehrten das Verlangen ab mit dem Argument, dafür sei die Studie mangels Repräsentativität nicht geeignet. Es wurde Schuld zugewiesen und abgewehrt. Es wurde bezweifelt, dass man so etwas wie Schulqualität überhaupt messen kann, und es wurde schlichtweg behauptet: Unsere Schüler sind gut, nur der Test hat nichts getaugt.

Wer meinte, dass man Schulqualität sehr wohl messen könne, die Messung aber schwierig und kompliziert sei, forderte weitere, umfangreichere und häufigere Tests. Wer meinte, Qualität ließe sich nicht messen, forderte, mit der ganzen Testerei sofort wieder aufzuhören, weil sie nur Kosten verursache, Lehrer, Schüler und Eltern verunsichere und keinerlei Nutzen bringe.

«Tests allein helfen wenig», sagte beispielsweise die GEW-Funktionärin Bettina Gerhard. «Die Sau wird ja nicht fetter, je häufiger man sie wiegt.» Ein treffender Spruch, ein merkwürdiger Spruch.

Merkwürdig, weil die Klientel der GEW, die Lehrer, im Schulalltag ihre Schüler immer und immer wieder testen. Das müssen sie tun, weil sie dazu verpflichtet sind, aber die meisten tun es auch, weil sie von der Richtigkeit und der Notwendigkeit von Leistungskontrollen überzeugt sind. Sie glauben also, dass man Schülerleistung tatsächlich messen und vergleichen und den Unterrichtserfolg kontrollieren kann. Dann klingt es allerdings wenig überzeugend, wenn die gleichen Lehrer behaupten, die Lehrerleistung oder die Qualität der Schule ließe sich nicht messen.

Trotzdem trifft Bettina Gerhards Bild von der häufig gewogenen Sau die Sache gut, weil es den berechtigten Zweifel an jeder Art von Test – auch an der Notengebung – auf den Punkt bringt. Aber auch, weil es Andersdenkenden erlaubt, im Bild zu bleiben und zu argumentieren: Wenn die Sau vom Wiegen auch nicht fetter wird, so ist das Wiegen trotzdem nützlich, denn ein nur mäßiges Gewicht ist dann für den Bauern ein Hinweis, dass irgendetwas mit seiner Schweinezucht nicht stimmt, und daher ein sehr guter Anlass, nach möglichen Gründen zu suchen.

Sich auf die Ausrede zurückzuziehen, seine Schweine seien in Ordnung, nur die Waage tauge nichts, funktioniert nicht, denn es haben ja alle Schweine auf derselben Waage gestanden. Mag diese auch falsch gehen, die Relationen der Gewichtsunterschiede gibt auch eine ungeeichte Waage zutreffend wieder.

Darum ist nicht zu leugnen: Bei diesem TIMSS-Test haben einige sehr gut abgeschnitten, andere sehr schlecht, und die Deutschen mittelmäßig. Darüber kann man nun viel reden und zahlreiche kritische Einwände vortragen, aber eines kann man nicht: weitermachen, als ob nichts wäre. Die Frage, warum deutsche Schüler mathematisch nicht so gut denken können wie japanische, kann man nicht ignorieren. Der Anlass für die Frage, ob wir an deutschen Schulen irgendetwas falsch machen, ist da. Und das ist gut so.

Noch besser ist, dass unsere Kultusminister nun nicht länger der Frage ausweichen können, die Eltern schon lange stellen, aber nie beantwortet bekamen: Wie gut sind unsere Schulen? Was lernen unsere Kinder? Wie gut lernen sie es und wie effizient?

«Deutschland gehört zu den wenigen Industriestaaten, die bisher nicht auf die Erträge der Schule geachtet haben», sagt Jürgen Baumert, Direktor des Berliner Max-Planck-Instituts für Bildungsforschung. «Unser Bildungshaushalt ist der zweitgrößte öffentliche Haushalt. Da darf man schon fragen, ob die Mittel gut eingesetzt werden.»

Allerdings darf man das, und erst recht dürfen es die Eltern, die entscheiden müssen, auf welche Schule sie ihr Kind schicken.

Als wir vor einiger Zeit von München wegziehen mussten, stellte sich für uns die Frage: Ziehen wir nach Mainz oder Wiesbaden? Eine gewichtige Rolle bei dieser Entscheidung spielte die Frage: Wo finden wir für unsere Kinder die bessere Schule? Natürlich hörten wir von Verwandten und Bekannten das allseits bekannte Vorurteil: Geht bloß nicht nach Hessen. Geht lieber nach Rheinland-Pfalz.

Alle, die von Bayern nach Hessen gezogen sind, sagten: «Kein Problem, unser Kind ist den hessischen Schülern weit voraus.» Alle, die wir fragten, hatten sich ihrerseits bei ihren Verwandten und Bekannten erkundigt und sind einhellig zu dem Urteil gekommen: Von Bayern nach Hessen kein Problem. Umgekehrt aber schon. Hessische Schüler kämen in Bayern nicht mit, hörten wir.

Iris Winkler, eine hoch qualifizierte Steuerexpertin, die in einer internationalen Wirtschaftsprüfungsgesellschaft arbeitet, sagte uns: «Ich bin in Hessen zur Schule gegangen und fand die Schule nicht schlecht. Im Studium fühlte ich mich gegenüber bayerischen Studenten nicht benachteiligt. Wir haben vielleicht weniger gepaukt, dafür mehr diskutiert, und das hilft mir heute in meinem Beruf mehr als bloßes Faktenwissen.»

Von dieser Einzelstimme abgesehen bekamen wir einhellig den Rat: Zieht nicht nach Wiesbaden, geht nach Mainz. Das deckt sich überwiegend mit unserer eigenen Erfahrung aus unserer Schulzeit, die wir in Bayern und Rheinland-Pfalz verbrachten. Wer das Gymnasium in Rheinland-Pfalz nicht schaffte und im Grenzgebiet zu Hessen wohnte, ging nach Hessen. Dort bekam er sein Abiturzeugnis. Desgleichen in Bayern: Wer in einem bayerischen Gymnasium die Klasse wiederholen sollte, ging ebenfalls nach Hessen. Dort kamen auch bayerische Sitzenbleiber weiter.

Natürlich wissen wir: Unsere Erhebungsbasis ist klein, die Auswahl der Befragten nicht repräsentativ. Ein objektives Urteil über Qualitätsunterschiede zwischen den Schulen verschiedener Bundesländer lässt sich daraus nicht ableiten. Wir hätten uns gern ein objektives Urteil gebildet. Doch das war uns nicht möglich.

Zugegeben, wir haben nur so weit recherchiert, wie es zwei berufstätige Eltern in der ihnen zur Verfügung stehenden Zeit vermögen. Was wir aber herausfanden, waren Gerüchte, Vermutungen und parteipolitisch genährte Vorurteile. Jedes Bundesland hält sein Schulsystem für das beste, weist Kritik daran zurück und kritisiert die Schwächen des Systems in anderen Ländern.

An der Frage, die Eltern brennend interessiert – ob Schüler in Hessen oder Nordrhein-Westfalen besser rechnen können als in Bayern oder Sachsen, ob das Abitur in Baden-Württemberg schwerer ist als in Berlin, ob in Bayern nur das Pauken und Gehorchen, in Hessen dagegen das Denken und Argumentieren gelernt wird –, an dieser Frage scheinen deutsche Kultusminister in den letzten fünfzig Jahren ausdrücklich kein Interesse gehabt zu haben.

So bildeten sich eben Gerüchte, und diese verdichteten sich in den letzten Jahrzehnten zu der als Tatsache gehandelten Meinung, dass Schule und Bildung in unionsregierten Bundesländern besser aufgehoben seien als in SPD-regierten. Und weil CDU und CSU das dreigliedrige Schulsystem präferieren und die SPD ihre Gesamtschulen hochhält, gilt auch als ausgemacht, dass Gesamtschulen dem dreigliedrigen System unterlegen seien.

Für Dietrich Schwanitz handelt es sich hierbei nicht um eine Meinung, sondern eine Tatsache. Er behauptet, alle Leistungsvergleiche hätten bewiesen: «Gesamtschüler sind schlechter als Schüler der Gymnasien und sogar als Realschüler vergleichbarer Stufen. Und auch die Hoffnung, dass die Unterlegenheit im Intellektuellen durch eine Überlegenheit in sozialer Kompetenz ausgeglichen wird, hat sich nachweislich nicht erfüllt.»[3] Diesbezügliche Untersuchungen seien nicht kontrovers, sondern belegten eindeutig, an Gesamtschulen gebe es mehr Gewalt und mehr Kriminalität, der Drogenkonsum sei höher, die Rücksichtslosigkeit größer, dafür aber die Leistungen in Mathematik und Deutsch geringer.[4]

Leider nennt Schwanitz seine Quellen nicht, aber wenn er recht hat, dann hat die SPD ein Problem. Das kann sie nur lösen, indem sie die Fakten auf den Tisch legt und die erhobenen Vorwürfe durch Tatsachen widerlegt oder ihre Bildungspolitik zur Disposition stellt, Fehler korrigiert und eine neue Politik entwickelt.

Später legte Schwanitz nach. Er verglich die Abiturprüfungen von Bayern, Hamburg, Nordrhein-Westfalen und Thüringen und kam zu dem Ergebnis: «Die Qualitätsunterschiede sind enorm.»[5] In Bayern und Thüringen würden literarische Kenntnisse, Ausdrucksvermögen und Argumentationsfähigkeiten überprüft. Die Aufgaben an Rhein und Elbe wirkten dagegen «wie Mogelpackungen, die an Prüfungsrichtlinien angepasst wurden», meinte Schwanitz. Dort ließen die Aufgaben erkennen, «dass sie im engen Kontakt zum vorausgehenden Unterricht stehen und praktisch vorbereitet wurden, was bei Ländern mit Zentralabitur nicht möglich ist».

Ob er nun recht hat oder nicht – die Kritiker unseres Bildungssystems sorgen für eine produktive Unruhe. Das beste an der TIMSS-Studie ist daher, dass sich das Desinteresse der Kultusminister an der Qualität ihrer Schulen nun nicht mehr länger kultivieren lässt. Auch bei Lehrern und Schulleitern sind die Widerstände gegen Leistungskontrollen und gegen Vergleiche verschiedener Bildungssysteme und Schulformen seit 1997, seit dem TIMSS-Schock, gebrochen. Wenn Schwanitz recht hat mit seinem Vorwurf, dass fast nirgendwo so viel gelogen wird wie in der Bildungs- und Schulpolitik und dort in der Vergangenheit überwiegend Fiktionen aufrechterhalten, Statistiken frisiert und unliebsame Tatsachen geheim gehalten wurden, dann brechen jetzt schwere Zeiten an für Politiker und Kultusbürokratien. Dann hat der Schock heilsame Folgen.

Nicht nur die Eltern, auch die Wirtschaft und überhaupt alle Steuerzahler haben ein Recht, zu erfahren, wie gut das Geld für unsere Schulen angelegt wird. Über kurz oder lang muss jetzt die Antwort kommen auf die Frage: Wo wird viel gelernt, wo wenig, wo wird vielleicht etwas ganz anderes gelernt, was auch wichtig ist, aber nicht gemessen wird, und unter welchen Bedingungen wird gelernt?

Dass dabei auch die Fragwürdigkeit von Rankings bedacht wird, dass gefragt werden muss, was da eigentlich gemessen und miteinander verglichen wird, versteht sich von selbst. Darum ist es gut, noch einmal das Bild von der Sau zu bemühen, die vom vielen Wiegen nicht fetter wird. Es gibt ja Ökobauern, die höhere Werte kennen als das Ziel, in möglichst kurzer Zeit an möglichst viele Schweine möglichst viel Fleisch hinzumästen, das mit Antibiotika und Hormoncocktails angereichert wird, nach nichts schmeckt und in der Pfanne unter Ausscheidung von viel Wasser zusammenschnurrt.

So, wie der Ökobauer keine Turbosau will, so wollen auch

viele Pädagogen nicht den Turboschüler. Schule als Rennstrecke, Schule als Bildungsfabrik, in welcher der Schüler auf industriell verwertbare Höchstleistung getrimmt wird, lehnen auch wir ab. Es ist nicht der höchste Auftrag der Schule, möglichst vielen Schülern in möglichst kurzer Zeit möglichst viel abrufbares Wissen einzutrichtern.

Annemarie von der Groeben von der Laborschule Bielefeld argumentiert deshalb, Lernwege seien keine Lehrplanwege. Lernen werde nicht besser durch Normerfüllungsdruck.[6] Und Vergleichstests würfen häufig mehr Fragen auf, als sie beantworteten.

Hören wir ihr noch ein Weile zu, denn in unserem derzeitigen, von Wettbewerb und Ökonomie beherrschten Klima besteht durchaus die Gefahr, dass wir nach jahrzehntelanger Vernachlässigung der Leistungskontrolle von Schulen ins andere Extrem fallen und Schüler und Schulen zu Tode testen. Dabei könnte dann in Vergessenheit geraten, dass Leistung viel mehr umfasst als das, was normierte Tests messen. «Ein Kriterium für die Qualität einer Schule» wäre für von der Groeben auch, «wie sie unterschiedliche Lernformen und -hilfen einsetzt, wie sie multiple Intelligenzen bedient, wie sie auch und gerade die Lernschwachen durch erreichbare Erfolge zu ermutigen versucht. Schulen haben in dieser Hinsicht in den letzten Jahrzehnten viel gelernt: durch Öffnung des Unterrichts, individualisierende Hilfen und Übungen, praktisches Lernen. Das alles droht den Bach runterzugehen, wenn Wettrennen und Normerfüllung angesagt sind.»

Die Unterschiede zwischen Schulen, auch innerhalb einer Schulart, seien riesig, fährt von der Groeben fort. «Natürlich haben sie mit dem sozialen Umfeld zu tun. Wie sehr, das zeigt eine Hamburger Vergleichsuntersuchung aller 5. Klassen. Sie hat ergeben, dass die Leistungen der besten Schülerinnen und

Schüler aus Hamburg-Wilhelmsburg in etwa denen der schwächsten aus dem Nobel-Vorort Blankenese entsprechen. Zugespitzt: Die Kinder aus Wilhelmsburg haben schon verloren, bevor sie zum ersten Mal ihre Schultüte in die Hand nehmen.»

Wie Lehrerinnen und Lehrer in Wilhelmsburg und anderswo versuchen, gerade solche schwierigen Schulen in einem schwierigen sozialen Umfeld zu einem Ort des guten Zusammenlebens und zu einem Haus des guten Lernens zu machen, wäre ein Kriterium für Qualität, argumentiert von der Groeben weiter. Doch diese Qualität werde von Studien wie TIMSS nicht gemessen. Jeder Schüler müsse aber die Möglichkeit haben, «seine Leistung als gut und wertvoll zu erleben, auch und gerade, wenn er vielleicht ein schwacher Hauptschüler ist und in Hamburg-Wilhelmsburg wohnt».

Wir halten solche Einwände für höchst bedenkenswert – und sehen dennoch keinen Grund, TIMSS und weitere geplante Tests abzulehnen, sofern man sich einig ist, dass fachliche Spitzenleistungen von Schülern zwar anzustreben, aber nicht das höchste Ziel der Schule sind.

TIMSS ist ein sehr guter Anlass für viele Fragen. Denen wollen wir im nächsten Kapitel nachgehen.

VON JAPAN LERNEN?

Warum schneiden eigentlich asiatische Schüler in Mathematik und Naturwissenschaften so gut ab? Diese Frage hat die Öffentlichkeit in Europa und in den USA ebenso beschäftigt wie die Bildungsforscher.

TIMSS scheint das alte Vorurteil zu widerlegen, dass Japaner, Koreaner, Taiwanesen gut pauken können, aber nicht selbständig oder gar kreativ denken. Nun zeigt die Studie: Bei Routineaufgaben kamen deutsche Schüler einigermaßen gut mit. Aber bei ungewohnten Problemen, die sie nicht aus dem Unterricht kannten und bei denen mathematische Strukturen in neuen Kontexten erkannt werden müssen, versagten sie. Gerade hier wähnten viele deutsche Pädagogen ihre Schüler besonders stark. Und gerade hier schnitten jene am besten ab, von denen es die Deutschen, aber auch andere Europäer und die Amerikaner, am wenigsten erwartet hätten: die asiatischen Schüler – Singapur an erster Stelle, gefolgt von Südkorea und Japan.

Europäer und Amerikaner fragten sich: Sind nicht japanische Schulen reine «Paukschulen»? Wie sollte das zentralistische japanische Schulsystem, über das man auch aus Japan selbst nur Abschreckendes hört, die Schüler im Problemlösen bestärken? Japans Jugendliche sind doch bekanntermaßen nach «stundenlangem Stress der Mittelschule bis tief in die Nacht an die Bänke der Zusatzschulen gefesselt», wo sie sich mit einer «geistlosen Paukerei abfinden, die westliche Eltern und Kinder sich heutzutage von keinem staatlichen Schulsystem zumuten lassen – ausgerechnet sie sollen zum Problemlösen befähigt sein»?[1]

Annemarie von der Groeben fragt: Müssen wir, um künftig bei internationalen Mathematiktests mithalten zu können, wie in Japan den Konkurrenzkampf schon im Kindergarten beginnen lassen und unsere Schüler einem Leistungsdruck aussetzen, wie er in Japan mit seinen privaten Zusatzschulen, verbunden mit der weltweit höchsten Schülerselbstmordrate, üblich ist?

Und wir fragen: Spricht europäisch-amerikanischer Hochmut gegenüber Asien aus solchen Fragen, oder haben sie eine realistische Grundlage? Wissen wir genug über Japan, um so fragen zu dürfen, oder bezeugen wir damit nur unsere vorurteilsbeladene Befangenheit? Wie gut ist eigentlich die Behauptung belegt, Japans Schulen trieben ihre Schüler massenhaft in den Selbstmord?

Einige deutsche Bildungsforscher haben deshalb etwas genauer hingesehen. Zunächst bestätigen sie: Ja, den hohen Leistungsdruck und die japanische Paukerei, die gibt es tatsächlich. Aber daneben gibt es auch noch ein paar andere Dinge, die hierzulande bisher kaum beachtet wurde. Die Schule bildet in Japan den Lebensmittelpunkt für Lehrer und Schüler. Sie halten sich dort von morgens bis abends auf. Die Lehrer arbeiten im Team, optimieren gemeinsam Unterrichtsstunden, schauen einander beim Unterrichten zu und kritisieren sich gegenseitig. Ordnung, Regeln und Disziplin werden an Japans Schulen nicht als Repression betrachtet, sondern als schützendes Gehäuse für die Schüler. Die Lehrer bemühen sich um ein gutes Lernklima, und Schüler und Eltern haben eine grundsätzlich positive Einstellung zum Lernen, zur Schule und zu den Lehrenden.

Der Essener Erziehungswissenschaftler Klaus Klemm erfuhr: Japanische Lehrer unterrichten nur 19 Wochenstunden, deutsche dagegen mindestens 23.[2] Mehr als 60 Prozent der japanischen Lehrenden seien unter 40 Jahre alt, der deutsche Vergleichswert liege unter 15 Prozent.

Erstaunlich auch: «Die Klassenfrequenzen liegen in Japan knapp unter 40, in Deutschland bei 24. Die japanischen Lehrer halten sich in der Regel neun Stunden pro Tag – bis gegen 16.00 oder 17.00 Uhr – in der Schule auf, die deutschen Lehrer verbringen einen Großteil der Nachmittage nicht in der Schule. Die dadurch gegebenen unterschiedlichen Voraussetzungen für kollegiale Zusammenarbeit wirken sich aus: etwa dadurch, dass japanische Lehrer weitaus stärker als ihre deutschen Kollegen Unterrichtsstunden gemeinsam vorbereiten. Offensichtlich bietet die gegenüber Deutschland andere Prioritätensetzung – deutlich größere Klassen, erheblich geringere Lehrverpflichtung sowie mehr Präsenz in der Schule außerhalb der Unterrichtsstunden – bemerkenswerte Vorzüge.»

Deutsche oder auch amerikanische Lehrer sind eher Einzelkämpfer und darum mit ihren Erfolgen und Misserfolgen allein – was den meisten auch recht ist. Japanische Lehrer arbeiten dagegen bevorzugt im Team. Takeo Osawa, Geschäftsführer der japanischen Schule in Frankfurt, sagt, durch die Anwesenheitspflicht der Lehrer bis 17 Uhr bleibe Zeit für intensiven Austausch mit Kollegen. Unterrichtsvorbereitung finde im Lehrerzimmer statt.[3]

Japanische Lehrer zeigen keinerlei Scheu, sich beim Unterrichten zuschauen und sich anschließend kritisieren zu lassen. Aus eigenem Antrieb, nicht auf behördliche Anweisung, geben überall in Japan Lehrer von den Kindergärten bis zu den weiterführenden Schulen mehrmals im Jahr Proben ihrer Fähigkeiten. Kollegen der eigenen oder einer fremden Schule, manchmal auch Studenten und sogar Vertreter des Schulamts schauen zu, eine Videokamera läuft, und danach wird die Unterrichtsstunde in einem mehrstündigen Kolloquium gelobt, kritisiert, analysiert.[4]

Dabei geht es nicht nur ums rein Fachliche, sondern auch

um das Zwischenmenschliche: die Kultur des Klassenzimmers, das Lernklima, den Zusammenhalt. «Ist es dem Lehrer gelungen, den Kindern zu einer ‹glücklichen Erinnerung an eine Schulstunde› zu verhelfen? Haben die Schüler einander zugehört, und wurden diejenigen, die eine Minderheitsposition vertraten, für ihren Mut anerkannt? Ist der Lehrer wirklich von den intuitiven Konzepten der Kinder ausgegangen … hat er die Fragen so gestellt, dass sie nicht nur eine einzige richtige Antwort abriefen, sondern dass sie alternative Lösungswege ermutigen und weitere Fragen auslösen? War alles so klar, dass jeder Schüler seinen Fortschritt selbständig einschätzen konnte, unabhängig vom Lehrer?»[5]

Ist es dem Lehrer gelungen, den Kindern zu einer «glücklichen Erinnerung an eine Schulstunde» zu verhelfen – wer fragt so etwas bei uns?

Interessant auch: In Japan muss der Lehrer seine Schüler nicht benoten. Das machen die Kollegen. Dadurch wird nicht nur die Notengebung objektiver, es ändert sich auch das Lehrer-Schüler-Verhältnis. Ein Lehrer, der nicht benoten muss, sondern bei Prüfungen durch Fremdlehrer gemeinsam mit seinen Schülern um gute Noten bangt, wird viel eher als Partner und Verbündeter der Schüler akzeptiert als einer, der seinen Schülern ständig mit dem Notenheft im Nacken sitzt.[6]

Hinzu kommt: Es gibt in Japan keine Sitzenbleiber. Die Kinder sollen in ihrer Klassengemeinschaft bleiben, denn der Lernerfolg des Einzelnen hängt vom Zusammenhalt der Klasse ab.[7] Deshalb wird «auf den Aufbau von Beziehungen der Kinder untereinander insbesondere in der Grundschule großen Wert gelegt», schreibt die Kindheitsforscherin Donata Elschenbroich in ihrem Buch «Anleitung zur Neugier – Grundlagen japanischer Erziehung».

Man unterstellt den Japanern gern Kollektivismus. Aber ist

es wirklich Kollektivismus, wenn Kindern im Vorschulalter beigebracht wird, sich in Gruppenregeln einzufinden und «eines unter vielen zu werden»? Man muss dies auch vor dem Hintergrund sehen, dass japanischen Lehrern vielleicht viel mehr als deutschen und europäischen bewusst ist, wie sehr der Lernerfolg vom emotionalen Wohlbefinden jedes einzelnen Kindes abhängt. Deshalb achten Japans Lehrer sehr auf die persönlichen Beziehungen ihrer Schüler und sorgen dafür, dass Freundschaften entstehen, aber sie achten auch darauf, dass Regeln eingehalten werden, vor allem solche, die die Schwächeren schützen.[8]

Möglicherweise fühlen sich ja die Kinder in diesem scheinbar kollektivistischen Gerüst aus Regeln, Ordnung, Disziplin und persönlichen Beziehungen viel behauster und geborgener als in unseren chaotischen Klassenstrukturen in Deutschland und Europa, wo Eltern zwar auch darauf bedacht sind, dass sich ihre Kinder wohl fühlen, aber gleichzeitig kritisch reagieren, wenn die Schule bestrebt ist, Regeln durchzusetzen.

Ein weiterer großer Unterschied liege in der Gestaltung des Fachunterrichts, sagt Bildungsforscher Klemm. Er folge einem jeweils landesspezifischen «kulturellen Skript». «In Japan und in Deutschland verfolgen Lehrende – anders als in den USA – das Ziel, mathematische Konzepte im Unterricht nicht definitorisch vorzustellen, sondern zu entwickeln. Das darauf bezogene fragenentwickelnde Unterrichtsgespräch zielt im ‹typischen› deutschen Unterricht auf einen Beweis, ein Verfahren oder eine Lösung, während die ‹typische› japanische Unterrichtsstunde die Lernenden anregt, alternative Vorstellungen und Lösungswege bei der Bearbeitung eines mathematischen Problems zu entwickeln und in der Lerngruppe vergleichend zu bewerten.»[9]

Der japanische Unterricht sei präziser strukturiert und geschickter auf die Eigentätigkeit der Schüler ausgerichtet, sagt der Didaktiker und Mathematikprofessor Michael Neubrand, der an der TIMSS-Studie mitgearbeitet hat. «Bei uns wird das eigenständige Nachdenken zu wenig kultiviert. Routine und bloßes Abspulen von Verfahren stehen im Vordergrund.»[10]

Gundel Schümer vom Berliner Max-Planck-Institut für Bildungsforschung kam anhand von Videostudien zu dem Urteil, dass es japanischen Lehrern deutlich mehr um die Einweisung in das mathematische Denken geht als um das Einüben von Rechenfertigkeiten. Zwar hätten japanische Lehrer im Unterrichtsgespräch wesentlich höhere Redeanteile, aber in vierzig Prozent aller ausgewerteten japanischen Unterrichtsstunden habe der Lehrer den Schülern Gelegenheit gegeben, alternative Lösungswege vorzuschlagen. In deutschen Mathematikstunden sei dies nur zu vierzehn Prozent der Fall.[11]

Japanische Eltern haben ein anderes, positiveres Verhältnis zur Schule und zu den Lehrern ihrer Kinder. Bei uns gibt es eine Distanz der Eltern zur Schule und zu Lehrern, und auch unsere Wirtschaftsfunktionäre und Politiker sehen offenbar in Lehrern eher störrische Esel, die man gelegentlich in den Hintern treten muss, als zu verehrende Respektspersonen.

Als Nordrhein-Westfalens Lehrer von ihrem Ministerium mit einer Art Stechuhr ausgerüstet wurden, um herauszufinden, ob sie genug arbeiten, rückte ein japanisches Fernsehteam an, um die Lehrer dabei zu filmen, wie sie alle 20 Minuten ihr «Lehrer-Tamagotchi» drücken. Die japanischen Journalisten fanden das kurios. «In ihrem Land begegnet man Lehrern mit Respekt, ja Ehrfurcht. Niemand würde es wagen, auch nur zu fragen, ob die Schulmeister der Nation vielleicht zu wenig tun für ihr Geld.»[12]

Die bei uns grassierende Geringschätzung von Lehrer und Schule überträgt sich natürlich auf die Kinder und wird noch dadurch verstärkt, dass diese nur den Vormittag an ihrer Schule verbringen und danach wieder in ganz andere Lebensbezüge

163

eintauchen. «Vorbehalte gegenüber der Schule werden schon im Kindergarten gelernt. Den Erzieherinnen gibt man in Deutschland ... den Auftrag, ‹das Lernen nicht vorzuziehen›, als müsste man die Kindheit so lange wie möglich verteidigen gegen den Übergriff einer autokratischen Obrigkeit»[13] und als sei Lernen für Kindergartenkinder eine Zumutung und eine Beschneidung der Kindheit.

Es ist wahr: In Japan beginnt das Lernen schon in den Kindergärten, und ganz hart wird es für die Schüler ab der Mittelstufe. Dann wird nur noch gepaukt, aber seltsam: Wie lässt sich erklären, «dass nach dieser härtesten Zeit einer japanischen Biographie den jungen Menschen die Lust am Lernen nicht für immer vergangen ist? Stattdessen ist Japan weiterhin eine beispielhafte Lerngesellschaft. Lebenslang suchen Menschen die Beziehung zu einem Lehrer und fühlen sich als Lernende offensichtlich gut aufgehoben.»[14] Woher kommt diese rätselhafte Bündnisbereitschaft mit einer Schule, die junge Menschen um jede Freizeit und Selbstverwirklichung bringt?

In der konfuzianischen Tradition gilt ein lernender Mensch als ein guter, vertrauenswürdiger Mensch, ein Lehrender erst recht. In diesem Zusammenhang äußert Donata Elschenbroich einen interessanten Gedanken, indem sie fragt: Bietet dieses Bündnis mit der fordernden Schule eine Selbstverwirklichung anderer Art? «Das Ende einer paradiesischen Kindheit, die Herausforderung des Erwachsenwerdens, kann das vielleicht nur unter Schmerzen gelingen? So gesehen wäre die Erschütterung alles Gewohnten ein unerlässlicher Schritt auf dem Weg zur Reife. Spiegeln sich in der Welt des Spiels in der Kindheit und der strengen Askese in der Jugend vielleicht zwei Grundthemen der japanischen Kultur, die gegensätzlichen Haltungen von Shintó und Buddhismus? Hinzu kommen in dieser Austeritätsphase geheime Tröstungen: Die Geprüften sind nicht allein, die anteilnehmenden Blicke der Erwachsenen sind auf sie gerichtet, und das gemeinsame Leiden der Gleichaltrigen wird sie lebenslang verbinden.»[15]

Also von den Japanern lernen? Haben wir damit die Gründe für den Erfolg japanischer Schüler bei TIMMS erklärt?

Wenn es nur so einfach wäre. Zwischen 17 und 20 Uhr besuchen achtzig Prozent der Schüler noch eine private Nachmittags- und Abendschule (juku), deren Programm zwischen Nachhilfe, Jugendphysikschule und Prüfungsvorbereitung für den Eingangstest zur «Senior High School» changiert. So kommt es, dass sich japanische Schüler einfach ein Drittel länger als ihre deutschen Altersgenossen mit dem Fach Mathematik beschäftigen.[16]

Auch Franzosen haben mehr Mathematik-Unterricht als Deutsche. Liegt also das ganze Geheimnis des besseren Abschneidens von Japanern und Franzosen bei TIMMS in der schlichten Tatsache, dass sie mehr Mathematikstunden haben? Auch diese Erklärung wäre zu einfach, denn die Amerikaner investieren ein ähnlich hohes Zeitbudget, ohne im Vergleich besser abzuschneiden.[17]

Inzwischen sollen japanische Lehrer die Vermutung geäußert haben, die in der TIMMS-Studie untersuchten japanischen Klassen seien lange vorher ausgewählt und entsprechend vorbereitet worden, um einen guten Eindruck zu machen. Der in der Studie geäußerte Befund, beim Mathematikunterricht in Japan handele es sich um Problemlöseunterricht, entspreche in Wahrheit gar nicht der gängigen Praxis.[18] Der Leiter der Frankfurter japanischen Schule, Iwao Mizushima, glaubt offenbar der TIMMS-Studie nicht so richtig, denn er vermisst selbständiges und kreatives Denken und Handeln bei japanischen Schülern und Studenten.[19]

Japaner sind höfliche Leute, besonders wenn sie in einem

Gastland von Journalisten interviewt werden. Wollte also Herr Mizushima den japanischen TIMMSS-Erfolg vielleicht nur aus Höflichkeit herunterspielen? Oder meinte er es ernst? Wir wissen es nicht. Immerhin relativiert er sein hartes Urteil etwas, wenn er sagt, die japanische Lernmethode sei einfach, klar und sehr konkret, das Lernen sehr visuell ausgerichtet. Vor allem: «Japanische Kinder sind sehr motiviert zu lernen.» Das liege nicht am Drill.

Dem widerspricht der japanische Germanistikprofessor Koji Ueda. Er kritisierte auf einer Bildungsveranstaltung zu TIMMS Ende 1998 in Deutschland, «die mangelnde Eigenständigkeit japanischer Schüler beim Bearbeiten unvorhersehbarer Probleme und Aufgabenstellungen». Für ihn seien die guten japanischen TIMMS-Resultate eben doch eine Folge «puren Drills». Außerdem seien die guten Ergebnisse auf die hohe Übereinstimmung zwischen den TIMMS-Aufgaben und den in Japan üblichen Testverfahren zurückzuführen.[20]

Also doch Drill, Paukerei und eine quantitativ höhere Beschäftigung mit Mathematik? Oder Manipulation durch sorgfältige Auswahl der Testteilnehmer? Oder mehr Erfahrung der japanischen Schüler mit Tests, wie sie bei TIMMS angewendet wurden? Darüber scheinen sich auch die Japaner nicht einig zu sein. Westliche Kritik an Japans Paukschulen scheint also nicht nur auf Hochmut zu beruhen, das Unbehagen entsteht offenbar zunehmend auch in Japan selbst. «Kritische Berichte haben Japans Schulen längst als unterdrückerische Einrichtungen dargestellt, denen es nicht um Bildung und Erziehung, sondern einzig und allein um die Verbesserung von Noten und Rängen gehe», schreibt Heike Schmoll und zitiert eine japanische Pädagogin, die meint, die öffentlichen Schulen verkörperten die «kollektive Erwartung an die egalitäre uniforme Erziehung».[21]

Der Preis dafür sei hoch: «Viele versuchen sich der Schule durch Schwänzen zu entziehen. Im vergangenen Jahr stieg die Anzahl der Schüler, die ohne einen ersichtlichen Grund länger als dreißig Tage dem Unterricht fernblieben, auf 94 200. Examensdruck, Versagensängste und Konkurrenzkampf führen häufig zu Gewalt in der Schule und zu einer hohen Selbstmordrate unter Schülern und Studenten.»[22]

Es gibt ihn also tatsächlich, den unmenschlichen Leistungsdruck, der hohe Selbstmordraten produziert. Aber darin erschöpft sich das japanische Bildungssystem nicht. Weniger Unterrichtsstunden, aber längere Anwesenheit der Lehrer und Schüler in der Schule, Schule als Lebensmittelpunkt für Lehrer und Schüler, das erscheint auch uns sinnvoll. Dass es keine Sitzenbleiber gibt, Lehrer ihre eigenen Schüler nicht benoten, im Team arbeiten, einander bei der Arbeit zuschauen und kritisieren, Lehrer ein hohes Ansehen genießen, Ordnung, Regeln und Disziplin Selbstverständlichkeiten sind, das sind Merkmale, die auch unserem Bildungssystem zu mehr Erfolg verhelfen können.

ZÄHLEN, MESSEN, TESTEN

«Vergleichstests werfen häufig mehr Fragen auf, als sie beantworten», sagt Annemarie von der Groeben zu Recht. Was fangen wir beispielsweise damit an, dass die durchschnittliche Klassenstärke in Japan bei vierzig Schülern liegt? Deshalb die Klassenstärke bei uns auf vierzig zu erhöhen wäre der blanke Unsinn, aber ist der gemäßigtere Schluss, den manche ziehen – die Klassenstärke sei ein nebensächliches Kriterium –, sinnvoller? Wie viele Schüler kommen eigentlich in solch großen japanischen Klassen wie lange zu Wort? Werden in den japanischen Schulnachmittagen und den anschließenden Paukstunden von 17 bis 20 Uhr vielleicht nur jene Nachteile kompensiert, welche bei einer Klassenstärke von 40 fast zwangsläufig entstehen müssen? Wir wissen es nicht.

Stimmt es, was manche Bildungsideologen bei uns aus der Studie meinen herauslesen zu können, dass die Gliederung unseres Schulsystems in Hauptschule, Realschule, Gymnasium besser sei als das Gesamtschulsystem? Tatsächlich sagt die Studie aber nur: Sowohl Schweizer Schulen, die dreigliedrig strukturiert sind, als auch klassische schwedische Gesamtschulen schneiden deutlich besser ab als deutsche Vergleichsschulen. Das widerlegt die Propagandisten der Dreigliedrigkeit, bestätigt andererseits nicht die Anhänger der Gesamtschule.

Andere Kommentatoren leiten daraus ab, wir hätten in Deutschland jahrzehntelang über die falschen Fragen gestritten: dreistufiges Schulsystem oder Gesamtschule, Zentralabitur oder nicht, Paukschule oder Kuschelschule, Leistungs- oder

Betreuungsschule, Wissensvermittlung oder Sozialarbeit? Diese Fragen seien durch TIMMS erledigt, zumindest aber stark relativiert worden.

Ob die Ergebnisse das wirklich hergeben? Wir bezweifeln das, denn ein Vergleich der Schulsysteme war von TIMMS nicht beabsichtigt. TIMMS hat Schülerleistungen verglichen, nicht Schulsysteme. Der Schluss von der Leistung auf die Schule wäre nur zulässig, wenn die Möglichkeit dieses Schlusses von Anfang an gewollt gewesen wäre und die Forscher für Repräsentativität bei den verschiedenen Schulsystemen gesorgt hätten. Das war nicht das Ziel.

Garantiert ein Zentralabitur bessere Leistungen? Ja, sagen die Befürworter, denn in Ländern mit Zentralabitur haben die Schüler in den Mathematik-Grundkursen besser abgeschnitten. Nein, sagen die Gegner, denn bei den Schülern der Physik-Leistungskurse gab es keinen Unterschied zwischen Ländern mit und ohne Zentralabitur. Auch diese Frage spielte bei TIMMS keine große Rolle. Kann man einer Studie Antworten auf Fragen abpressen, um die es in der Studie gar nicht gegangen ist?

Ist die japanische «Paukschule» vielleicht doch besser als die hessische «Kuscheleckenpädagogik»? Um eine Antwort auf diese Fragen zu bekommen, müsste man erst definieren, was Paukschulen und Kuschelschulen sind und was sie voneinander unterscheidet. Ob sich nach eingehender Prüfung und einem Definitionsversuch diese Begrifflichkeit tatsächlich auf japanische und hessische Schulen anwenden ließe, ist zweifelhaft. In der TIMMS-Studie kommen die Begriffe Paukschule und Kuschelpädagogik nicht vor.

TIMMS, so resümieren zahlreiche Experten, habe gezeigt: Auf den Unterricht kommt es vor allem an, und nicht so sehr darauf, ob er an einer Gesamtschule ohne Zentralabitur oder einem Gymnasium mit Zentralabitur stattfindet.

Dass es auf den Unterricht und den einzelnen Lehrer ankommt – wer hätte das gedacht? Bedurfte es tatsächlich des TIMMS-Aufwandes, um auf diese Trivialität zu kommen?

TIMMS hat Ergebnisse geliefert, aber nicht zugleich auch die einzig mögliche objektive Interpretation. Diese ist in unser Ermessen gestellt. Welche Schlüsse wir daraus ziehen, wird weiter strittig bleiben.

Weil Tests mehr Fragen als Antworten liefern und weil die Antworten offenbar beliebig interpretiert werden können, sagt Annemarie von der Groeben: Lasst die Testerei bleiben, sie bringt nichts.

Aus den gleichen Gründen fordern das Max-Planck-Institut für Bildungsforschung und eine Mehrheit der Bildungspolitiker und Bildungsforscher das Gegenteil. Mehr Tests. Lasst uns noch viel mehr, gründlicher und häufiger testen, sagen sie, damit wir mehr erfahren über die Schulrealität. Gerade Lehrer müssten doch wissen, wie wichtig Rückmeldungen sind – sei es als gute Note oder als konstruktive Kritik. Vielleicht wissen Lehrer aber auch nur besonders gut, wie viele Fehler man bei der Notenvergabe machen kann …

Die Kritiker sprechen von «Testeritis» und fürchten, aus den Tests könnten Schul-Rankings abgeleitet werden, die zwar viele Eltern und die Wirtschaft fordern, aber Lehrer dazu verleiten könnten, nur noch zu unterrichten, was sich einfach und gefahrlos messen lässt. Rankings könnten Schulen so stark unter Konkurrenzdruck setzen, dass schlechte Schüler von den Tests ausgeschlossen werden. Aus Rankings ergäbe sich fast zwangsläufig die Forderung, Schulen sollten ihre Schüler selbst auswählen dürfen, dann werden die Schwächeren gnadenlos hinausselektiert und landen zuletzt in Verliererschulen. Deren Absolventen bräuchten sich nach dem Ende ihrer Schulzeit gar nicht erst irgendwo zu bewerben. Dann hat unser Streben nach Schulqualität die Chancengleichheit beseitigt und einen hochexplosiven sozialen Sprengstoff produziert.

Und außerdem: Erfahren wir durch Tests tatsächlich mehr und Neues, oder erfahren wir nur genauer, was wir ohnehin schon wissen? Dass die Unterschiede zwischen Schulen, auch innerhalb einer Schulart, sogar innerhalb einer Stadt, riesig sind, wissen wir auch ohne Test. Was die schon zitierte Hamburger Vergleichsuntersuchung aller 5. Klassen herausgefunden hat, dass nämlich die Leistungen der besten Schülerinnen und Schüler aus Hamburg-Wilhelmsburg in etwa denen der schwächsten aus dem Nobel-Vorort Blankenese entsprechen, überraschte niemand. Das hätte man sich auch ohne Untersuchung denken können.

Auf andere Fragen, die mindestens so wichtig und interessant sind wie Mathematikleistungen, geben die Tests keine Antwort: Sind sich die Blankeneser und Wilhelmsburger Schüler der Tatsache bewusst, dass mit dem Ort, an dem man geboren wird – in Wilhelmsburg oder in Blankenese –, schon eine wesentliche, kaum noch zu ändernde Vorentscheidung über die zukünftigen Lebenschancen des Geborenen gefallen ist? Wie gehen die Pechvögel und Glückskinder mit dieser Tatsache um? Was folgt daraus für sie, für die Gesellschaft, den Staat?

Ist den an der Sonnenseite der Elbe Geborenen das Schicksal der Schlechtweggekommenen vom anderen Stadtteil egal? Fühlen die Blankeneser Lehrer eine Verpflichtung, ihren Schülern in dieser Hinsicht etwas beizubringen? Oder halten sie den Versuch für aussichtslos? Oder haben die Blankeneser Schüler vielleicht auch genug eigene Probleme mit sich, ihren Eltern oder einem Blankeneser Dasein in sinnloser Wohlstandsleere?

Gehören solche Fragen überhaupt in eine Diskussion über die Schule? Sollten wir uns nicht darauf beschränken, die

Schule als Lernstatt zu betrachten und zu fragen, wie gut das Lehren und Lernen an unseren Schulen vonstatten geht? Wäre dann eine Schule, die fachlich hoch qualifizierte Egoisten ohne soziales Gewissen hervorbringt, besser als eine, die mittelmäßig qualifizierte Bürger mit sozialem Engagement hervorbringt?

Man lernt aus solchen Fragen: Die Diskussion darüber, was Schulqualität eigentlich ist, kann uns keine Studie abnehmen. Und vieles andere auch nicht.

Aber vielleicht liefert ein internationaler Schulvergleich, gerade auch ein Vergleich von Schulen in sozialen Brennpunkten anderer Länder, genau die Hinweise, die wir brauchen, um den Wilhelmsburgern besser helfen zu können, antworten die Tester. Und wenn dabei auch noch herauskäme, wie wir die Blankeneser zu noch höherer Leistung und zu sozialer Verantwortung anspornen können – umso besser!

Kann man so etwas wirklich durch Tests herausfinden? Ja, meint die Mehrheit der Bildungspolitiker und Bildungsforscher und sagt darum: Lasst uns weiter testen, mit weiterhin internationalen Standards, aber umfassenderen Fragen, mit Fokussierung auf jene Schlüsselqualifikationen, die unabhängig von nationalen Lehrplänen und Besonderheiten überall gleichermaßen wichtig sind und darum, so oder so, überall vermittelt werden müssen. Dazu gehören Instrumente, die besser auf die deutsche Schulsituation angepasst sind, und ein Blick, der auch die Randbedingungen erfasst und das soziale Umfeld der Schule und die Herkunft der Schüler berücksichtigt.

So eine Erhebung läuft bereits. Sie heißt PISA (Program for International Students Assessment), hat unter der Federführung der OECD im Frühjahr 2000 begonnen und soll sich in drei Zyklen bis ins Jahr 2006 erstrecken.[1] Dabei werden in 32 Staaten pro Land zwischen 4500 und 10 000 Schülerinnen und

Schüler im Alter von 15 Jahren aus allgemeinbildenden und berufsbildenden Schulen getestet.

Geprüft werden die Lesekompetenz, die mathematische Grundbildung und die naturwissenschaftliche Grundbildung. Die Schülerinnen und Schüler werden außerdem einen Hintergrundfragebogen und zusätzliche Fragen zu ihrer jeweiligen Schule beantworten.

Nicht die Beherrschung des Lehrstoffs soll abgefragt werden, sondern die allgemeineren, fächerübergreifenden Kompetenzen aus sprachlichem, mathematischem und naturwissenschaftlichem Denken stehen auf dem Prüfstand. Beim Lesen geht es um Sprachkompetenz, also um die Fähigkeit, schriftliches Material zu interpretieren und über Inhalt und Eigenschaften von Texten zu reflektieren. Diese Fähigkeit soll im ersten Testzyklus bis Ende 2001 geprüft werden.

Beim mathematischen Verständnis geht es um die Fähigkeit, quantitativ zu argumentieren und Beziehungen oder Abhängigkeiten zu erfassen, und ausdrücklich nicht um die Fähigkeit, die für Schulbücher typischen Fragen zu beantworten. Wie es um das mathematische Verständnis bestellt ist, soll im zweiten Zyklus bis Ende 2003 feststehen.

Bei den Naturwissenschaften steht das Verständnis von umfassenderen Konzepten und Themen wie Energieverbrauch, Artenvielfalt und menschliche Gesundheit im Vordergrund. Spezifische Kenntnisse, etwa über bestimmte Pflanzen oder Tiere, sind nicht gefragt. Über die naturwissenschaftliche Kompetenz der Schüler wollen sich die Bildungsforscher im dritten Zyklus bis Ende 2006 ein Bild machen.

Darüber hinaus sollen während des ganzen Zeitraums allgemein wichtige Schlüsselkompetenzen wie Kommunikationsfähigkeit, Anpassungsfähigkeit, Flexibilität, Problemlösefähigkeit und die Fähigkeit zur Nutzung von Informationstechnologien fächerübergreifend gemessen werden. Auch Informationen über selbst reguliertes Lernen wollen die PISA-Forscher erfassen, also die Voraussetzungen für erfolgreiches Lernen im späteren Leben.

Zusätzlich sollen die Schüler und ihre Schulleiter Auskunft geben über das Umfeld, in dem die Lernleistung erbracht wurde: Wie sieht das Klima an der Schule aus? Aus welchen Familien stammen die Schüler? Was machen sie in ihrer Freizeit? Wie lange und wie oft gucken sie Fernsehen oder Videos? Was gucken sie? Damit wollen die Bildungsforscher jene Faktoren ausfindig machen, die das Lernen hemmen oder fördern.

Kann das schaden? Nein, schaden kann das alles nicht. Ob aber der Aufwand den Nutzen rechtfertigt und das Geld, das dafür ausgegeben wird, lieber anderweitig verwendet werden sollte, das vermag heute niemand zu sagen. Wir sind eher skeptisch.

Wir fürchten, dass PISA nur bestätigt, was wir jetzt auch schon wissen oder uns denken können. Dass es um die Sprach- und Lesekompetenz von Schülern schlecht bestellt ist, erzählt einem jeder Lehrer. Dass es einen Zusammenhang zwischen «soziodemographischem Hintergrund und Schülerleistungen» gibt, wissen wir längst, und auch, wie das eine mit dem anderen zusammenhängt. Dass zu viele Kinder zu viel Fernsehen und Videos konsumieren und meist auch noch das Falsche, ist ebenfalls bekannt. Und dass zu langes Sitzen vor den Monitoren der Gesundheit, dem Lernen und der Bildung schaden, haben wir an unseren eigenen Kindern gesehen.

Nach allem, was wir über die Probleme an den Schulen und in den Familien wissen – wären wir sehr überrascht, wenn die neue Studie unserem Schulsystem Spitzenleistungen bescheinigen würde. Wäre es da nicht besser, wir würden lieber gleich darüber nachdenken, wie wir die bekannten Mängel unseres Bildungssystems beseitigen, statt langwierig zu erkunden, welche Mängel es gibt und wie sie sich auswirken? Besteht nicht die Gefahr, dass Politiker sich jetzt einfach untätig zurücklehnen, um auf die Ergebnisse dieser jahrelangen Untersuchungen zu warten?

Die Frage, wie viele Prozent der Schüler unmotiviert und lustlos in ihren Klassen herumhängen, finden wir ziemlich uninteressant. Viel interessanter ist, was geschehen muss, damit unsere Kinder wieder Lust aufs Lernen kriegen. Da helfen keine Tests, da hilft nur Nachdenken. Dazu brauchen wir keine Studien, sondern Kreativität und den Willen, bestimmte Dinge gründlich zu ändern. Keine Untersuchung wird unsere Kinder ändern, wenn wir selbst uns nicht ändern.

Wie misst man eine gute Schule? Wir behaupten: gar nicht. Weil die Messung voraussetzt, dass zuvor definiert wurde, was eine gute Schule ist. Ebendiese Definition ist nicht möglich.

Wohl liegt es heute im Trend, Schulen danach zu beurteilen, ob sie die Karriere der Schüler fördern, von der Wirtschaft nachgefragte Qualifikationen vermitteln und der Stärkung der internationalen Wettbewerbsfähigkeit dienen. Möglicherweise entsprechen diese Kriterien genau denen, die sich heute eine Mehrheit von Eltern, Lehrern und Politikern zu eigen macht.

Aber niemals werden alle Eltern, Lehrer und Politiker diese Definition als allgemein gültig anerkennen, und schon gar nicht die Schüler. Es wird immer Minderheiten geben, die von einer Schule und für ihre Kinder mehr erwarten als nur gute Leistungen in Deutsch, Mathematik und Fremdsprachen.

Die bis heute provokanteste Abweichung von dieser Gleichung «Qualität gleich Leistung» stammt von einem Pädagogen, der in den 70er und 80er Jahren fast zu einem Mythos geworden und heute schon beinahe wieder vergessen ist: von Alexander S. Neill, dem Gründer der Privatschule Summerhill, einer der wohl berühmtesten Schulen der Welt. Neill hatte nicht das Ziel, Leistungseliten heranzuzüchten. Er wollte danach beurteilt werden, ob seine Kinder glücklich sind und ob sie lernen, Verantwortung zu übernehmen. Neill provozierte die Welt mit dem Satz, seine Schule wolle «lieber einen glücklichen Müllkutscher als einen neurotischen Minister» hervorbringen.

Neills Summerhill ist eine Schule, wie sie sich Schüler wohl zu allen Zeiten erträumten: Die Teilnahme am Unterricht ist freiwillig. Es gibt keinen Zwang, bestimmte Fächer zu belegen. Jeder Schüler kann spielen, was und solange er will. Man darf fluchen, und das Wort des jüngsten Kindes hat genauso viel Gewicht wie das der Erwachsenen.

Neill ergriff bedingungslos Partei für das Kind, zog die Konsequenzen aus der Tatsache, dass Lernen nur mit Lust funktioniert, Spaß machen und freiwillig sein muss. Erziehung zur Selbsterziehung lautete sein Credo, und damit setzte er die an normalen Schulen und in der üblichen Erziehung geltenden Gesetze – Leistung, Zwang, Kontrolle, Lohn und Strafe – außer Kraft. Neills Buch «Theorie und Praxis der antiautoritären Erziehung» wurde in den 70er und 80er Jahren weltweit zu einem Bestseller, allein in Deutschland wurden über eine Million Exemplare verkauft. Die darin enthaltenen Gedanken beeinflussten die gesamte Generation der 68er bis heute und auch die Bildungsreform der sozial-liberalen Koalition.

Genau darin sehen viele Konservative heute die Wurzel allen Übels. Immer schon erregten Summerhill und die damit verbundenen Ideen den Argwohn einer bis in liberale und sozialdemokratische Milieus hineinreichenden Mehrheit. Das «antiautoritär erzogene Kind» aus dem Kinderladen, das mit seinen Füßen die Tasten eines Klaviers traktierte und die ganze Wohnung auf den Kopf stellte, war der Schrecken ganzer Generationen von Summerhill-Kritikern – und zugleich ein tiefes Missverständnis.

Sowohl die Summerhill-Kritiker wie auch zahlreiche seiner vermeintlichen Adepten in der Kinderladenbewegung verwechselten Neills antiautoritären Erziehungsstil mit einer Erziehung, die Pädagogen später als «permissiv» oder «laissez-faire» bezeichneten. Sie hätten es auch «Nicht-Erziehung» nennen können.

Nicht-Erziehung, Missachtung aller Regeln und Gebote war nie Neills Absicht. Vielmehr wollte er, dass sich die Kinder unter Anleitung der Erwachsenen und mit deren Hilfe selber erzögen. Und das funktionierte auch und funktioniert dort noch bis heute. In Summerhill legen Kinder und Erwachsene gemeinsam Regeln fest. Über deren Einhaltung wird gewacht, und Regelverstöße führen zu Konsequenzen.

Die Schule in der Grafschaft Suffolk hat heute rund 60 Schüler aus sechs Nationen, überwiegend aber aus England, Deutschland, Japan und Korea. Sie wird inzwischen von einer Tochter Neills, Zoe Readhead, geleitet und hat auch heute mit Chaos und Anarchie nichts zu tun. Rund 230 Regeln hätten ihre Schüler derzeit zu befolgen, sagt Readhead.[1] Sie befassen sich mit dem Verhalten während der Ruhezeiten, den Besuchszeiten, dem Zustand der Fahrradbremsen, dem Klettern auf Bäumen, den Zeiten für Fernsehen oder PC-Spiele. Und wer gegen die Regeln verstößt, muss sich vor der Versammlung rechtfertigen.

So etwas war in den antiautoritären Kinderläden in Deutschland als «repressiv» verschrien. Deshalb funktionierten die Kinderläden ja auch nicht, und deshalb haben einige 68er tatsächlich einigen Schaden angerichtet in der Pädagogik. Wegen der falsch verstandenen Theorien und der falsch angewandten Praxis schritt die Zeit über die Kinderladen-Pädagogik hinweg. Zurück blieb aber eine bis heute anhaltende Verunsicherung bei Lehrern und Eltern und die Tendenz, wegen der eigenen Unsicherheit gar nicht mehr oder nur noch halbherzig zu erziehen.

Kurz vor dem Millennium wollte Tony Blairs England dieser Unsicherheit ein Ende bereiten und ein klares Signal setzen, das zeigt, wohin sich die Schule unter der Labour-Regierung bewegen soll. Die Schulaufsicht hatte Summerhill inspiziert, zahlreiche Mängel gerügt und die Schließung angedroht, falls diese nicht behoben würden. Vor allem hatte die Behörde gefordert, dass die Freiheit der Schüler, am Unterricht teilzunehmen oder auch nicht, beendet werden müsse.

Die Schul-Inspektoren bemängelten das «sprunghafte» Wissen der Kinder und den «fragmentierten, zusammenhanglosen und engen Lehrplan». Viele Schüler verwechselten «den Müßiggang mit der Wahrnehmung persönlicher Freiheiten». Bildungsfreiheit dürfe nicht missverstanden werden als das «Recht, nichts lernen zu müssen».

Die Einstellung, nach der «das Leben, Freiheit und das Streben nach Glück» über allem steht, komme einer «Außerkraftsetzung erzieherischer Verantwortung und eines Versagens von Verwaltung und Führung gleich». Die Schule Summerhill bringe «Bildungsfreiheit mit dem negativen Recht, nichts beigebracht zu bekommen», durcheinander. Nicht am Unterricht teilzunehmen sei zur Norm geworden. Damit müsse es ein Ende haben.

Solche Vorwürfe sind die Summerhillianer gewohnt. Sie schlagen so regelmäßig ein wie Blitze. Doch der Donner war diesmal so laut wie nie zuvor. Zuletzt hatten Inspektoren 1994 das Bildungsniveau bemängelt, eine unflätige Sprache moniert, häufiges Schulschwänzen kritisiert und zahlreiche Mängel in den Gebäuden und deren sanitären Einrichtungen aufgelistet.

Die Gebäudemängel wurden abgestellt, die Freiwilligkeit der Teilnahme am Unterricht beibehalten, und der Vorwurf, die Schüler lernten zu wenig, wie immer zugegeben und wie immer verteidigt. «Unsere Schüler können schwänzen, wenn ihnen danach ist», sagte Readhead. Vielleicht seien sie auch nicht so gebildet wie Gleichaltrige. «Aber wir wollen ja keine zackigen Akademiker heranzüchten, sondern ausgeglichene Menschen, die ihr Leben meistern können.» Das Problem des tatsächlich bestehenden Lerndefizits sei auch gar nicht so dramatisch. Zahlreiche ihrer Schüler hätten bewiesen, dass sie Lücken ganz schnell stopfen können, entweder in dem Augenblick, in dem es darauf ankommt, Stoff nachzuholen, oder zu einem Zeitpunkt, zu dem das Interesse für einen bestimmten Stoff von selbst da ist. Es sei eben alles eine Frage der Motivation. Schüler, die sich ohne Zwang für ein Fach entschieden haben, seien viel engagierter bei der Sache. Sie könnten in Summerhill auch deshalb schneller und intensiver etwas lernen oder nachholen, weil in kleinen Klassen – meistens nur sechs oder acht Schüler, oft sogar weniger – ohne Ablenkung durch andere Kinder gelernt werde. Deshalb bereite es den meisten Summerhill-Absolventen auch keine Schwierigkeit, sich in kurzer Zeit das nötige Wissen für das Bestehen der Uni-Aufnahmeprüfungen anzueignen.

Der Vorwurf, aus Kindern durch laxe Erziehung Lebensversager gemacht zu haben, ist tatsächlich kaum zu belegen. Jonathan Croall, selbst ein Ex-Summerhillian, beobachtete ein Treffen von Ehemaligen: Sie waren Anwälte, Künstler, Kaufleute, Antiquitätenhändler, Maurer und Lastwagenfahrer geworden. Clochards traf Croall dagegen nicht an, allerdings auch keine energischen Gesellschaftsveränderer, wie sie sich Neill als Produkt seiner Erziehung gewünscht hatte.[2] Frühere Schüler haben in leidenschaftlichen Protestschreiben Summerhill verteidigt und darauf hingewiesen, dass aus dieser Schule noch kein Krimineller hervorgegangen sei – im Gegensatz zu traditionellen Eliteschulen wie Eton, deren ehemalige Schüler auch in britischen Gefängnissen zu finden seien.[3]

Geschlossen worden ist Summerhill bis jetzt noch nicht. Eine formelle Klage des englischen Bildungsministeriums gegen Summerhill ist im März 2000 von einem Gericht aufgehoben worden. Die Teilnahme am Unterricht bleibt den Schülern weiterhin freigestellt.

Aber das harte Vorgehen der Labour-Regierung zeigt, wie

rau der Wind ist, der inzwischen weht. 1949, also vor mehr als einem halben Jahrhundert, waren die Beamten des Unterrichtsministeriums liberaler eingestellt als heute. Zwar bemängelten auch sie schon damals die mangelhafte Qualität des Unterrichts. Trotzdem schrieben sie in ihren Bericht: «Es besteht kein Zweifel, dass in Summerhill faszinierende und wertvolle erzieherische Forschungsarbeit geleistet wird, die zu beobachten für alle Pädagogen von Nutzen wäre.»[4]

Lieber ein glücklicher Müllkutscher als ein neurotischer Minister – ob dieses Konzept aufgegangen ist, ob Summerhill wirklich nur glückliche Menschen hervorgebracht hat und keinen einzigen Neurotiker oder Schlimmeres – niemand scheint dies bisher wirklich nachgewiesen zu haben. Uns ist jedenfalls keine solche Untersuchung bekannt, und natürlich können wir uns noch etwas Besseres denken als die Neillsche Alternative – wie wäre es denn mit einer Schule, die glückliche Minister hervorbringt?

Ist vielleicht zu viel verlangt. Aber es wäre gut, wenn Summerhill bestehen bliebe, weil seine bloße Existenz beweist, dass es auch anders geht.

Summerhill ist nötig als Gegengewicht zur Turboschule. Die Turboschule, die ihre Schüler möglichst stromlinienförmig an die jeweiligen Marktbedürfnisse anpasst, darf nicht zum vorherrschenden Schulmodell werden.

Doch auch Summerhill braucht ein Gegengewicht. Deshalb finden wir es genauso wichtig, dass man Begabte und Hochbegabte fördert, viel mehr, als es bisher geschieht. Und wir sind sogar für Eliteschulen.

Wie man für Summerhill- und zugleich für Eliteschulen sein kann, versuchen wir im nächsten Kapitel zu begründen.

ELITESCHULEN

Wir sind für Eliteschulen. In jeder Stadt, in jedem Kreis, muss es eine Schule geben, die nur sehr Gute und die Besten eines Jahrgangs besuchen dürfen. Diese naturgemäß kleinen, überschaubaren Schulen müssen das Recht haben, sich ihre Schüler selbst auszusuchen, auch das Recht, Schüler abzulehnen, aus welchen Gründen auch immer. Diese Schulen müssen weitgehend autonom arbeiten dürfen. Getragen und finanziert werden sollten sie vom Bund.

Wir glauben, dass es sinnvoller wäre, Bundes-Eliteschulen zu etablieren, anstatt die Begabtenförderung ins bestehende Schulsystem zu integrieren. Diese Integration müsste nämlich mit einer Reform des gesamten Bildungssystems einhergehen. Die wird auf sich warten lassen.

Schon seit vielen Jahren wird über Begabtenförderung geredet. Es tut sich aber zu wenig, und das Wenige erscheint unkoordiniert, unsystematisch und konzeptionslos – hier eine Schule für Hochbegabte wie in Braunschweig, dort ein paar Schulklassen für Überflieger und fast überall die Möglichkeit, eine Klasse zu überspringen.

Es wird dauern, bis sich 16 Kultusminister auf gemeinsame Richtlinien einigen und diese umsetzen. Aber warum haben sie es nicht schon längst getan? Weil Begabte eine Minderheit sind und politisch nicht so ins Gewicht fallen? Das lässt uns fürchten: Wenn wir weiter darauf warten wollen, dass 16 Minister etwas beschließen und deren nachgeordnete Behörden die Beschlüsse realisieren, werden noch viele weitere Jahrgänge von Begabten verheizt werden, wie schon in der Vergangenheit.

Der Begriff «Elite» gilt in Deutschland als hässliches Wort. Wer dennoch Eliten will, redet deshalb lieber von «Begabtenförderung» und auf keinen Fall von «Auslese». Gegen Eliteschulen und Auslese gibt es bei uns heftigste Widerstände, vor allem von der 68er-Generation. Verstanden haben wir das nie. Wir tragen noch heute vieles mit, was diese Generation damals eingefordert hat, aber die Leugnung und Tabuisierung der Tatsache, dass es Hoch-, Normal-, Mittel- und Minderbegabte gibt, haben wir nie akzeptiert und sind immer weniger bereit, sie noch weiter hinzunehmen. Deshalb reden wir von Auslese und Elite.

Im Sport und in der Musik akzeptiert unsere Gesellschaft die Tatsache unterschiedlicher Begabungen schon längst. Warum also nicht auch endlich in der Schule und der Universität? Dass sich die Eliteförderung an der Universität fortsetzen muss, versteht sich von selbst, aber die Universität ist ein anderes Thema, das wir bewusst ausgespart haben.

Eliteförderung heißt nicht, dass die anderen nicht mehr gefördert werden sollen. Im Gegenteil. Jeder soll individuell und so gut wie möglich gefördert werden, besonders die Benachteiligten, die Lernbehinderten, die Schwachen. Sie werden ja auch gut gefördert. Aber eben nur sie. Es gibt viele Lehrstühle für Sonderpädagogik, aber noch keinen einzigen für Hochbegabtenpädagogik in Deutschland.

Von den Begabten heißt es immer: Die brauchen keine Förderung. Die setzen sich von allein durch. Eben nicht. Doch auch und gerade sie haben einen Bedarf und einen Anspruch auf spezielle Förderung. Hochbegabte Kinder sind nicht automatisch starke Kinder, sondern haben neben ihrer auffälligen Stärke in der Regel ebenso auffällige Schwächen. Man muss sie deshalb nicht gleich zum Therapiefall machen, aber man muss sie anders behandeln als Normalbegabte. Wie man sie behandeln soll, darüber gibt es mehr Mutmaßungen als gesichertes Wissen, eben weil die Hochbegabtenforschung in der Vergangenheit so vernachlässigt worden ist.

Weil sich Hochbegabte in der Schule häufig langweilen oder missverstanden fühlen, fallen sie oft durch Aggressionen oder Clownerien auf. Oft ist ihre Hochbegabung sehr einseitig und geht mit ausgeprägten Schwächen auf anderen Gebieten einher. Ein mathematisch hochbegabtes Kind kann mittelmäßig bis schlecht sein in der Rechtschreibung, im Lesen oder im Schreiben von Aufsätzen. Wenn es Pech hat, wird seine mathematische Begabung nicht erkannt, seine Sprach- und Rechtschreibschwäche aber als Beweis mangelnder Intelligenz betrachtet. Solch ein Kind kann Qualen leiden, manchmal landet so ein Kind auf der Sonderschule, und am schlimmsten ist es, wenn Erzieher im Kindergarten und Eltern die Hochbegabung als Behinderung betrachten.

Um solcher Kinder willen, und erst in zweiter Linie um der Wettbewerbsfähigkeit willen, müssen Hochbegabte erkannt und spezifisch gefördert werden. Wenn es in einer Stadt oder einem Kreis genügend von ihnen geben sollte, muss man ihnen eine Schule bauen oder zumindest Sonderklassen einrichten. In diesen Schulen oder Klassen sollte auch noch Platz sein für jene, die nicht hochbegabt, aber doch deutlich begabter sind als der Durchschnitt. Auch sie brauchen Förderung, und auch sie werden in einer Ökonomie gebraucht, die auf geistige und kreative Spitzenleistungen angewiesen ist.

Oft erkennt man Hochbegabte durch Intelligenztests, bei denen sie auf 130 bis 150 Punkte kommen und noch mehr, aber nicht immer. Eine schmale Hochbegabung kann auch nur 100 bis 110 Punkte erreichen. Hohe kognitive Leistungen in Sprachen, Mathematik, Naturwissenschaften und Technik oder

Kunst und Musik können mit geringer sozialer Intelligenz einhergehen, mit geringer körperlicher oder psychischer Belastbarkeit oder mit Leistungsverweigerung.

In Teilen der Gesellschaft, den Gewerkschaften und auch der SPD fürchten viele, durch Hochbegabtenförderung, Auslese und Elitebildung eine Grundforderung der sozialen Demokratie zu verletzen: Chancengleichheit. Wenn man nach Begabung trennt, so die Befürchtung, wird man auch die Bildungswege trennen, und das könnte der Anfang einer neuen Klassengesellschaft werden.

Solch eine Befürchtung erscheint uns grotesk, weil wir ja genau diese Drei-Klassen-Bildung in Form unseres dreigliedrigen Schulsystems – Hauptschule, Realschule, Gymnasium – jetzt schon haben. Diese Dreigliedrigkeit sollte zwar durch die Integrierte Gesamtschule überwunden werden, aber gerade sie steht unter hartem Beschuss der Kritiker und wird von einer starken Minderheit der Eltern und der konservativen politischen Parteien – vielleicht sogar einer Mehrheit – abgelehnt.

Nicht alle Einwände dieser Kritiker machen wir uns zu eigen. Die Gesamtschulen haben tatsächlich die Bildungschancen der Kinder von Arbeitern, Bauern, kleinen und mittleren Angestellten und Beamten erhöht und auch viel zur Integration der Angehörigen unterschiedlicher sozialer und nationaler Herkunft beigetragen. Nur zu den Bildungschancen der Begabten und Hochbegabten, die es nun mal gibt, haben die Gesamtschulen wenig bis nichts beigetragen. Falls das im Interesse des Gleichheitsgedankens politisch beabsichtigt sein sollte, wie die Kritiker unterstellen, wäre das tatsächlich nur sozialistische Gleichmacherei.

Gleichmacherei ist eine pädagogische Sünde. Will man jeden Einzelnen optimal fördern, muss man von der individuellen Grundausstattung ausgehen, die jeder mitbringt. Optimale

Chancengleichheit für jeden kann daher nicht nach dem Rezept «jedem das Gleiche» verwirklicht werden, sondern nur nach dem Rezept «jedem das Seine».

Deshalb haben auch Begabte und Hochbegabte ein Recht auf individuelle Förderung und Kultusminister die Pflicht, sie zu realisieren. Nimmt man diese Aufgabe ernst, hilft das sogar den Benachteiligten, denn natürlich muss man bei der Suche nach Talenten überall suchen, auch dort, wo man Talente vielleicht nicht vermutet, in Sonder-, Haupt- und Realschulen und sogar in den so genannten sozialen Brennpunkten. Auch dort wird es versteckte Begabungen geben, und auf diese Weise bekäme dann auch das begabte Türkenmädchen seine Chance.

Die Aufgabe, nach Begabungen zu suchen, obliegt natürlich zuvörderst den Lehrern. Aber sie brauchen dazu die Unterstützung von speziell ausgebildeten Psychologen. Wenn man diese schon durch die Schulen schickt, um Kinder zu untersuchen und zu testen, dann können sie auch zusätzliche Aufgaben erfüllen, die nicht direkt mit der Begabungsdiagnostik zu tun haben, sondern mit Früherkennung, Prophylaxe und rechtzeitiger Intervention. Dann hätten alle Schüler etwas davon, nicht nur die begabten.

Seit langem schon schicken wir regelmäßig Ärzte und Zahnärzte in die Schulen, um Krankheiten vorzubeugen und Gesundheitsrisiken bei Schülern zu erkennen. Warum beschränken wir das zumeist auf die körperliche Gesundheit? Warum untersuchen wir Kinder nicht ebenso regelmäßig auch auf ihren psychischen Zustand? Jedes Kind bekommt heute mit Hilfe von Zahnspangen die Zähne gerichtet. Die kindliche Seele wird vernachlässigt.

Das sollten wir ändern. Wir brauchen Diagnoseprogramme für verhaltensauffällige Schüler und Programme für die Arbeit mit deren Eltern. Solche Programme lassen sich gut kombinieren mit der Begabtendiagnostik und Förderung. Vielleicht würde die Begabtenförderung dann auch auf mehr Akzeptanz bei den Skeptikern stoßen.

Dazu gehört, gerade an einer Eliteschule, dass man der Auslese klar macht: Bildet euch nicht zu viel auf eure Begabung ein. Auf euch stolz sein dürft ihr erst, wenn ihr aus eurer Begabung auch etwas gemacht habt.

Zur wahren Elite gehört die Bereitschaft, zu dienen und auf jene Rücksicht zu nehmen, die nicht zu ihren elitären Kreisen gehören. Wirkliche Eliten zeichnen sich dadurch aus, dass sie der Gesellschaft etwas von dem zurückgeben, was sie bekommen haben.

Allerdings: Zuerst muss die Gesellschaft ihnen etwas geben. Zuerst muss sie Begabungen und Talenten ermöglichen, das Beste aus sich zu machen. Ermöglichen wir's doch endlich. Aber vergessen wir die Erziehung nicht.

ERZIEHUNG IST KEINE
PRIVATSACHE

DAS VERSCHWINDEN DER MILIEUS

«Für die Erziehung eines Kindes braucht man ein ganzes Dorf», lautet eine afrikanische Spruchweisheit. Es nützt wenig, an Eltern und Lehrer zu appellieren: Erzieht wieder. Es nützt auch wenig, ihnen zu sagen, auf welche Ziele hin sie erziehen sollen. Umso wichtiger ist es, ein Milieu zu schaffen, in dem erzieherische Bemühungen erst Erfolg haben können.

Man kann zwar seine eigenen Kinder zur Höflichkeit anhalten, doch ohne Erfolg, wenn sie täglich in der Schule mit Kindern zusammensitzen, für die Höflichkeit ein Fremdwort ist. Erziehung zur Rücksichtnahme fällt schwer, wenn die eigenen Kinder täglich erleben, wie rücksichtslos andere Kinder ihre Interessen durchboxen. Die strenge elterliche Überwachung der TV-, Computer- und Videospielzeiten des Sohnes ist für die Katz, wenn die Eltern der zehn Freunde sich darum überhaupt nicht kümmern oder gar nicht zu Hause sind. Der Versuch, den eigenen Kindern den übermäßigen Gebrauch unflätiger Ausdrücke abzugewöhnen, wird torpediert, wenn die Gossensprache zum vorherrschenden Ton im Klassenzimmer und auf dem Schulhof geworden ist. Die eigenen Kinder an gesunde Ernährung zu gewöhnen ist schwierig, wenn die Hälfte der Klasse mit Cola und Kinderschokolade in den Pausenhof geht und sich mittags bei McDonald's versorgt.

Kinder wollen sein wie die anderen, wollen haben, was die anderen haben, und im Fernsehen gucken, was die anderen gucken. Es macht ihnen Angst, als Außenseiter betrachtet oder gar gehänselt zu werden. Als Erzieher steht man dann vor der Frage: Kaufe ich dem Sohn nun den Gameboy, den alle anderen schon haben, oder verweigere ich mich dem von anderen ausgehenden Zwang – und bringe damit meinen Sohn in die von ihm gefürchtete Außenseiterrolle?

Vielleicht gehört es ja auch zur Erziehung, ein Kind mal eine Zeit lang eine unangenehme Situation durchstehen zu lassen, natürlich mit elterlicher Hilfe. Oder wäre das eine unnötige Überforderung?

Erziehung ist zwar zuallererst eine Aufgabe jeder einzelnen Mutter und jedes einzelnen Vaters, also etwas höchst individuelles. Eingebettet ist sie aber immer in einen sozialen Zusammenhang. Andere erziehen mit und schaffen Fakten, etwa den Gameboyzwang. Wohnte man in einem Viertel, in dem sich alle Eltern einig sind, dass Gameboys Mist sind und daher nicht angeschafft werden, wäre der Gameboy kein Problem.

Immer mehr Familien leben heute in der Isolation. Man kennt ein paar Leute aus seinem Viertel, grüßt die Nachbarn, aber die Freunde, Verwandten und Bekannten leben allesamt außerhalb des eigenen Viertels. Wohnten sie in der Nähe, könnte man sich absprechen, und vieles wäre leichter in der Erziehung.

Noch leichter fällt die Erziehung in größeren, homogenen Gemeinschaften. Früher hatten wir diese Gemeinschaften in Form sozialer Milieus. Da gab es das katholische Milieu, in dem man meist konservativ wählte, sonntags zur Kirche ging und an Fronleichnam an der Prozession teilnahm. In diesem Milieu herrschte weitgehend Einigkeit darüber, worauf es in der Erziehung ankommt. Wenn einmal nicht, so entschied der Pfarrer, Bischof oder der Papst, was richtig ist.

Es gab das Arbeitermilieu, in dem die Zugehörigkeit zu einer Gewerkschaft selbstverständlicher war als die Mitgliedschaft in einer Kirche. Es gab das großbürgerliche Milieu, das kleinbürgerliche und das bäuerlich-ländliche, und all diese Milieus hatten ihre eigenen Überzeugungen und Wertvorstellungen. Da war Erziehen einfach.

Heute gibt es diese Milieus nicht mehr, und viele, die noch darin aufgewachsen sind und sich davon emanzipiert haben, werden ihnen kaum eine Träne nachweinen. Schließlich haben sie unter den Nachteilen gelitten: der sozialen Kontrolle, der Macht der informellen Hierarchien, den Tabus, der Fremdbestimmung durch autoritäre Eltern, Großeltern und Funktionäre des Milieus.

Die meisten haben sich aus diesen Milieus befreit, bejahen ihre selbst erkämpfte Freiheit, aber spüren jetzt mehr unbewusst als bewusst, dass die früheren Milieus die Menschen von vielem entlastet haben. Man hat gehandelt, wie es Sitte war.

Jetzt lernt man die Zwänge der Freiheit kennen. Jetzt spürt man die Last eines emanzipierten, selbstbestimmten Lebens, und schon trauert man nostalgisch der Geborgenheit nach, die man, gerade als Kind, in solchen Milieus genossen hat.

Dass jedes Elternpaar selbst entscheidet, wie es seine Kinder erzieht, macht den Lehrern so schwer, Regeln an der Schule einzuführen. Sie können sich ja selber nicht mal einigen, ob Schüler während des Unterrichts trinken dürfen oder nicht. Und dort, wo die Einigung der Lehrer untereinander noch gelingt, scheitert die Durchsetzung dann an den Eltern.

Ohne Konsens aber geht es nicht in der Erziehung. Erziehung braucht ein Milieu, eine Heimat, in der bestimmte Regeln wie selbstverständlich gelten.

Doch verschwundene Dorfstrukturen kann man nicht künstlich aus dem Boden stampfen, Konsens nicht erzwingen. Noch vorhandene Reste kann man vielleicht konservieren, aber nicht zu neuem Leben erwecken. Viele möchten es auch gar nicht, aber unseren Kindern täte die Geborgenheit eines Milieus gut, für Eltern wäre seine entlastende Funktion sehr hilfreich.

Wenn es aber die alten Milieus nicht mehr gibt – können wir dann nicht Ersatzmilieus schaffen?

Man kann ja ganz klein anfangen, ungefähr so, wie im fränkischen Städtchen Wörth am Main. Dort hatte vor etlichen Jahren Linus Markert, Rektor der Grund- und Hauptschule, in einem Rundbrief an die Eltern geschrieben: «Schulkinder sind heute unkonzentriert, schwer zu motivieren, verweigern die Leistung, stören den Unterricht, sind gewalttätig … Sind daran auch die Eltern schuld?»[1]

Die kleine Wörther Volksschule mit ihren damals 334 Schülern war keine Problemschule, keine Schule inmitten eines sozialen Brennpunkts mit schwierigem Umfeld. Aber Schläge und Tritte in der Pause, eine Inflation obszöner Schimpfwörter, große Unruhe im Unterricht gab es eben auch dort. Die Liste negativer Verhaltensweisen und die Zahl unzufriedener Lehrer waren in den vergangenen Jahren auch in Wörth stetig gewachsen.

Die Frage war verbunden mit der Einladung zu einem Gespräch in der Schule. Thema des Gesprächs: Erziehung. Teilnehmer: der Schulleiter, die jeweiligen Klassenlehrer, der psychologisch ausgebildete Schuljugendberater und die geladenen Eltern.

Es kamen nicht alle, aber deutlich mehr als erwartet, nämlich über die Hälfte der angeschriebenen Eltern. Schriftlich und nur für sich selbst sollten sie auf einem Fragebogen mit einer Skala von 1 bis 6 ankreuzen: ob sie sich abends gerädert fühlen, wenn ihr Kind im Bett ist; ob sie glauben, dass sich ihre Erziehungsarbeit lohnt; ob sie gerne mit anderen über Schwierigkeiten im Umgang mit den Kindern reden würden.

Sinn der Einladung war es, sich bewusst zu machen, dass Er-

194

ziehung zum Problem geworden ist. Der Schulleiter wollte die Eltern anregen, über ihre Kinder zu sprechen.

Und dann schlugen die Lehrer den Eltern vor: Lasst uns Verträge miteinander aushandeln, Verträge, in denen wir bestimmte Regeln festlegen und als verbindlich erklären, Regeln, die wir ab sofort in der Schule und zu Hause einhalten wollen. «Allein gegen den Strom geht ja gar nichts, sonst machen Sie Ihr Kind nur zum Außenseiter», sagte Markert.

Skeptisch, nur halb überzeugt wurde dann beispielsweise vereinbart: Wir halten unsere Kinder dazu an, konzentriert bei einer Sache zu bleiben, ohne dabei zu essen, fernzusehen oder zu spielen. In mehreren Klassen einigte man sich darauf, Schlagen und Treten konsequent zu unterbinden, obszöne Begriffe nicht mehr zu verwenden, außerdem Zwischenrufe im Unterricht und auch sonst nicht zu dulden. Überschaubare Arbeitsaufträge wollte man künftig nur ein einziges Mal erteilen, um aufmerksames Zuhören sowohl im Unterricht als auch daheim zu trainieren. Die Schüler der Klasse 6 sollten ihre Hausaufgaben täglich bis 15 Uhr erledigen, das hieß vor allem, andere in dieser Zeit nicht zu stören.

Bestimmte Strafen oder Konsequenzen für «Vertragsbrüche» vereinbarte man nicht. Ob und wie darauf zu reagieren ist, blieb Eltern und Lehrern überlassen. Nur in der besonders vergesslichen Klasse 3 b setzten die Eltern durch: Wer Schulbücher oder das Schwimmzeug nicht dabeihatte, sollte die Sachen noch am selben Tag in der Schule vorzeigen; vergessene Hausaufgaben mussten nach Unterrichtsende in der Klasse nachgeholt werden.

War das Experiment erfolgreich? Eine heile Welt habe man dadurch nicht schaffen können, sagt Markert, die habe man aber auch gar nicht erwartet. Aber es gebe nachprüfbare Veränderungen. Die Bilanz nach einem Jahr: weniger Unfälle auf dem

Schulgelände, mehr Ruhe und Konzentration im Unterricht, ein angenehmeres, angstfreies Klima. Durch die Einbeziehung der Eltern beim Durchsetzen selbstverständlicher Umgangsregeln sei deren Erziehungsbewusstsein enorm gewachsen.

Viele Eltern tauschten sich mehr als früher miteinander aus, fänden es leichter, mit dem Rückhalt der anderen auch mal nein zu sagen, hätten mehr Mut, sogar nicht schriftlich fixierte Punkte, etwa ein Verbot bestimmter Fernsehsendungen, durchzusetzen.

Insgesamt sei bei Kindern und Erwachsenen eine Art «positiver Gruppendruck» entstanden. Der habe teils sogar diejenigen erfasst, die anfangs desinteressiert waren. Die meisten Schüler fänden die Verträge gut. Die Jüngeren dagegen verdrehten bei dem Stichwort schon mal die Augen. Die Mama sei so streng geworden, seitdem «die da was unterschrieben haben».

An der Haupt- und Realschule Sinstorf am Südrand von Hamburg haben sich Schule und Eltern ebenfalls zusammengetan. Ihr gemeinsames Ziel: der Kampf gegen den Markenwahn. Was auf den Pausenhöfen deutscher Schulen passiert, «kann man sich als normaler Mensch gar nicht vorstellen», sagt Karin Brose, Klassenlehrerin der 5 b. Wer beim Prestige-Wettbewerb mit In-Klamotten nicht mitbalzen könne, werde konsequent ausgeschlossen.[2]

«Ich hatte hier schon einen hilflosen Vater, dem die Tochter immer neue Sachen abpresste. Für sie kaufte er 190-Mark-Treter, selbst hatte er noch nie so teure Schuhe besessen», erzählt Schulleiter Klaus Damian. «Die Kinder nutzen die Schule als Bühne, sind nur damit beschäftigt, sich selbst zu präsentieren», sagt die Lehrerin. Die neuesten Buffalo-Schuhe, die angesagteste Fishbone-Jacke, das trendigste Handy. Brose: «Ich hatte es satt.»

Jetzt ist ein grüner 35-Mark-Pulli mit Schulemblem Pflicht. Alle Eltern haben zugestimmt, ihre Kinder nur noch in diesem Sweatshirt zum Unterricht zu schicken. «Nike», «Adidas» und «Helly Hansen» sollten keine Macht mehr haben in der Schule.

Die betroffenen Kinder fanden das ziemlich blöd, als sie zum ersten Mal davon hörten. Inzwischen wünschen sich viele auch noch eine für alle verbindliche Schulhose zum Schulpulli. Das Schaulaufen in den Pausen gibt es nicht mehr, die Schüler konzentrieren sich mehr auf den Unterricht und sind ruhiger geworden. «Wir streiten uns auch weniger», gibt Klassensprecherin Melina zu.

Mit ihrer Pulli-Initiative haben die Sinstorfer die Debatte um Schuluniformen neu angestoßen. Der Hamburger CDU-Politiker Klaus-Peter Hesse will die Schuluniform flächendeckend einführen, um damit «die Protzspirale» zu brechen. Mit diesem Schritt ließe sich auch das «Abziehen» eindämmen, den unter Jugendlichen weit verbreiteten Klau teurer Kleidung, den viele Schüler fürchten.

Schuluniformen sind in England und Japan nichts Besonderes. Bei uns hat die Schuluniform keine Tradition. Und wahrscheinlich ließe sie sich auch gar nicht mehr durchsetzen hierzulande. Doch wenn der Wunsch von Eltern, Lehrern und Schülern kommt, und wenn sie dafür eine Mehrheit in ihrer Klasse oder Schule finden, wird niemand sie daran hindern können, die Protzspirale zu brechen.

Nein, ein neues Milieu wie in alten Zeiten schafft man mit solchen Vereinbarungen wie in Sinstorf oder Wörth nicht. Aber der Anfang für ein Milieu, in dem Erziehung besser gelingen kann, wird damit gemacht.

ERZIEHUNG KOSTET GELD

In den Programmen aller Parteien stehen feurige Bekenntnisse zur Gleichberechtigung der Frau und schöne Sätze über den Wert der Familienarbeit. Auch große Konzerne brüsten sich mit Frauenförderprogrammen und mit Eingliederungshilfen für Frauen, die nach einer Erziehungs- und Familienpause wieder zurück in ihren Job möchten.

Sogar die Konservativen in CDU und CSU bekennen sich mit klaren Worten zur Gleichberechtigung von Mann und Frau und loben den Stellenwert der Familie und ihre Erziehungsleistung. Auch sie fordern inzwischen, dass es leichter werden muss, Familie und Beruf zu vereinbaren. Dazu ein gerechteres Steuersystem und mehr Kindergärten. Sogar der bayerische Ministerpräsident Edmund Stoiber denkt inzwischen über Ganztagsschulen nach.

Es hat zwar eine Weile gedauert, bis auch in christdemokratischen Männerköpfen das Feindbild von der feministischen Zimtzicke verblasste, die um der Karriere willen zu Hause die Brut verkommen lässt oder, noch schlimmer, gleich das Gebären verweigert; aber dank Heiner Geißler und Rita Süssmuth hat allmählich sogar die CDU ihrer Klientel vermitteln können, dass man die Frau nicht mehr länger ins Haus verbannen kann und darf, wenn sie das nicht will.

So viel Lob, Zuspruch und Unterstützung für die Frauen und die Familien! Warum kommen sie trotzdem nicht über die Runden?

Sowie es darum geht, das Los der Frauen und der Familien

nicht nur auf dem Papier, sondern in der Realität zu verbessern und ihnen zumindest jenes Minimum an Gerechtigkeit zu gewähren, das vom Grundgesetz verlangt wird, müssen Politiker aller Parteien immer wieder vom Bundesverfassungsgericht ausdrücklich dazu gezwungen werden. Gäbe es die Verfassungsrichter nicht, wäre die Familie längst kaputt. Die meisten Politiker und Parteien haben die Gleichberechtigung bis heute nur theoretisch akzeptiert und sich vor den praktischen Konsequenzen gedrückt.

Wenn aber auch die Frau ein Leben lang berufstätig sein will und Kinder haben möchte, und wenn der Mann ebenfalls seinen Beruf ausübt, dann lautet die zentrale Frage: Wer kümmert sich um die Kinder? Wenn die Eltern als Erzieher tagsüber ausfallen, muss diese Aufgabe von Kinderkrippen, Betriebskindergärten, Ganztagsschulen und Tagesmüttern übernommen werden. An wen immer man delegiert: Niemand wird das umsonst tun.

Will man, dass unsere Kinder gut betreut werden, muss man bereit sein, dafür auch gut zu zahlen.

Daraus ergibt sich eine unausweichliche Konsequenz, welche die Politik und die Wirtschaft nicht wahrhaben wollen: Es wird richtig teuer. Staat, Wirtschaft und Gesellschaft müssen sich ihre Zukunft etwas kosten lassen.

An dieser Erkenntnis kommt unsere Gesellschaft nicht mehr vorbei. Je länger sich Politiker und Wirtschaftsfunktionäre daran vorbeizumogeln versuchen, desto mehr werden Frauen daraus die Konsequenzen ziehen: Sie verweigern das Gebären. Heute ist jede dritte 35-jährige Frau kinderlos. Vor zwanzig Jahren war es nur jede achte.[1]

«Es gibt viele Methoden, sich dauerhaft zu ruinieren, in Deutschland von 1998 ist eine der erfolgversprechenden die Gründung einer mehrköpfigen Familie», sagte Hellmut Puschmann, der Präsident des Deutschen Caritasverbandes.[2]

199

Der ehemalige Bundeskanzler Helmut Kohl hat zwar während seiner 16-jährigen Amtszeit immer wieder seine hohe Wertschätzung der Familie beschworen, aber am Ende seiner Amtszeit ging es der Familie wirtschaftlich schlechter als am Anfang.

Laut einer Studie des Statistischen Landesamts Baden-Württemberg betrug das durchschnittliche Pro-Kopf-Einkommen von Familien mit einem Kind im Jahr 1998 – also am Ende der Regierung Kohl – netto nur 63 Prozent des durchschnittlichen Einkommens kinderloser junger Paare. Bei Familien mit zwei Kindern betrug es 51 Prozent und bei drei Kindern 43 Prozent.

Diese Zahlen waren zwar nahezu identisch mit jenen des Jahres 1982, des Amtsantritts von Helmut Kohl, sodass sich die Lage der Familie in den darauf folgenden 16 Jahren scheinbar zumindest nicht verschlechterte, aber eben nur scheinbar. Unter der Regierung Kohl stieg die Mehrwertsteuer von 13 auf 16 Prozent, die Mineralölsteuer wurde mehrfach erhöht, Müll- und Abwassergebühren stiegen und die Mieten ebenfalls – Kosten, von denen Familien viel härter getroffen werden als kinderlose Haushalte.

Gewiss, das Kindergeld wurde in Kohls Amtszeit von 50 auf 220 Mark erhöht, das Erziehungsgeld verlängert, das Familienexistenzminimum von der Einkommenssteuer befreit. Aber erstens ist zweifelhaft, ob diese Verbesserungen ausreichen, um die gestiegene Steuer- und Abgabenbelastung zu kompensieren, und zweitens wurde jeder familienpolitische Fortschritt durch andere Maßnahmen wieder zunichte gemacht, so etwa durch die als «familienfreundlich» gepriesene Steuerreform 1985/90.

Nach dieser Reform stand ein Single ab einem Bruttoeinkommen von 60 000 DM deutlich besser da als die vierköpfige Familie mit demselben Brutto. Und drittens ist die steuerliche Freistellung des Familienexistenzminimums nur durch einen

Urteilsspruch des Bundesverfassungsgerichts zustande gekommen. Alle Urteilssprüche zusammen haben nicht bewirkt, dass der Familie gegeben wird, was sie braucht, sondern nur verhindert, dass sie vollends vor die Hunde geht.

Frauen bekommen Erziehungszeiten inzwischen auf ihre Rente angerechnet. Ist das kein Fortschritt? Doch, natürlich. Experten haben errechnet, dass eine Frau ungefähr 26 Kinder aufziehen sollte, um später einmal eine Rente auf Sozialhilfeniveau zu erhalten.

Nach Untersuchungen des Deutschen Jugendinstituts (DJ) in München haben mehr als 50 Prozent jener Zweikindfamilien, in denen der Vater lediglich einen Hauptschulabschluss hat und die Mutter nicht erwerbstätig ist, kaum mehr als das nackte Existenzminimum zum Leben. Bei drei Kindern und mehr steigt diese Quote auf 70 Prozent. Verdienen beide Eltern Geld, kommen trotzdem 34 Prozent der Familien von Hauptschulabsolventen nicht über das Existenzminimum hinaus.

Manche Bildungspolitiker glauben es zwar nicht, aber auch in solchen Familien gibt es begabte Kinder. Sie fallen wahrscheinlich nicht so auf, und das Lern- und Bildungsklima in solchen Familien wird man wohl kaum als günstig bezeichnen können. Dass Bücher, Zeitungen, Zeitschriften, Magazine und Lexika im Haus sind, ein Computer, das Internet, ist wohl eher unwahrscheinlich. Dass Opern-, Konzert- und Theaterbesuche auf dem Programm der Familie stehen oder Bildungsreisen und Ausstellungsbesuche, vermag man sich nicht so recht vorzustellen. Unentdeckte Begabungen aus solchen Familien werden daher früher oder später verkümmern.

Mit besserer Ausbildung verbessert sich zwar das Einkommen der Familien, aber über alle Einkommensgruppen hinweg schneiden Familien schlechter ab als Singles oder kinderlose Paare. Wer heute 100 000 Mark brutto im Jahr verdient, zählt schon zu den «Besserverdienenden». Wer aber von diesem Gehalt in München eine vierköpfige Familie ernähren muss, muss jede Mark zweimal umdrehen und auf größeren Luxus verzichten.

Wenn Eltern sich trennen, dann fördert der Staat nicht die Familie, sondern die Ehe. Der unterhaltspflichtige Elternteil, bei dem nicht die Kinder leben, rückt sofort in die ungünstige Steuerklasse I. Der andere Elternteil fällt in die auch nicht viel bessere Steuerklasse II. Wer hingegen keine Kinder hat, dafür aber zu Hause einen untätigen Ehepartner, der kann diesen voll von der Steuer absetzen – dank des Ehegattensplittings. «Ein verheirateter Spitzenverdiener spart, egal, ob Kinder in der Familie sind oder nicht, bei einem Jahresgehalt von 240 000 DM dank Steuersplitting jährlich 24 000 DM, also 2000 DM im Monat. Da sind sie, die Summen, die Familien mit Kindern, Eltern wie Alleinerziehende, bestens gebrauchen könnten.»[3]

Es ist also besser, ohne Kinder mit einem berufslosen Ehepartner zusammenzuleben, als mit einem berufstätigen Partner Kinder zu bekommen.

Am ungeschicktesten ist es, alleine Kinder zu haben. In allen Einkommens- und Vermögensstatistiken bilden die Alleinerziehenden das Schlusslicht – nur in den Statistiken der Sozialhilfe sind sie ganz vorn zu finden. Bereits 1993 lebte jedes zehnte Kind unter sieben Jahren von Sozialhilfe, inzwischen jedes siebte, wobei man natürlich solche Statistiken immer in Zweifel ziehen kann mit der Frage: Was ist Armut?

Man spricht von Armut, wenn einer Familie weniger als 50 Prozent des Durchschnittseinkommens zur Verfügung steht. Darüber kann man streiten, tun wir jetzt aber nicht. Es genügt das qualitativ-relationale Argument: Einer verhältnismäßig großen Zahl unserer Mitmenschen geht es wirtschaftlich deutlich schlechter als dem Durchschnitt der Bevölkerung. Wie wir das bezeichnen, ist unwichtig. Tatsache ist, dass die von diesem Phänomen Betroffenen keine marginale Gruppe mehr sind.

Bezeichnen wir's mangels einer besseren Alternative weiterhin als Armut, dann gibt es in Deutschland rund zwei Millionen arme Kinder und Jugendliche. Die Zahl stammt vom Bundesvorsitzenden der Arbeiterwohlfahrt, Manfred Ragati, der sie einer Studie des Frankfurter Instituts für Sozialarbeit und Sozialpädagogik entnahm.[4] Darin steht auch, die unter 18-Jährigen seien die größte von Armut betroffene Gruppe in Deutschland. Jedes siebte Kind und jeder siebte Jugendliche unter 18 Jahren lebe unter der so genannten Armutsgrenze. Solche Kinder seien wegen Fehl- oder Mangelernährung häufiger krank und wiesen Störungen des Spiel- und Sprachverhaltens auf. Die anderen und gravierenderen Auffälligkeiten kommen dann später.

Die OECD[5] ergänzt: Arme Kinder leben häufiger in beengten Wohnverhältnissen, in vernachlässigten Stadtteilen mit schlechten Schulen, haben Lernprobleme, brechen oft die Schule ab. Unzureichende Ausbildung und daraus folgende schlechte Berufschancen sowie häufigere Schwangerschaften von Jugendlichen verfestigen eine «Armutsfalle», aus der sich viele nicht mehr befreien können. Drogenkonsum und Kriminalität sind überdurchschnittlich verbreitet.

Daran wird deutlich: Wenn der Staat meint, an den Familien sparen zu können, wird er das Gesparte später zur Beseitigung der Folgeschäden, für mehr Polizei und Gefängnisse, Suchtkliniken, Krankenhäuser und innere Sicherheit ausgeben müssen. Und er wird in Kauf nehmen müssen, dass solche Probleme in die Schulen hineinschwappen.

Die Weigerung, der Familie zu geben, was sie braucht, produziert die Probleme, die wir heute haben: Geburtenrückgang und Einwanderungsdebatte, Überalterung der Gesellschaft, steigende Kosten des Gesundheitssystems, sinkende Renten bei steigenden Beiträgen. Für gute Bildung und Erziehung braucht man auch eine gute Sozialpolitik.

Doch wer mehr Geld für die Familie fordert, wird oft ermahnt, Kinder doch bitte nicht so zu «ökonomisieren». Man möge doch auch an das Glück denken, das sie bedeuteten, ein Glück, das nicht mit Geld aufgewogen werden könne.

Schon wahr. Nur ändern die schönen Sprüche nichts an der Tatsache, dass ein Durchschnittsverdiener, der sich heute fürs «Kinderglück» entscheidet, mit seinem Einkommen aufs Sozialhilfeniveau fällt und im Alter eine lächerliche Rente hat. Frauen mit guter Ausbildung können in der Regel auch die Einkommensdifferenz ausrechnen, die sich aus einer ununterbrochenen Berufstätigkeit bis zur Pensionierung und einem zeitlich befristeten oder unbefristeten Ausstieg aus dem Beruf ergibt.

Danach stellt sich dann die kühle Frage, ob es sich unter diesen Umständen ohne Kinderglück nicht glücklicher lebt. In einer ökonomisierten Gesellschaft, in welcher alles in Geld gemessen wird, lautet die Antwort zunehmend: ja. Es gibt die Schmerzgrenze, ab der Glück oder Unglück mit Geld aufgewogen wird, eben doch. Das Ergebnis ist das Verschwinden der Deutschen aus der Weltgeschichte.

DIE SCHULE GEHT HINAUS IN DIE WELT

Erziehung gelingt besser, wenn Eltern, Lehrer und Kinder zusammenarbeiten, wie die Beispiele von Wörth und Sinsdorf lehren. Sie gelingt noch besser, wenn sich auch die Unbeteiligten für das Leben in der Familie und der Schule interessieren. Erziehung braucht auch das Interesse und die Zuwendung der Öffentlichkeit. Die Gesellschaft, die Wirtschaft, Öffentlichkeit, die Medien – sie alle haben sich in der Vergangenheit kaum bis gar nicht für die Schule interessiert. Jeder Sportverein bekam mehr Aufmerksamkeit in der Zeitung als die Schule, es sei denn, an der Schule wurde mit Drogen gedealt oder es ließ sich eine reißerische Geschichte über gewalttätige Jugendliche schreiben. Oder es kam heraus, dass deutsche Schüler nicht rechnen können.

Mit ihrem Lehr- und Erziehungsauftrag ist die Schule schon ziemlich ausgelastet. Das reicht aber noch immer nicht. Jetzt soll die Schule auch noch – wie es allenthalben gefordert wird – das Problem der Neonazis und der Gewalt lösen. Und die Integration der Ausländer soll sie ebenfalls bewerkstelligen – und uns dabei möglichst in Ruhe lassen.

Unsere Gesellschaft betrachtet Schule heute als Reparaturbetrieb und weist ihr Aufgaben zu, die sie nicht lösen kann, jedenfalls nicht aus eigener Kraft. Schulen allein können wenig ausrichten, wenn sie von den Problemen ihres Umfeldes überflutet werden und jegliche Zuwendung – materiell und ideell – ausbleibt.

Die Schule allein kann wenig ausrichten, sagt auch Anton de Jong, Projektleiter einer Schule in Hoogvliet, einem Stadtteil im holländischen Rotterdam. An der dortigen Schule «De Notenkraker» (Der Nussknacker) bündeln sich, wie an zahlreichen anderen Schulen in ganz Europa auch, die Probleme einer an sich erfreulichen Entwicklung: Europa ist in den letzten 25 Jahren bunt geworden. Wir erkennen das an den alltäglichen Straßenbildern der europäischen Metropolen. Ob Hamburg, Berlin, Amsterdam, London, Rom oder Paris: Die weißen Europäer sind nicht mehr unter sich. Sie leben neben und mit Menschen fast aller Rassen und Nationen.

Das merken vor allem unsere Schulen. In manche von ihnen strömen Kinder aus 15 oder 20 Nationen, und es gibt Schulklassen, in denen weiße Kinder in der Minderheit sind, wie zum Beispiel in der Notenkrakerschule. Dort hat Schulleiter Jan Trommel 22 Nationen gezählt, von Aruba bis zur Türkei: «Viele Sprachen, viele Religionen, viele Probleme.»

Als Trommel 1975 an seiner Schule begann, hätten die Lehrer noch «normal» unterrichten können, sagt er, heute müssten seine Kollegen in der Hälfte ihrer Zeit den «Sozialarbeiter spielen: für Kinder, die mit der holländischen Kultur nicht zurechtkommen; für traumatisierte Schüler aus Bürgerkriegsgebieten; für Kinder, die ihre Eltern seit Jahren nicht gesehen haben».[1]

Früher lebten in Hoogvliet die Hafenarbeiter und die Arbeiter der Erdölindustrie. Aber mit der Zeit brauchten die Raffinerien von Exxon, Esso, Shell und die Hafenbetriebe immer weniger Arbeiter. Die Holländer zogen weg, Bewohner der ehemaligen Kolonien zogen ein, dazu Gastarbeiter, Asylbewerber, Flüchtlinge, Illegale, Arbeitslose.

In dem Maße, in dem die Einwanderung nach Hoogvliet zunahm, sank das Niveau der Schulen in diesem Viertel. Kein

Wunder. Die Kinder verstanden ja kaum die Sprache, in der sie unterrichtet wurden. Sprachlos, bildungslos, arbeitslos, Sozialhilfe – das war der vorgezeichnete Weg. Guter Wille der Behörden, zusätzliche Lehrer, Nachhilfestunden, Sonderklassen halfen wenig, linderten zwar die Not, änderten die Entwicklung aber nicht grundsätzlich.

Fünf Stunden bleiben die Kinder an unserer Schule, sagt Anton de Jong, die restlichen 19 Stunden verbringen sie zu Hause oder auf der Straße. «Diesen Kampf kann man nur verlieren.» Erst recht, wenn die Lehrer weiß sind, aus gutbürgerlichen Familien stammen, in besseren Stadtteilen wohnen und von dem, was im Viertel ihrer Schule auf der Straße passiert, nicht viel mitbekommen.

Wie soll ein Lehrer in einer Klasse mit einem Ausländeranteil von 30 Prozent und mehr handeln? Soll er sich hauptsächlich um die des Deutschen oder Holländischen kaum mächtigen Ausländerkinder kümmern, damit sie wenigstens einigermaßen den Anschluss finden? Dann wird er alle anderen vernachlässigen und unterfordern. Legt er dagegen die Latte im oberen Leistungsdrittel an, wird er die anderen zwei Drittel überfordern. Hängt er die Latte in die Mitte, überfordert er das untere Viertel und unterfordert das obere Viertel. Was immer er auch tut, er wird rund der Hälfte seiner Klasse nicht gerecht werden.

Gemeinsames Lernen setzt ein gewisses Maß an Homogenität des Vorwissens, der Vorbildung, des kulturellen Hintergrunds voraus. Wird dieses Maß unterschritten und fehlt auch noch eine gemeinsame Sprache, mutiert Unterricht zu einer sinnlosen Veranstaltung.

Wie wird man mit den Problemen, die sich daraus ergeben, fertig? Wir wissen nicht, wie in Europa die Schulen, die sich in einer ähnlichen Lage befinden, ihre Probleme lösen. Möglicherweise gar nicht.

In Rotterdam hat man auch keine Patentlösung für die Probleme. Aber man hat mit den vorhandenen Mitteln versucht, unbürokratisch und in kurzer Zeit das Bestmögliche daraus zu machen. Und dazu hat die Schule ihre Tore weit aufgemacht, sich ihrem Viertel geöffnet, dessen Leben in die Schule gelassen, und der Staat und die Schulbehörden spielen mit.

Jetzt kommen mit den Kindern auch die Väter in die Schule und besonders die Mütter, zum Beispiel Prisca de Palm aus Curaçao, einer Insel der Niederländischen Antillen. Wie alle Frauen, die an diesem Nachmittag zusammensitzen, war sie lange Zeit arbeitslos und lebte von Sozialhilfe. Seit einem Jahr macht sich die 34-jährige Schwarze in der Schule ihrer Tochter nützlich: Sie bastelt mit den Kindern, kocht in den Ferien karibische Gerichte und repariert, wenn es sein muss, die Vorhänge.

Auch sonst ist es manchmal ganz gut, dass sie da ist, zum Beispiel, als ein Kind von den Kapverden kam, das kein Holländisch sprach, aber Portugiesisch – was Prisca de Palm, die wiederum Spanisch beherrscht, irgendwie versteht. Die Kommunikation mit dem kapverdischen Kind ist zwar notdürftig, aber besser als keine, das Kind nicht völlig allein und verlassen.

Zwölf Männer und Frauen helfen im Notenkraker am Nachmittag mit, einige als unbezahlte Freiwillige, andere, um ihr Arbeitslosengeld ein wenig aufzubessern. Ein arbeitsloser Einwanderer aus Surinam gibt Gesangsunterricht. Eine junger Mann mit Rastalocken trainiert auf dem Hof mit den Kindern Fußball.

Die Erwachsenen können als Freiwillige in der Schule mitarbeiten, am Abend Computerkurse oder Aerobic-Stunden belegen. Wenn die Muslime das Ende des Ramadan feiern oder die Familien aus Aruba oder Curaçao ihren «Tag der Fahne», feiert De Notenkraker mit. Bis vor drei Jahren sah man die Mütter und Väter in der Schule selten. Die meisten Einladungen zu Elternabenden waren vergeblich. Inzwischen fühlen sich die Eltern in der Schule nicht mehr auf fremdem Terrain, fürchten sich nicht mehr vor den weißen Lehrern und dem fremden Staat.

Das Schulgebäude steht ganzjährig offen, täglich bis mindestens 20 Uhr. Nach dem Unterricht wandelt sich die Schule zur Sporthalle, Musikschule, zum Fortbildungszentrum und Freizeitclub, Treffpunkt und zur Polizeistation. Ja, auch die Polizei ist in der Schule. Nein, nicht um für Ruhe und Ordnung zu sorgen, nicht um den Handel mit Drogen zu unterbinden oder gewalttätige Schüler zur Raison zu bringen, nein, einfach so. Der Polizist Jan Lauf gibt zwar manchmal Verkehrsunterricht, geht auch mal in die Klasse, wenn ein Lehrer ausfällt, aber tut ansonsten das, was man halt so tut als Polizist: Funksprüche abhören, Anzeigen entgegennehmen, auf Streife gehen.

Die Kinder nennen ihn «Lehrer Jan». Wenn er früher eine Kopftuch tragende Frau grüßte, dann schaute sie weg. «Heute grüßen sie zurück, und einige islamische Frauen kommen sogar zu mir, wenn sie Probleme mit den Behörden haben.» Wieder ist den Leuten ein Stück Angst genommen vor der fremden unheimlichen Staatsmacht. Sie hat jetzt für die Leute ein Gesicht, und zwar ein freundliches.

Nein, Spitzenleistungen werden an dieser Schule wohl nicht erzielt. Nähme sie an TIMSS oder PISA teil, würde sie sich wahrscheinlich nur blamieren. Aber um Spitzenleistungen geht es auch gar nicht an dieser Schule, sondern vor allem darum, dass die Arbeit der Lehrer wieder ein bisschen mehr Sinn bekommt, und noch mehr darum, dass die Menschen in diesem Viertel irgendwie zurecht- und irgendwie miteinander auskommen.

Gelernt wird trotzdem etwas an diesen Schulen, und vermutlich mehr als an vielen vergleichbaren Schulen in Europa. Beim Basteln spricht man Holländisch – und nicht Papiamento oder Türkisch. Wer in der Schule zum Fußballturnier kommt, muss pünktlich sein und sich an Regeln halten.

Der Abwärtstrend bei den Lernleistungen der Kinder wurde nach drei Jahren gestoppt. Und warum? Weil sich Lehrer, Schulbehörden und der Staat den fremden Menschen zuwendeten, die plötzlich in Holland lebten. Und weil diese fremden Menschen sich der Schule zuwendeten. Davon können deutsche Schulen einiges lernen, und nicht nur die.

Noch etwas lernt man an dieser Schule ganz nebenbei: dass Menschen aus allen Rassen und Nationen friedlich an einem Ort zusammenleben können. Gegenseitige Zuwendung, sich füreinander öffnen ist nicht nur für solche Problemschulen wie in Rotterdam eine Möglichkeit, zu lernen und das soziale Miteinander zu verbessern. Für jede Schule ist das gut und nützlich.

Die Grundschule unserer Kinder schickt ihre Schulklassen einmal im Jahr zu Eltern, die zu Hause oder an ihrem Arbeitsplatz den Schülern ihren Job erklären. Dort dürfen die Kinder einen Vormittag lang zuschauen, Fragen stellen, sich selber in dem Job des Erwachsenen ausprobieren. Einmal im Jahr kommt die Feuerwehr und macht mit den Kindern eine Lösch-Übung. Vereine besuchen die Schule und stellen sich vor, die Polizei erteilt Verkehrsunterricht in der Klasse und auf dem Schulhof, Eltern helfen bei Projektwochen oder bei Schulfesten, das Fernsehen schaut manchmal vorbei – das Leben rückt in die Grundschule ein. Das öffentliche Interesse wendet sich der Schule zu.

Am Mainzer Gymnasium unserer Tochter kümmern sich Tutoren, ältere Schülerinnen und Schüler, um die Kleinen. Die Tutoren fahren mit ihren Schützlingen ins Grüne, machen ein Picknick, gehen mit ihnen ins Kino, begleiten sie ins Schullandheim. Vor Weihnachten verwandeln die Schüler ihre Schule in einen riesigen Basar, auf dem alles verkauft wird, was sich irgendwie verkaufen lässt. Der Erlös plus Sachspenden der Eltern geht an Kinder aus der Dritten Welt. Andere Schüler dieses Gymnasiums planen zur Zeit, Senioren den Computer näher zu bringen. Je drei bis vier Schüler wollen rund 15 älteren Damen und Herren in einer Doppelstunden pro Woche helfen, Word, Excel, das Internet und noch einiges mehr zu benutzen – die Schule geht hinaus ins Leben. Das Interesse der Schule und der Schüler wendet sich der Welt da draußen zu.

Dabei wird natürlich keine Mathematik, Physik gelernt, keine Geschichte und keine Erdkunde. Es wird etwas anderes gelernt, was sich nicht so genau bezeichnen lässt, aber mindestens genauso wichtig ist. Und es ergibt sich ein nicht zu unterschätzender Nebeneffekt: Unsere Kinder lernen nicht nur ihresgleichen kennen, sondern ältere Kinder, die Eltern und Geschwister ihrer Schulkameraden, Jugendliche und Erwachsene aus ihrem Viertel, die ihnen nun nicht mehr fremd sind. Sie selbst sind in ihrer Schule und ihrem Viertel auch bekannt, damit verschwinden Fremdheit, Angst und Anonymität aus dem Viertel, und mit ihnen die Aggression. Stattdessen wächst der soziale Zusammenhalt. So etwas wie Geborgenheit kann aufkeimen.

AUCH MANAGER HABEN KINDER

Manager und deren Unternehmen stehen in der heutigen globalisierten Wirtschaft im härtesten Wettbewerb, den es je gegeben hat. Aus ihrer Sicht ist es verständlich, wenn sie sagen: Wir brauchen jeden Mann an Bord, und zwar ganz. Frauen sind uns auch willkommen, aber nur, wenn sie uns nicht mit ihren Privatproblemen und den Krankheiten ihrer Kinder belästigen. Mit Leuten, die nur 40 Stunden Zeit haben, fangen wir doch gar nicht erst an.

Die Wirtschaft hat ein verständliches Interesse an mehr Markt und mehr Wettbewerb. Sie fordert mehr Mobilität, mehr Flexibilität, weniger «Sozialluxus», weniger Staat, niedrigere Löhne und längere, deregulierte Arbeitszeiten. Die Arbeitgeber sollten aber auch einsehen, dass sie sich mit all diesen Forderungen selber in die Quere kommen, wenn sie zugleich bestens erzogenen und ausgebildeten Nachwuchs verlangen. Das eine kann man nur auf Kosten des anderen haben. «Stärkt die Familie» und «Globalisiert die Wirtschaft» sind auch dann zwei schwer vereinbare Forderungen, wenn sie aus demselben Mund kommen.

Niedrigere Löhne, gekürzte Sozialleistungen bei steigenden Mieten und Abgaben bedeuten für viele Eltern, dass das Geld nicht mehr reicht. Also muss ein Zweit- oder Nebenjob her, und es bleibt weniger Zeit für die Kinder, deren Bildung und Erziehung.

Weniger Staat und Kürzung der Sozialausgaben bedeutet die Schließung von Jugendtreffs, Streichung von Sozialarbeiterstellen, Reduzierung der Kinder- und Jugendarbeit in den Vereinen, Kirchen und Verbänden. Dann steht eben die Jugend auf der Straße, niemand kümmert sich um sie. Wer wundert sich dann noch, dass Kinder und Jugendliche auf dumme Gedanken kommen und für den Kampf um Marktanteile nur schlecht zu gebrauchen sind?

Mehr Wettbewerb zwischen Unternehmen führt zu mehr Wettbewerb zwischen Arbeitnehmern, was für jeden einzelnen bedeutet: Wenn ich beruflich vorwärtskommen will, muss ich mehr arbeiten als der Konkurrent, länger am Arbeitsplatz präsent sein, mich öfter und länger am Abend, an Wochenenden und vielleicht sogar im Urlaub fortbilden. Also habe ich weniger Zeit für die Ehefrau, die Kinder, die Eltern im Altenheim, für die Pflege von Freundschaften, eine Mitarbeit in einer Partei oder einem Verein. Und jede Stunde, die ich für die Familie opfere, fehlt mir im Kampf gegen den kinderlosen Konkurrenten. Immer weiter verschärfter Wettbewerb zerstört jegliches soziale Leben.

Junge Paare, die unter dem Beifall ihrer Umwelt, ihrer Kollegen und Chefs dennoch beschließen, eine Familie zu gründen und sich die Arbeit zu teilen, entscheiden sich damit, ohne es richtig zu merken, nebenbei für etwas ganz anderes: dass sie beide keine besondere Karriere mehr machen.

Wie sehr sie sich dann auch abmühen im Büro, es wird nicht genügen, denn spätestens um 17 Uhr müssen sie sich von ihren Kollegen verabschieden, weil um 18 Uhr die Kinderfrau nach Hause geht und noch rasch etwas fürs Abendessen eingekauft werden muss. Dann strampeln sie sich zu Hause und am Wochenende ab, und am Montag früh erfahren sie, dass den Abteilungsleiterjob der kinderlose Kollege bekommt, der es sich leisten kann, bis spät in die Nacht zu arbeiten und sich am Wochenende fortzubilden.

Wer Kinder kriegt, ist erst einmal außer Gefecht gesetzt. Auch wer so schnell wie möglich wieder in den Job zurückkehrt, muss jetzt ständig zwischen Beruf und Kind pendeln. In dieser Phase ziehen die Männer und die kinderlosen Konkurrentinnen an der berufstätigen Mutter vorbei, können sich ganz ihrer Karriere widmen, denn sie müssen nicht gebären, sich nicht um Kinderkrippen, Kinderfrauen, Au-pair-Mädchen kümmern. Darum sind es auch heute noch fast ausschließlich Männer, die als Minister, Unternehmensvorstand, Professor oder Richter oben ankommen, oder kinderlose Frauen – obwohl vor 15 oder 20 Jahren beim Studium noch Gleichstand herrschte zwischen Männern und Frauen und die Frauen oft sogar die besseren Examensnoten hatten. Das Problem der Vereinbarkeit von Familie und Beruf bleibt weiter ungelöst und wird unter dem sich stetig verschärfenden internationalen Wettbewerb immer unlösbarer.

Mehr Mobilität heißt: Väter oder Mütter arbeiten weit weg von ihren Familien, sehen diese nur am Wochenende oder noch seltener. Väter oder Mütter haben weniger Zeit für ihre Kinder und deren Erziehung. Familienväter und -mütter, die sich dagegen wehren, von ihren globalisierten Unternehmen alle drei Jahre an einen anderen Ort geschickt zu werden, sind in der Wirtschaft nicht richtig zu gebrauchen und haben das mit eklatanten Nachteilen für ihre Karriere zu bezahlen.

Äußerst kinder- und familienfeindlich ist auch der Zwang zur Flexibilität. Mehr Flexibilität heißt: Auch samstags und sonntags oder nach Feierabend gehört Papi oder Mami dem Unternehmen. Die Zahl der Tage, an denen mal die ganze Familie zu Hause ist und gemeinsam etwas unternehmen kann, schrumpft drastisch in einer Welt mit flexiblen Arbeitszeiten. Seit der Einführung flexibler Arbeitszeiten bei Volkswagen steigen in Wolfsburg die Scheidungszahlen und erlahmt das soziale Leben, und wahrscheinlich nicht nur dort. Besprechung morgens um acht, außerplanmäßige Konferenz um sechs Uhr abends, Tagung am Wochenende, vier Tage nach Singapur, Hongkong oder New York – wo ist da noch Platz für ein Kind und eine Familie?

Wir genießen, dass die Ladenöffnungszeiten verlängert werden und den Pizzaservice, der uns samstags um 20 Uhr das Abendessen bringt. Damit fangen wir an, uns an die Rund-um-die-Uhr-Gesellschaft zu gewöhnen, die uns an vierundzwanzig Stunden pro Tag und sieben Tagen in der Woche zur Verfügung steht. Leider impliziert das für immer mehr Menschen, dass auch sie rund um die Uhr zur Verfügung zu stehen haben.

Fax, E-Mail, Handy, Mailbox erhöhen scheinbar unsere Handlungsspielräume, ermöglichen uns, schneller und effizienter zu agieren, und helfen uns scheinbar, Zeit zu sparen. Warum haben wir dann aber immer weniger Zeit, sind gehetzt, gestresst und müde? Weil wir die gewonnene Zeit nicht für uns nutzen, sondern nur dazu, mehr Aktivitäten in den Tag hineinzupacken. Und weil immer mehr Arbeitgeber erwarten, dass wir das tun. Rund um die Uhr geöffnete Einkaufsmärkte, jederzeit verfügbare Geldautomaten, Online-Banking, Internetshopping, Apothekenservice, 24-Stunden-Wartungsservice funktionieren nur deshalb, weil immer mehr Menschen – von denen viele Eltern sind – freiwillig oder gezwungen ihre Zeitsouveränität aufgeben.

Kinder zu erziehen setzt aber voraus, dass die Erzieher Herren über ihre Zeit und verlässlich für ihre Kinder da sind. Viele Eltern, vor allem Väter, verbringen so wenig Zeit mit ihren Kindern, dass sie diese überhaupt nie richtig kennen lernen. Wer sein Kind nicht richtig kennt, wird sich in das Kind auch nicht richtig einfühlen können. Wer sein Kind kaum kennt, nimmt nicht richtig wahr, dass etwas mit ihm nicht stimmt, seine Entwicklung in eine falsche oder gar gefährliche Richtung läuft und längst eine Intervention fällig wäre. Und später sind die Eltern dann überrascht, dass ihr Kind die falschen Freunde hat, die Schule oder Lehre schmeißt, plötzlich schwanger wird oder Drogen nimmt.

Ein Erzieher muss in der Lage sein, jederzeit und mühelos Reserven mobilisieren zu können, um einem plötzlich erkrankten oder in einer Krise steckenden Kind geistig, emotional, zeitlich und auch durch körperlichen Einsatz beizustehen. Solche Ansprüche vertragen sich nicht mit 60-Stunden-Wochen, Dienstreisen, Nachtarbeit und Wochenendsitzungen, es sei denn, wir entschließen uns, auf Kinder zu verzichten, die Kinder vor Fernsehern oder Computern zu deponieren oder die Erziehung komplett an dafür zuständige Einrichtungen zu delegieren.

Nicht nur indirekt, nämlich über gestresste, ständig unter Zeitnot leidende Eltern, wirkt sich unsere Art zu wirtschaften, negativ auf die Kinder aus. Auch direkt, meint Jeremy Rifkin, Autor und Präsident der «Foundation of Economic Trends» in Washington: «Wenn ein Kind in einer Umgebung aufwächst, in der es temporeichen Fernsehsendungen, Videospielen und Computern sowie einer ständigen Stimulierung durch Medien ausgesetzt ist, und wenn es sich einmal angewöhnt hat, unverzügliche Wunscherfüllung zu erwarten, dann ist damit zu rechnen, dass seine neuronale Entwicklung es auf eine extrem kurze Aufmerksamkeitsspanne konditionieren wird». Rifkin fragt: Ist es ein Wunder, wenn solche Kinder leicht ablenkbar und unfähig sind, ihre Aufmerksamkeit auf einen Punkt zu fokussieren und sich über längere Zeit auf eine Sache zu konzentrieren? Kann es sein, fragt Rifkin weiter, dass unsere Hochgeschwindigkeitskultur uns ungeduldiger macht und unwilliger, zuzuhören und abzuwarten, nachzudenken und zu reflektieren? Hängt das Verschwinden der Höflichkeit vielleicht eher mit unserem hohen Tempo zusammen als mit dem Verlust des inneren moralischen Kompasses und religiöser Werte, wie die Konservativen glauben?[1]

Die Wirtschaft erwartet von uns Verständnis für ihre Forderungen und die Bereitschaft, ihnen zu entsprechen. Das Verständnis ist da, aber die Bereitschaft dazu muss Grenzen haben, auch im Interesse der Wirtschaft. Diese schadet sich selbst, wenn sie, wie in einer Art Kriegswirtschaft, dem Kampf um Marktanteile alles andere unterordnet. Unternehmer und Manager, von denen die meisten auch selber eine Familie haben, müssen doch einsehen: Unter dem Druck der Globalisierung und dem Zwang, die internationale Wettbewerbsfähigkeit immer noch weiter zu steigern, verwandelt sich unsere Art zu leben und zu arbeiten in einen Betrieb, in dem Kinder nur noch stören.

Das kann nicht der Sinn von Wirtschaft sein. Wir können die politische Entwicklung, unseren Lebensstil und die Demokratie nicht einfach bloßen Marktkräften und blinden Aktionärsinteressen ausliefern. Wirtschaft ist kein Selbstzweck, sondern Mittel zum Zweck, und der Zweck definiert die Grenzen. Darum brauchen wir internationale Vereinbarungen, welche diese Grenzen festlegen. Ähnlich wie die Politik in den 70er und 80er Jahren durch Verträge und vertrauensbildende Maßnahmen das militärische Wettrüsten begrenzte, müssen Europas Politiker jetzt die Wettbewerbsspirale stoppen, um der Demokratie willen. Aber auch, damit Familien ihre Aufgaben wieder besser erfüllen können.

BESSER LERNEN MIT DER MAUS?

DER AUFRECHTE GANG

Angeblich sind wir Menschen bald nicht mehr kompatibel mit unserer modernen Welt – weshalb amerikanische Erforscher der künstlichen Intelligenz seit etlichen Jahren die Überwindung des Menschen durch «mind machines» prophezeien. Diese Maschinen werden uns geistig haushoch überlegen sein und darum früher oder später die Herrschaft über die Welt antreten, sagen die Propheten.

Uns ist davor nicht bang – weil wir gerade den elften oder zwölften neuen PC unseres Lebens installieren und uns abermals fragen: Wo bleibt der Fortschritt? Warum ist man noch immer eine geschlagene Woche lang damit beschäftigt, die Daten vom alten auf den neuen PC zu schleusen und diesen dazu zu bringen, dass er mit allen Programmen und allen Geräten genauso reibungslos arbeitet wie der alte, nur mit etwas mehr Tempo und sicherer?

Die Siliziumdeppen von heute sind kein bisschen intelligenter als deren Kollegen vor 20 Jahren, nur schneller und mit mehr Speicher versehen. Ja, wir wissen schon, es gibt da diesen berühmten Vergleich: «Wären Autos in dem Tempo entwickelt worden wie Mikroprozessoren, dann wögen diese Autos heute 50 Gramm, rasten mit 5000 Kilometer pro Stunde durch die Gegend, kämen mit einer Tankfüllung bis zum Mond und kosteten knapp fünf Mark.»

Abgesehen von solchen Einwänden, ob wir in einem 50-Gramm-Auto noch Platz hätten, auf welcher Autobahn man 5000 km/h fahren kann und was wir auf dem Mond sollen, lautet die Wahrheit: Wenn Autos so entwickelt würden wie Computer, dann bliebe jedes Auto dreimal pro Tag ohne erkennbaren Grund stehen, würde zweimal pro Woche seinen Fahrer aussperren und einmal pro Monat selbsttätig einen Unfall verursachen. Die Öl-Kontroll-Leuchte würde durch eine «Allgemeine-Auto-Fehler-Anzeige» ersetzt, die Warnlampen für Temperatur und Batterie durch eine «Motorschutzverletzungsmeldung», und der Airbag würde fragen «Sind Sie sicher?», bevor er sich aufbläst. Man dürfte nur alleine mit dem Auto fahren, es sei denn, man würde eine Viererlizenz dazu kaufen, der Motor müsste alle zwölf Monate nachgerüstet, das Getriebe regelmäßig neu installiert und der Fahrer für jedes neue Automodell umgeschult werden. Und um den Motor auszuschalten, müsste man auf den Start-Knopf drücken!

Die «mind machines» werden sicher irgendwann kommen, in diesem Jahrtausend wohl nicht mehr.

Trotzdem ist alle Welt bereit zu glauben, in den Blechkisten von heute stecke bereits so viel Intelligenz, dass man vom bloßen Umgang mit den Kisten automatisch intelligenter wird. Und wo dies noch nicht geglaubt wird, sorgt ein Trommelfeuer aus Werbung, PR und Medien dafür, dass es demnächst endlich alle glauben. Mit Erfolg. Der Glaube wächst. Im gleichen Maße wächst der Druck von Eltern auf Schulen, die noch nicht voll durchcomputerisiert sind. Immer mehr Eltern sind also offenbar bereit zu glauben, dass wir unsere komplizierte Welt ohne Computer nicht mehr durchschauen und unsere Schüler und Studenten für dieses Leben untauglich – «zukunftsunfähig» – sind, wenn sie nicht mindestens einmal erlebt haben, wie Windows abstürzt.

Warum sind so viele – allen voran unsere Generation der 50-jährigen Politiker! – bereit, den Siliziumkästen Wunderkräfte zuzuschreiben? Vielleicht weil sie zu wenig von Technik und Computern verstehen. In Deutschland galt ja noch bis vor kurzem als schick, wer kokettierte, von Technik nichts zu verstehen und in Mathe und Physik immer nur Vierer oder Fünfer geschrieben zu haben.

Inzwischen hat sich die Welt gedreht, und jetzt feiert der *Spiegel* 28-jährige Jungunternehmer, wie den «bleichen langen Leuteschreck» Jan von Krogh, als «rotzige Ausführung des Bildungsentwurfs für die globale Wissensgesellschaft».[1] Der Berliner Unternehmer bringt angeblichen «Modernisierungsverlierern der Medienwelt» wie Cutterinnen, Filmemachern oder Kunsthochschulprofessoren für 2160 Mark pro Person und Tag die digitale Bildbearbeitung bei.

Herr von Krogh, der – wie der *Spiegel* bewundernd erzählt – schon mit dem Taschenrechner umgehen konnte, als er zur Schule kam, brüstet sich nicht mehr mit der Angabe, von Mathematik nichts zu verstehen. Nein, der bleiche «Bildungsentwurf für die globale Wissensgesellschaft» erzählt stolz, ohne Computer keine Mathematikaufgaben lösen zu können. In der Schule habe er das auch gesagt, sei aber bei seinem Lehrer auf wenig Verständnis gestoßen und habe prompt null Punkte bekommen. Auch im Kunstunterricht wurde sein Genie verkannt, dort habe man ihn «mit Temperafarben gequält», statt ihm etwas über bunte Bildschirme zu erzählen – ein Märtyrer unseres rückständigen Bildungswesens.

Mit dieser Schnurre ging der *Spiegel* zur Stuttgarter Kultusministerin Annette Schavan, und die kommentierte bereitwillig-zerknirscht: «Der hat schon Recht. Die Schule muss lernen, auf Neugier und Bedürfnisse der Schüler einzugehen.» Und natürlich vergisst die Ministerin nicht, pflichtschuldigst das obligatorische Bekenntnis zum Computer in der Abi-Prüfung abzulegen.

Leute, die mit Computern zu tun haben, bekommen in Deutschland neuerdings immer recht, auch dann, wenn sie nur Blech reden. Die Branche hat die Definitionsmacht an sich gerissen und kann darum definieren: Wo wir sind, ist vorn. Und wenn wir ausnahmsweise einmal hinten sein sollten, ist hinten vorn.

Und die Politiker spielen mit. Ihre Reden über Bildung, Zukunft und die «Schlüsselqualifikationen» und «Herausforderungen» der total-global-digitalen Informations-, Wissens-, Kommunikations- und Hightech-Society enden verlässlich mit dem Satz: «Im Übrigen bin ich der Meinung, dass heute jeder Schüler seinen Laptop und jede Schule ihren Internetanschluss haben sollte.» Was genau die Schüler damit machen sollen, wissen die Politiker dann auch nicht so genau. Aber da kann man ja einen Wettbewerb über die sinnvollste Nutzung des Computers im Unterricht ausschreiben. Eine Lösung sucht ihr Problem ...

Unser Problem sind nicht die fehlenden Computer in den Schulen, unser Problem ist die fehlende Kritikfähigkeit unserer Politiker und der ganzen Gesellschaft, sobald es um Computer, Technik und Internet geht. Der Mangel an Kritikfähigkeit ist eine Folge mangelhafter technologischer Bildung und diese eine Folge des lange gepflegten Dünkels der gebildeten Schichten gegenüber der Technik.

Das Problem begann 1968, als die Generation der heute Mächtigen die Universitäten stürmte und geschlossen Philosophie, Politologie, Soziologie und Psychologie studierte, gelegentlich auch Theologie, aber keinesfalls Betriebswirtschaft, Volkswirtschaft oder gar Physik oder Elektrotechnik. Als sie ihre Studien beendet hatten, waren unsere 68er treffsicher in der Lage, Technik, Chemie und die übrigen Naturwissenschaften als Ursache der Umweltzerstörung zu identifizieren. Anfang der 80er Jahre haben sie im gerade erfundenen Personalcomputer mit traumwandlerischer Sicherheit den Jobkiller erkannt und den Computerfreak als vereinsamten, pickligen, kommunikationsunfähigen Technikidioten enttarnt.

224

Anfang der 90er Jahre fiel den 68ern auf, dass immer mehr über ein Ding namens Internet geredet und geschrieben wurde, und sie fragten sich: Haben wir was verpasst?

Mitte der 90er merkten sie: Da muss etwas total an uns vorbeigelaufen sein. Als sie entdeckten, was es war, rannten sie in affenartigem Tempo nach vorn, um sich an die Spitze der Bewegung zu setzen.

Dort wissen sie jetzt nicht, wohin sie den Zug führen sollen. Macht aber nichts, sie werden ja von hinten geschoben, und es genügt, wenn sie regelmäßig ihr Bekenntnis zum Computer ablegen und die noch nicht Bekehrten mit Proselyteneifer von der Heilsnotwendigkeit des Internetanschlusses überzeugen. Es kann auch nicht schaden, einem Datenpriester Reverenz zu erweisen, der seine höheren Weihen aus dem Unvermögen bezieht, Mathematikaufgaben ohne PC zu lösen. Und es ist nützlich, sich jedes Jahr zur Cebit zu begeben, um vor den neuerlich geschrumpften WAP-fähigen Handys, Palmtops und Organizern mit eingebauter Digitalkamera und integriertem MP3-Player niederzuknien.

Uns wäre der aufrechte Gang allerdings lieber. Wovor man niederkniet, kann man nicht verstehen und schon gar nicht beherrschen. Lieber als die Politiker, die auf der Buchmesse ehrfürchtig-verständnislos ein elektronisches Buch in die Hand nehmen und sich dabei modern vorkommen, wäre uns daher ein Bundeskanzler, der mit dem E-Book ans Fenster geht, kritisiert, dass man die Schrift auf dem Display im hellen Tageslicht nur schlecht lesen kann, fragt, wie lange der Akku hält und ob Akku und Display einen Tag in der Hitze am Strand unbeschadet überstehen, abschließend das E-Book aus einem Meter Höhe auf den Boden fallen lässt und kommentiert: Ein großer Wurf für die Menschheit. Nach einer Investition von tausend Mannjahren an Forschung und Entwicklung ist uns endlich ein Buch gelungen, das 2000 Mark kostet, einen Akku braucht, nur im Dämmerlicht lesbar und nach einem Fall aus einem Meter Höhe vollständig unbrauchbar ist.

Schön wär's auch, wcnn unser Kanzler auf der Cebit während der Vorführung einer TV-Sendung im Internet einfach mal beiläufig anmerkte, dass sein Fernsehgerät zu Hause sofort nach dem Auspacken startklar war und er nicht erst ein Betriebssystem installieren, das BIOS korrigieren und eine Grafikkarte konfigurieren musste, die Kiste nicht wegen jeder Sendung zwei Minuten lang hochfahren muss, nicht für jeden Kanal eine spezielle Software braucht, das Gerät nicht jedes Jahr nachgerüstet werden muss, noch nie abgestürzt ist und nicht der Telefongebührenzähler tickt, wenn er fernsieht. Dann könnte er noch nachschieben, dass er aus diesem Grund auch keine Aktien von Web-TV-Unternehmen kauft.

Das würde möglicherweise jenen naiven Menschen ungeheuer helfen, die wie wir noch immer zu glauben bereit sind, die «mind machines» seien dazu da, Probleme zu lösen und Zeit zu sparen, statt Probleme zu verursachen und Zeit zu stehlen. Ein etwas aufrechterer Gang durch die Hallen der Cebit und die Kathedrale des Internets wäre vielleicht auch dazu angetan, die lärmende und anmaßende Attitüde der Branche etwas zu dämpfen. Und Erziehung zum aufrechten Gang auch vor der neuen Macht der selbst ernannten Digital-Elite halten wir für das erste und wichtigste Erziehungsziel eines computergestützten Unterrichts.

VON MÄUSEN UND MENSCHEN

Amerikanische Wissenschaftler haben herausgefunden, dass Lernerfolg und Motivation drastisch steigen, wenn mit dem Computer gelernt wird. Sollten daher Schulen und Kinderzimmer nicht schnellstens mit Computern ausgerüstet werden?

Im Prinzip ja. Aber amerikanische Wissenschaftler haben auch herausgefunden, dass Meldungen mit Vorsicht zu genießen sind, die mit den Worten beginnen: «Amerikanische Wissenschaftler haben herausgefunden ...»

Vielleicht sollten wir also noch ein paar andere Wissenschaftler hören, englische zum Beispiel. Die wollen herausgefunden haben, dass Schüler im Grundschulalter mit Büchern besser lernen als mit dem Computer. Bei einer Untersuchung an 800 Grundschulen in England kamen die Wissenschaftler zu dem Ergebnis, dass Schüler im Alter von 11 Jahren ihre Lernergebnisse an Schulen mit guter Computerausstattung um 7 Prozent verbessern konnten. Dagegen steigerten Schüler an jenen Schulen, die mehr in gute Bücher investierten, ihre Leistungen um 12 Prozent.[1]

Wir wissen nicht, was von Meldungen zu halten ist, in denen englische Wissenschaftler im Spiel sind. Aber wir sind geneigt, den Engländern zu glauben, nicht nur, weil hinter der Untersuchung die strenge englische Schulbehörde steht, sondern auch, weil wir selber unsere Kinder vorm PC beobachtet und selber mit Lernprogrammen und Lernangeboten aus dem Internet gearbeitet haben.

Damit angefangen haben wir schon vor fünf Jahren, und in

diesen fünf Jahren haben wir unsere Meinung mehrmals geändert.

Zuerst hielten wir nichts davon. Dann waren wir dafür. Inzwischen haben wir nichts dagegen, meinen aber, dass der Nutzen des Computers in der Schule und im Kinderzimmer nicht im richtigen Verhältnis zu seinen Kosten steht und frühestens ab der achten Klasse einen Sinn ergibt.

Manche Computerpropagandisten sehen ja in der Arbeit mit dem Computer einen Wert an sich, weil er das universelle Werkzeug der Informationsgesellschaft ist. An einer so wichtigen Sache dürfe die Schule nicht vorbeigehen, sagen sie. Und dann suggerieren sie noch, der Computer sei wie das Klavier ein Instrument, das nur der richtig beherrschen lerne, der beizeiten damit anfängt. Beide Ansichten stoßen in der Öffentlichkeit, besonders bei den Eltern, auf offene Ohren, und daher gibt es ein wachsendes Interesse der Eltern am Computerunterricht.

Der Vergleich mit dem Klavier ist schlicht Unfug. Der Umgang mit dem PC kann zu jeder Zeit und in jedem Alter erlernt werden, von Jugendlichen natürlich schneller und leichter als von Rentnern.

Aber die Forderung «so früh wie möglich» halten wir nicht nur für unsinnig, sondern sogar für gefährlich, seit wir mit unserem Sohn Folgendes erlebten: Er war in der zweiten Klasse, und er stöhnte und ächzte unter den Hausaufgaben. Er wollte sie nicht mehr machen, und wenn doch, dann nur mit dem Computer.

Er merkte, wie leicht und schnell es geht, perfekte Buchstaben und Zahlen auf den Monitor und über den Drucker aufs Papier zu bringen, und wie mühsam und langwierig es ist, sie mit dem Bleistift in sein Schulheft zu schreiben. Dieser Mühe wollte er sich nicht mehr unterziehen. Er sah nicht ein, wozu er lernen sollte, sich mit der Hand zu plagen, wenn es doch genügt, die Buchstaben der Computertastatur anzutippen, und das Ergebnis viel perfekter ist. Und er sah nicht ein, warum er Kopfrechnen lernen sollte, wo doch Taschenrechner und Computer blitzschnell jedes Ergebnis auf Knopfdruck liefern.

Auch malen wollte er nicht mehr, weil es mit dem Computer leichter ging. Und mit seinen Legosteinen spielte er auch nicht mehr, seit er mit einem Programm von Lego auch am Computer Figuren, Häuser, Bahnhöfe zusammensetzen konnte.

Seitdem sind wir überzeugt: Computer haben in der Grundschule nichts verloren. Wir hatten der Grundschule, in die unser Sohn geht, einen PC gespendet und beim Aufbau eines PC-Raums geholfen. Der wurde inzwischen wieder geschlossen, weil der Raum für den Unterricht gebraucht wird, die Computer wurden eingemottet, und wir sind überhaupt nicht traurig darüber.

Kinder brauchen den Kontakt zur Realität, um sich in ihr zurechtzufinden. Begriffliches Denken entsteht zuerst in den Händen übers Be-Greifen. Und dazu brauchen sie ihre Hände. Zwischen den Händen, Augen, Ohren und dem Gehirn besteht eine innige Beziehung, die so eng ist wie die zwischen der Feinmotorik und der Intelligenz.

Nur über ihre Hände können Kinder die Wirklichkeit begreifen, ertasten, fühlen, spüren. Darum müssen sie mit richtigen Legosteinen Häuser bauen, mit richtiger Materie in ihren Händen Gegenstände aus Papier, Holz und Ton formen. Sie müssen Hitze, Kälte, Luft und Wasser auf ihrer Haut spüren und riechen und schmecken. Sie müssen im Sand, Dreck und Schlamm wühlen, sie müssen mit richtigen Farben auf richtiges Papier malen und sich Gesicht und Hände dreckig machen. Und sie müssen mit dem Bleistift schreiben lernen.

Wenn sie's dann können, tun sie es auch gern. Sie malen gern, und sie basteln gern, und die Erfolgserlebnisse, die sie sich damit verschaffen, sind viel befriedigender als die mit dem Computer, weil ja mit ihm alles viel schneller und müheloser geht.

Wenn Schreiben, Malen, Formen nur noch am Computer simuliert würde, würden wir unsere Kinder um ihre sinnlichen Erfahrungen betrügen, ihre Sinne würden verkümmern, so etwas wie ein Realitätssinn könnte sich gar nicht richtig entwickeln. Darum hat die Beschäftigung mit dem Computer Zeit. Darum hat die Beschäftigung mit der sinnlich erfahrbaren Welt unbedingten Vorrang. Erst ab der achten Klasse fängt die Arbeit mit dem Computer an, sinnvoll zu werden, zwingend notwendig erscheint er uns noch immer nicht. Nützlich ist er ab der zehnten Klasse, notwendig vor dem Abitur.

So dachten wir noch nicht, als wir unsere Kinder zum ersten Mal an ein Lernprogramm heranließen. Da waren wir viel positiver gestimmt, denn natürlich fiel uns sofort auf: Während unsere Kinder noch nie freiwillig ein Schulbuch oder Übungsheft in die Hand genommen und länger als eine Stunde damit gearbeitet haben, schoben sie die CD-ROMs mit den Lernprogrammen freiwillig in den PC. Und beschäftigten sich bis zu zwei Stunden damit. Selten länger. Suchtgefahr bestand nie.

Tim, Addy und die Felsgrotte

Lernprogramme gibt es heute für fast alles. Mathematik, Deutsch, Lesen, Rechtschreibung, Fremdsprachen bilden den Schwerpunkt des Angebots. Auch für Erdkunde, Geschichte, Biologie, Sexualität, Physik und Astronomie sind schon etliche Titel auf dem Markt, und es werden täglich mehr. Dazu kommen Nachschlagewerke, Wörterbücher, Lexika, Enzyklopädien, Sachtitel über Musik, Kunst, Technik und Verkehr.

Interessant sind auch Programme, die sich nicht an ein bestimmtes Schulfach anlehnen, wie Simulationen, Rätsel-, Denk- und Knobelspiele, Kreativitätstrainings oder Intelligenztests. Das Übergewicht des Gesamt-Angebots liegt derzeit noch bei Software für Kinder vom Vorschulalter bis zur vierten Klasse. Insgesamt übersteigt die Zahl der auf dem Markt befindlichen Titel die Tausendermarke.

Manche Programme helfen gezielt, bestimmte Defizite abzubauen, beispielsweise eine Schwäche in englischer Grammatik. Andere Programme erstrecken sich übers ganze Fach, umfassen also beispielsweise bei einer Fremdsprache Stil, Grammatik, Satzbau, Vokabeln, Diktat, Übersetzen und Sprechen.

Tim 7 ist zum Beispiel so ein Programm aus dem Schulbuchverlag Heureka-Klett.

Strubbelige Haare, lässige Klamotten, Baseballkappe und mit einem flotten Motorroller unterwegs, das ist die Zeichentrickfigur Tim. Leider hatte er einen Unfall, und dabei verlor er sein Gedächtnis. Schlimmer noch: Der schreckliche Doktor Gaaf hat ihn auf seine Insel Amnesia verschleppt, um ihn als Forschungsobjekt zu missbrauchen. Darum versucht Tim, ihm zu entkommen. Aber dazu muss er sein Gedächtnis wieder finden und sich sein vergessenes Wissen wieder aneignen. Dies gelingt einerseits mit dem Auffinden von Gegenständen und der Hilfe der Inselbewohner, andererseits mit dem Lösen von Matheaufgaben, die mit dem Lehrplan des jeweiligen Jahrgangs abgestimmt sind. Je mehr gelöst wird, desto näher kommt Tim seinem Ziel. Zuletzt kann er zu Omnes vordringen, dem gut geschützten Zentralcomputer in der Felsgrotte. Der stellt Tim die letzten Aufgaben, und wenn er die löst, wird er sein Abenteuer bestanden haben.

Das Programm bietet mit mehr als 500 Übungen genug Stoff zum Lernen und Trainieren. Das Ganze ist richtige Paukerei, welche durch die Rahmenhandlung, kleine Videos, 3-D-Grafiken und Rap-Songs eine Zeit lang ganz gut aufgelockert wird.

Populärer noch als Tim ist Addy, der kleine Außerirdische vom Asteroiden M 823. Er gehört einem Weltraum-Nomadenvolk an, das durchs All reist, um dort nach Leben zu suchen und vielleicht Freunde zu finden. Der braungesichtige Addy, der in Jeans und Turnschuhen herumläuft, ist bei den Erdlingen fündig geworden und freundet sich vor allem mit Kindern an, indem er mit ihnen deren Schulstoff paukt. Es gibt ihn für die Klassen von 1 bis 8 für die wichtigsten Fächer.

Addy empfängt den Schüler in einem mit allerhand Utensilien voll gepfropften Kinderzimmer. Die meisten kann man anklicken, und dann passiert irgendetwas. Entweder läuft nur eine kleine Animation ab – ein Modellflugzeug fliegt durchs Zimmer – oder es eröffnen sich Gelegenheiten, etwas zu lernen, was nicht direkt mit einem Schulfach zusammenhängt. Beispielsweise ermöglicht ein Klick aufs Fernrohr den Blick auf den Sternenhimmel, und man lernt die Namen der Sternbilder. Ein Klick auf die Malwerkzeuge gibt dem Kind Gelegenheit, ein Bild zu malen. Ein Klick auf die Spielekiste führt zu einem Computerspiel, allerdings nur, wenn schon eine bestimmte Zahl von Übungen erfolgreich bestanden wurde.

Deshalb empfiehlt sich als Erstes ein Klick auf die Schultasche, und der Schüler gelangt zur Hauptsache – eine Fülle von Aufgaben und Übungen, und zwar in sehr differenzierter Form und zugleich umfassend. Beispiele für Deutsch: Unterscheidung von Substantiven, Verben und Adjektiven, Sinn erfassendes Lesen, Bildung von Wortstämmen, Groß- und Kleinschreibung, Umlaut, Dehnung von Selbstlauten, Mitlautverdoppelung, Wortschatzübungen, Beugungen, Lesen von schwierigen Wörtern, Sätzen, Sinneinheiten und Texten, Arbeit am Wort, Arbeit am Satz, miteinander sprechen, Arbeit an einer Geschichte, Vorgänge beschreiben, Geschichten schreiben.

Diese Fülle und Differenziertheit setzt sich in den Programmen für die weiteren Klassen fort, und im Internet kann weiter geübt werden. Der grafische und technische Aufwand des Programms ist beeindruckend bis ins Detail. Beispielsweise wird die Zahl der zu lösenden Aufgaben eines Blockes durch Erdbeeren, Äpfel oder Hühnerbeine dargestellt. Gelöste Aufgaben verwandeln sich dann in abgebissene Erdbeeren und Äpfel und abgenagte Knochen.

Dass sich Kinder für solche Programme mehr interessieren als für ihre Schulbücher, ist kein Wunder. Wer sich Schulbücher anschaut, sieht professionell aufbereiteten Lernstoff, dem man anmerkt, dass seine Urheber auf höchste Qualität bedacht und seriös sind bis auf die Knochen. Dieser Vorzug ist leider auch sein größtes Übel.

Die Seriosität der äußerst perfekt gemachten Bücher verbreitet gähnende Langeweile. Sachfremde, dem Lernstoff nicht dienliche Elemente, die ein Kind verführen könnten, aus purer Neugier ein Schulbuch in die Hand zu nehmen, müssen offensichtlich systematisch aus jedem Buch verbannt werden. Wahrscheinlich ist das nicht einmal die Schuld der Urheber, sondern, wie wir unsere Bürokraten kennen, die Schuld von Heerscharen kontrollierender Beamter, welche im Auftrag der Schulbehörden die Verfasser von Schulbüchern mit Vorschriften umzingeln.

Dass man Schulbücher auch anders machen könnte, beweist Monat für Monat die Kinderzeitschrift Geolino aus dem Hamburger Verlag Gruner + Jahr. In dieser Zeitschrift befindet sich im Grunde genommen auch nichts anderes als Lernstoff. Seriös aufbereitet ist er auch. Trotzdem lesen unsere Kinder Geolino freiwillig, weil der Stoff unterhaltsam präsentiert wird – für die

Schulbehörden offenbar ein sicheres Zeichen für mangelnde Seriosität und Qualität. Geolino würde als Lernmittel niemals zugelassen. Lernen steht offensichtlich unter Spaßverbot.

Exakt das gegenteilige Dogma – Lernstoff ist nur dann gut aufbereitet, wenn er Spaß macht und unterhaltsam ist – sitzt den Programmierern von Lernsoftware im Nacken. Deshalb spricht man ja auch von Edu- oder Infotainment. Education und Information sollen als Entertainment daherkommen und das Lernen zum Vergnügen machen.

Wegen dieses unbedingten Spaßgebots verstecken die Entwickler von Lernsoftware ihre Rechenaufgaben, Grammatikübungen und Fremdsprachentexte so aufwendig hinter Comics, Abenteuergeschichten, bunter Grafik, klingelnder Akustik und quirligen Animationen, dass die Kinder auf den ersten Blick überzeugt sind, es nicht mit drögen Rechenaufgaben oder trockener Grammatik zu tun zu haben, sondern mit einem aufregenden Computerspiel.

Dieser Vorzug des multimedialen Schulbuchs ist zugleich sein größter Nachteil. Der Spaßzwang verführt die Programmierer zu Mätzchen und multimedialem Overkill, der eher vom Lernen abhält, als dazu zu animieren. Dass beispielsweise bei Addy nach jeder richtigen Antwort des Schülers ein Affe, Hund oder Pelikan applaudiert, einen Purzelbaum schlägt oder sich den Hals verrenkt, ist anfangs noch ganz lustig, nach einiger Zeit etwas ermüdend, und auf Dauer nervt es.

Nervtötend sind auch multimediale Nachschlagewerke, die bei jedem Start erst einmal Fanfaren, Synthesizer-Gequäke oder feierliche Sphärenklänge ertönen lassen und kleine Trickfilmchen abspulen, bevor man etwas nachschlagen kann. Am schlimmsten sind Programme, die sich nicht einfach mit einem Klick beenden lassen, sondern den Nutzer zwingen, nach jedem Ende wie im Kino lange Abspänne über sich ergehen zu lassen, in denen sich die Produzenten, Grafiker und Programmierer verewigt haben. Man scheut sich ja eh schon, wegen eines einzigen nachzuschlagenden Begriffs die CD-ROM zu suchen, ins Laufwerk zu schieben, dessen Start abzuwarten, das Programm zu starten, auf dessen Bereitschaft zu warten und dann nachzuschlagen. Wenn diese zeitraubende Prozedur auch noch durch irgendwelche Albernheiten in die Länge gezogen wird, greift man lieber zum schnellen, stummen gedruckten Werk.

Und dann fragen wir uns, ob es pädagogisch wirklich richtig ist, jede abgeschlossene Übungsreihe mit Computerspielchen zu belohnen, von denen sowieso keines mit richtigen Spielen konkurrieren kann. Damit sagt man dem Kind doch unausgesprochen: Wir finden auch, dass diese Übungen blöd sind, aber wenn du sie trotzdem machst, darfst du hinterher ein Computerspiel machen. Liegt denn der Lohn des Lesenlernens nicht im Lesenkönnen?

Was unseres Erachtens ebenfalls kaum bedacht oder zumindest unterschätzt wird: Kinder wollen sehen, was sie bewältigen müssen, und sehen, was sie bewältigt haben. Bei einem Übungsheft gelingt das auf den ersten Blick: Aha, das ist ja ganz schön dick, da gibt es ja eine ganze Menge zu tun. In der Mitte des Schuljahres sehen die Kinder, was sie schon geleistet haben, und wie viel noch zu tun übrig bleibt. Am Ende des Schuljahres sehen sie: Uff, jetzt haben wir es doch tatsächlich geschafft, dieses dicke Heft ganz durchzuarbeiten. Danach stellt sich das für die Entwicklung und Motivation des Kindes wichtige Gefühl ein, auf der Treppe des Lernens eine ganze Stufe höher gestiegen zu sein. Und von der Höhe dieser Stufe hat das Kind einen sinnlichen Eindruck.

Einer CD-ROM sieht man nicht an, wie «dick» sie ist. Befindet sich darauf ein komplexes Programm wie Addy, können Kinder leicht mutlos werden, weil sie den Eindruck haben, das

Ganze ist unerschöpflich, sie werden damit nie an ein Ende kommen und sich darin verlieren. Das Programm listet ihnen zwar auf, was sie schon alles geübt und erledigt haben, aber diese Liste vermittelt dem Kind keinen sinnlichen Eindruck von der Größe seiner geleisteten und noch zu leistenden Arbeit.

Fragwürdig finden wir auch die Pseudoreaktionen der Comicfiguren. Auch die besten Programme können nicht verbergen, dass ihre Tims und Addys keine dem kindlichen Wesen ebenbürtigen und angemessenen Figuren sind, sondern ziemlich primitive Maschinchen, die bei aller Komplexität des Programmieraufwands dennoch relativ einfache Routinen abspulen. Und die Kinder merken das. Sie merken, dass Addy nur vortäuscht, intelligent zu sein und individuell auf das Kind einzugehen.

So hat unsere Tochter beispielsweise durch einen ganz einfachen Trick geprüft, wie intelligent Addy wirklich ist. Nach dessen Installation muss der Schüler sein Geburtsdatum angeben. Addy kommentiert das, indem er etwas zum Geburtsmonat sagt, beispielsweise bei im Mai geborenen: «Oh, du bist ein Kind des Frühlings.» Unsere Tochter gab nun ganz bewusst ihr Geburtsjahr mit 2000 an und wählte anschließend den Schulstoff der vierten Klasse. Addy merkte nichts, fragte nicht, wie es möglich ist, dass eine Einjährige vorm Computer sitzt und nach Stoff der vierten Klasse verlangt. Addy spulte stur sein «Kind des Frühlings» ab. Und das fand unsere Tochter dann so blöd, dass sie sich mit diesem Addy nicht mehr weiter beschäftigen wollte.

Spot und der Außerirdische

Natürlich: Die Entwicklung befindet sich noch im Babystadium. Mehr Komplexität ist derzeit nicht zu haben, und in zehn Jahren sieht das schon ganz anders aus. Dann darf man aber nicht so tun, als leisteten die Programme schon heute, was sie erst in zehn Jahren können. Insgesamt haben wir den Eindruck: Die Entwickler solcher Programme gehen mit viel Mühe, Spaß und Begeisterung ans Werk. Ihr Bestreben, das Lernen mit Lust zu verbinden, die Möglichkeiten des Computers zu nutzen, um Interesse zu wecken und zu motivieren, verdient Unterstützung. Aber wir finden, sie lassen sich mehr von den technischen Möglichkeiten des Mediums mitreißen als von der Psyche der Kinder.

Und sie sollten ehrlicher werden. Es gibt eine große Diskrepanz zwischen Aufmachung und Inhalt zahlreicher Lernprogramme. Weil die Kinder wegen der fetzigen Optik meinen, es mit einem Computerspiel zu tun zu haben, suchen sie nach der Pointe des Spiels, beschäftigen sich mehr mit den Comics, den Bildern, dem Sound und der meist dürren Rahmenhandlung, in die das Programm eingebettet ist, als mit den Aufgaben und dem, was eigentlich gelernt werden soll. Irgendwann durchschauen sie die Absicht und sind verstimmt.

Mit nichts als Spaß und Unterhaltung zu lauter Einsern in der Schule – das suggerieren die Hersteller solcher Programme den Schülern und Eltern. Und mit der Verpackung und Aufmachung verstärken sie die Hoffnung auf Lernerfolge ohne Mühe. Weil aber Pauken nie besonders lustvoll und richtiges Lernen immer auch mit Anstrengung und Mühe verbunden ist, programmieren solche Lernprogramme vor allem eins: Frust.

Der Effekt ist, und das haben wir bei unseren Kindern beobachtet, dass sie nach zweistündiger Suche nach versteckten Reizen und kleinen Spielen, die tatsächlich fast jedes Programm als Belohnung nach längeren Übungsstrecken offeriert, lustlos ein paar Übungen hinter sich bringen und sich dann mit dem hundert Mark teuren Produkt nie mehr auseinander setzen.

Den Effekt rasch abnehmenden Interesses beobachten wir aber auch an anderen Kindern, und das liegt nicht nur daran, dass der Computer seinen Reiz verloren hat, weil er schon fast zur Kinderzimmer-Ausstattung gehört, sondern das liegt auch am programmierten Frust der Lernsoftware.

Die ewigen Additionen, Multiplikationen und Divisionen der Mathematikprogramme unterscheiden sich ja in nichts von denen, die als Hausaufgaben in den Büchern und Übungsheften stehen. Zwanzig lange Übungsaufgaben in den Grundrechenarten hinter sich zu bringen ist mit dem Computer zwar nicht ganz so langweilig wie mit dem Schulheft, aber unterhaltsam und spannend ist es noch lange nicht.

Warum aber soll ein Kind freiwillig noch einmal zwanzig Übungen am Computer machen, wenn es zuvor schon zwanzig Rechenaufgaben im Übungsheft der Schule gelöst hat? Welches Kind setzt sich, nachdem es zwei Stunden lang die Hausaufgaben erledigt hat, anschließend vor den Computer, um noch einmal das Gleiche zu machen? Wenn unsere Kinder das wollten – wir ließen sie nicht einmal. Nach fünf Stunden Schule und zwei Stunden Hausaufgaben sollen sie endlich raus an die frische Luft, sich bewegen und mit ihren Freunden spielen.

Deshalb ist es sinnlos zu glauben, mit Lernsoftware die Schulleistungen seiner Kinder steigern zu können. Dies gelänge allenfalls um den Preis, sie am Spielen zu hindern und nach Erledigung der Hausaufgaben an den Computer zu zwingen.

Ganz anders sähe die Sache aus, wenn die Lernprogramme in den Unterricht integriert und die Hausaufgaben zu Hause am Computer erledigt werden könnten. Dann hätte das Lernen am PC allerdings ein paar kleine Vorteile.

Ein gutes Programm hat auch dem besten Buch einiges voraus, zum Beispiel die Multimedialität und die Interaktivität.

Ein Buch ist stumm und reglos, besteht aus viel Text und

wenig Bildern. Ein Programm liest vor, begleitet Bilder mit Musik und Gesang, zeigt Videos und Trickfilme, motiviert und animiert.

Stummer Text zwischen zwei Buchdeckeln muss kein Nachteil sein. Wenn der Text gut ist, dann bleibt er weder stumm noch reglos, sondern produziert Bilder und Bewegung im Kopf. Darum ist Lesen eine aktive Beschäftigung, und darum bleibt Lesen lebenswichtig und bildet überhaupt erst die Voraussetzung, um Multimedia-Programme nutzen zu können, denn auch diese erfordern Lesefähigkeit.

Und Multimedialität muss kein Vorteil sein. Wenn in einem Lernprogramm Text, Sprache, Bild, Video und Trickfilm nicht sorgfältig aufeinander abgestimmt sind, lenken sie nur ab und produzieren Lärm und Leere im Kopf. Dann ist Multimedia, wie schlechtes Fernsehen, passive Berieselung.

Aber es gibt Lernstoff, der am Computer einfach besser vermittelt werden kann. Abstraktes oder schwer Verständliches lässt sich anschaulicher darstellen. Die Abbildung eines Ottomotors im Buch kann noch so gut sein, so effektiv wie ein Trickfilm über die sich bewegenden Kolben und deren Übertragung auf die Nockenwelle ist auch die beste Abbildung nicht. Was eine Mondfinsternis ist, was eine Sonnenfinsternis, wie sich beide unterscheiden und was sich dabei eigentlich abspielt im Weltraum, das kann man durch kleine Filme, Zeichentrick und Animationen viel besser darstellen als durch stumme Texte und Bilder im Buch.

Der Computer ermöglicht besser als Buch und Übungsheft, das Mühsame des Übens und Wiederholens mit Spaß und Spannung zu lindern. Man erzähle einem Kind: Das ist Spot, er ist von einem bösen Außerirdischen entführt worden. Du kannst Spot aber befreien, wenn du dich jetzt in diese Rakete setzt, in den Weltraum fliegst und Spot suchst. Um ihn zu finden und zu befreien, um Treibstoff zu tanken und deine Raumkapsel gegen Meteoriten und Strahlung zu schützen, musst du aber unterwegs verschiedene Rechenaufgaben lösen.

Das Kind wird von seiner Mission so erfüllt sein, dass es eine Zeit lang vergisst, dass Rechnen blöd ist. Es wird die Aufgaben zunächst einfach lösen wollen, weil es Spot befreien will – bis es wieder merkt, dass Rechnen ja eigentlich blöd ist. Aber bis dahin hat es vielleicht ein bisschen ausdauernder und ein bisschen weniger lustlos geübt als auf dem Papier mit Buch und Heft.

Ein Buch kann nicht auf den Lernenden reagieren, aber das Programm kann es, und der Lernende kann wiederum auf das Programm reagieren. Wenn das Kind im Übungsheft eine Aufgabe falsch löst, bleibt das Heft stumm und kann nicht sagen: Rechne noch einmal nach, dein Ergebnis stimmt nicht. Darum kann interaktives Lernen am PC effizienter sein als Lernen durch Lesen und Schreiben.

Ein weiterer Vorteil des Lernprogramms: Es passt sich dem Lerntempo jedes Einzelnen an. Die 20 bis 30 Schüler in einer Schulklasse lernen unterschiedlich schnell. Daher muss sich der Lehrer am Durchschnitt orientieren, mit dem Effekt, dass die Langsamen nur schwer mitkommen und sich die Schnellen rasch langweilen.

Bei Lernprogrammen dagegen bestimmt nicht der Durchschnitt das Tempo, sondern der einzelne Schüler. Der Schnelle lernt schnell und langweilt sich nicht, der Langsame lernt langsam und fühlt sich nicht abgehängt.

Und noch etwas hat das Programm dem Lehrer und Eltern voraus: Es ermüdet nicht. Es fragt, wenn es sein muss, die Vokabeln drei-, vier und fünfmal ab, erklärt die sechsmal erklärte Rechtschreibregel auch ein siebtes Mal, und niemand kriegt es mit. Der Begriffsstutzige wird nicht blamiert, bemitleidet oder getadelt, aber bei jedem kleinen Fortschritt gelobt und motiviert, weiterzumachen.

Beim Erklären sind den bis jetzt existierenden Programmen allerdings enge Grenzen gesetzt. Wenn ein Kind einen Fehler macht, meldet das Programm: falsch. Macht das Kind den gleichen Fehler ein zweites Mal, müsste das Programm nun eigentlich eine Hilfe anbieten. Schlechte Programme verweigern diese Hilfe. Bessere Programme liefern sie.

Was aber, wenn die Hilfe nicht weiterhilft und das Kind zum dritten Mal den gleichen Fehler macht? Auch die besten Programme sind noch nicht in der Lage, wie ein Lehrer das besondere Problem eines Kindes zu erkennen und darauf angemessen zu reagieren. Stattdessen reagieren die Programme mit der nervtötenden Wiederholung jener Hilfe, die schon beim ersten Mal nicht geholfen hat. Irgendwann gibt das Kind dann auf oder muss die Eltern holen.

Man soll also von Lernprogrammen nicht erwarten, dass sie den Lehrer ersetzen könnten. Nicht einmal besonders entlasten können sie ihn. Das mag sich in den nächsten Jahrzehnten ändern, wenn die Technik voranschreitet, aber jetzt und in den nächsten zehn Jahren sind Lernprogramme Übungs-Programme. Beibringen können sie einem nichts. Wer hofft, von solchen Programmen Mathematik so gut erklärt zu bekommen, dass er sie endlich kapiert, hofft vergebens. Der schlechteste Mathematiklehrer ist besser als das beste Mathematikprogramm.

Überhaupt wird die Interaktion zwischen Mensch und Maschine immer schlechter sein als die zwischen Mensch und Mensch. Die Maschine lacht nicht mit, wenn ein Kind lacht. Der Computer streichelt, tröstet, beruhigt nicht, wenn das Kind weint. Auch wenn er scheinbar intelligent reagiert – er bleibt ein seelenloses Maschinchen, das menschliche Regungen allenfalls simulieren kann und es deshalb erst gar nicht versuchen sollte.

Eine Revolution des Lernens, von der die Medien seit Jahren reden, vermögen wir nicht zu erkennen. Aber es besteht kein Zweifel: Der Computer ist ein interessantes Lehr- und Lernmittel, mit dem sich Teile des Unterrichts gut unterstützen lassen. Der Computer kann die Arbeit des Lehrers ergänzen und erleichtern und das Lernen etwas unterhaltsamer und individueller gestalten. Die Frage ist, ob dieser Nutzen die Kosten aufwiegt. Im nächsten Kapitel rechnen wir nach.

LEHRER ODER LAPTOP

Bundesbildungsministerin Edelgard Bulmahn hatte vor einiger Zeit von ihrem Vorhaben berichtet, jeden Schüler mit einem Notebook auszustatten. Sie steht mit diesen Plänen keineswegs allein. Auch die rheinland-pfälzische FDP-Landtagsfraktion will jeden Schüler des Bundeslandes mit einem Laptop beglücken. Die dortigen Grünen antworteten darauf, dass sie das schon viel früher gefordert hätten.

Die Bundes- und Landespolitiker aller Parteien überbieten derzeit einander in ihren Forderungen nach Notebooks, Internetanschlüssen und Computern für Schüler, Lehrer und Schulen. Das gehört heute zum guten Ton. Nachgerechnet hat aber anscheinend noch keiner.

Ein halbwegs gutes Notebook mit ordentlichem Display, stabiler Tastatur, Modem, Sound und DVD-ROM-Laufwerk kostet ungefähr 5000 Mark. Vielleicht bekäme Frau Bulmahn, da sie ja en gros einkaufte, das Notebook schon für 3000 Mark. Das wären dann bei rund 12 Millionen Schülern 36 Milliarden Mark. Die 750 000 Lehrer sollten natürlich auch mit Notebooks versorgt sein, was weitere 2,25 Milliarden Mark erfordert.

Da ist dann allerdings noch kein Drucker dabei. Auch keine Software. Die Integration des Computers in den Unterricht erfordert die Installation eines Schul-Netzwerks. Es entstehen also Kosten für den Server, für Backupsysteme und für die Verkabelung von 40 000 Schulen. Und für die Schüler-Notebooks braucht es eine PC-Card für den Anschluss ans Netzwerk. Ein paar Scanner, digitale Kameras, Camcorder und CD-Brenner für jede Schule wären auch nicht schlecht.

Wenn wir sehr vorsichtig schätzen und die zu erwartenden Mengenrabatte berücksichtigen, käme Frau Bulmahn vielleicht mit 40 Milliarden Mark knapp hin. Dabei wird es aber nicht bleiben, denn man weiß ja, dass Schüler manchmal einen etwas rauen und nachlässigen Umgang mit ihren Sachen pflegen. Man wird also damit rechnen müssen, dass etliche hunderttausend Notebooks pro Jahr in die Brüche gehen, im Zug liegen bleiben oder geklaut werden und ersetzt werden müssen.

Außerdem braucht das Schul-Netzwerk einen Systemadministrator, besser wären aber zwei, weil ja der eine mal krank werden oder aus anderen Gründen ausfallen kann. Und einen Sinn ergibt das Ganze erst, wenn die Lehrer wissen, wie sie die Notebooks optimal für den Unterricht einsetzen. Sie werden also aus- und fortgebildet werden müssen.

Wie viel das alles am Ende wirklich kosten wird, wissen wir nicht, aber jedenfalls wird der Betrag deutlich über unseren sehr vorsichtig geschätzten 40 Milliarden Mark liegen. Wir haben auch schon die Zahl 84 Milliarden gehört.

Ob nun 40 oder 84, dabei bleibt es nicht. Dazu kommen noch die jährlichen Folgekosten für den Internetanschluss, die Telefongebühren, die Gebühren für den Provider, den Ersatz leerer Tintenpatronen und Toner-Kartuschen, für regelmäßige Hardware-Nachrüstungen und Software-Aktualisierungen und für die neuen Notebooks für die nachrückenden Schüler. Und da ein Notebook erfahrungsgemäß nach vier Jahren komplett veraltet ist und wegen fehlender Teile und neuer Standards auch nicht mehr nachgerüstet werden kann, verschleißt ein Abiturient im Laufe seines Schülerlebens drei Notebooks.

Ist das Geld dafür denn wirklich da? Und wenn ja, sollten wir es dann auch ausgeben?

In diesem Zusammenhang ist eine Meldung aus dem wirtschaftlich prosperierenden Bayern interessant, wo die Staatsregierung kürzlich nachgerechnet hat, wie viel Geld sie eigentlich für den geplanten Ausbau der Ganztagsschulen und Kinderkrippen benötigt. Die Regierung kam auf einen Betrag von rund einer Milliarde Mark. Und erklärte, sie habe hundert Millionen zur Verfügung.

Wenn der reiche Freistaat nur hundert Millionen für Ganztagsschulen übrig hat, wie viel oder wie wenig hat er dann wohl für die PC-Ausstattung übrig? Und wie viel Pfennige wird das arme Berlin zusammenkratzen können, nachdem im Hauhalt ein Loch von sechs Milliarden zu stopfen ist?

Sind 40 Milliarden Mark nicht ein bisschen viel Geld für die begrenzten Steigerungen des Lerneffektes durch Computer? Ließe sich der Lerneffekt nicht viel deutlicher steigern, wenn wir die Zahl der lernschwachen, nervösen und auffälligen Schüler reduzieren würden? Und könnten wir diese Zahl vielleicht dadurch reduzieren, dass wir die 40 Milliarden Mark in mehr Lehrer, Ganztagsschulen, Jugendarbeit, Hausaufgabenbetreuung, Begabtenförderung, Kindergärten und Familienförderung stecken?

Die Hauptursache der Bildungsmängel unserer Schüler liegt nicht in der mangelnden Computerausstattung unserer Schulen. Sie liegt in den Mängeln unserer Erziehung und unseres Umgangs mit Kindern.

SCHULEN ANS NETZ?

Ach, das Internet, der Computer – das sind doch bloße Lernmittel, sagt noch immer so mancher Lehrer auf mancher Elternversammlung und erinnert die Sprachlabors, die in den siebziger Jahren kurzzeitig Furore machten und dann rasch verstaubten. Diese Fehleinschätzung ist noch fataler als das andere Extrem, der Glaube an das Internet als Heilsinstrument. Wer meint, das Internet sei viel zu unbedeutend, als dass man sich mit ihm näher auseinander setzen sollte, wird nicht mehr in der Lage sein, an der Gestaltung der Zukunft mitzuwirken, die eine Zukunft mit dem Internet sein wird.

Mit den Unterschätzern muss man sich aber heute nicht mehr auseinander setzen. Sie sind aus der öffentlichen Diskussion längst abgemeldet. Die Überschätzer beherrschen das Feld. Sie verkünden ihre überzogenen Erwartungen ans Internet mit solcher Inbrunst, dass wir schon manchmal Züge eines kollektiven Massenwahns darin zu erkennen glauben – ein Wahn, der offenbar immer weitere Kreise zieht und sogar solche Menschen befällt, die man dagegen gefeit wähnte.

Rainer Langhans zum Beispiel, der Nackte aus der legendären «Kommune 1», hatte sich neulich bemüßigt gefühlt, uns wissen zu lassen, dass er auch schon drin sei. Er hat uns auch gleich erklärt, was das Internet sei, nämlich ein Beweis, dass es keine Grenzen mehr gebe, dass «um uns alles Liebe ist». Das Internet sei eine Nachbildung des alten Spirits von 68, mit dem Unterschied, dass «nicht nur ein Mensch oder eine Region erleuchtet wird, sondern die ganze Welt eingehüllt ist in einen spirituellen Dampf».

Der Dampf benebelt leider nicht nur verrückt gewordene 68er, der Dampf umhüllt auch die Köpfe von Politikern, Unternehmern, Managern, Wissenschaftlern und Philosophen. Schon zählt der Wirtschaftsminister Müller seine Internet-Angeschlossenen in Deutschland und kommt zu dem Besorgnis erregenden Ergebnis: In Finnland sind es mehr. Müller etabliert damit einen neuen Maßstab für den wirtschaftlich-kulturellen Entwicklungsstand eines Landes, und nach diesem Maßstab hinken wir in Europa hinterher. Die Finnen und die Norweger eilen uns voraus.

Auch auf Weltwirtschaftsgipfeln wabert der Dampf. Da haben die Politiker dieser Welt Afrikas fehlenden Internetanschluss als größtes entwicklungspolitisches Problem entdeckt und sofort beschlossen, Afrika und den ganzen Rest der Dritten Welt heimzuführen ins Gelobte Land der virtuellen Welten.

Möglicherweise hätten die Leute in der Dritten Welt vielleicht lieber zuerst einen Trinkwasseranschluss, ein bisschen was zu essen und die nötigsten Medikamente gegen Aids, Lepra, Malaria und die anderen üblichen Krankheiten, vielleicht auch ein paar Schulen, eine freie Presse und demokratische Regierungen. Aber wenn sie erst mal ans Netz angeschlossen sind, können sie ja das Selters, die Pizza und die Arznei online ordern, das gentechnisch manipulierte Saatgut obendrein, und Schulen braucht es dann auch nicht mehr. Denn mit seinem Laptop kann jeder Buschmann an jeder virtuellen Universität studieren, und danach werden sich die Völker über das Internet selbst regieren.

Nathan Myhrvold, Chef der Forschungsabteilung bei Microsoft, sieht durch das Internet erst die wahre Demokratie ausbrechen: «Im Grunde geht es bei der digitalen Revolution um die Ermächtigung der Menschen. Es geht darum, ihnen zu ermöglichen, ihr Leben in die Hand zu nehmen, Kontrolle über die Information in ihrem Leben zu gewinnen. Sie können besser als je zuvor miteinander kommunizieren, sich öffentlich artikulieren. Computer sind die demokratischste und egalitärste aller Technologien.»

Auch deshalb müssen die Schulen ans Netz, heißt es. Schüler sollen frühzeitig lernen, wie sie sich über das Internet an demokratischen Entscheidungsprozessen beteiligen können.

Wahr daran ist: Jeder Empfänger kann jetzt auch senden, jeder kann der Welt ungefiltert mitteilen, was er weiß, sieht, denkt und hört. Und jeder kann sich weltweit über alles informieren, was er wissen möchte. Deshalb laufe die Kommunikationsrevolution auf Individualisierung, also die Stärkung des Einzelnen hinaus, kann man überall dort hören, wo über die Chancen der neuen Technologien debattiert wird. Bricht jetzt ein neues athenisches Zeitalter an?

Wer seine Maus sattelt und ins Internet einreitet, merkt nichts davon. Schon am Eingang, dem so genannten Portal – das mit dem Portal einer Kirche nichts, mit dem Eingang zu einem Kaufhaus viel zu tun hat – brüllen ihn optisch Dutzende von Marktschreiern an, doch mal hierhin oder dorthin zu klicken. Man hält fast automatisch seine Taschen zu und tastet nach seinem Portemonnaie, um sich zu versichern, dass es noch da ist.

Es wird also nicht der mündige, demokratische Staatsbürger angesprochen, wenn er sich irgendwo einklickt, sondern der Konsument, und der wird ziemlich gelinkt. Nicht um Aufklärung, Politik und sachliche Information geht's im Netz, sondern um Verkauf und Anmache.

Zwar werden Millionen Informationen angeboten, aber in den seltensten Fällen erfährt man, wer dahinter steckt: Sind es neutrale Redaktionen oder stecken Marketing-, Werbe- und PR-Agenturen hinter den scheinbar neutralen Informationen? Hat man es mit einem seriösen Anbieter zu tun oder mit halbseidenen Klitschen oder professionellen Betrügern? «Gefälschte Richtpreise und Preisvergleichsdienste, die im geheimen Auftrag fester Partner recherchieren, um die Kunden dann immer an die gleichen Unternehmen zu vermitteln», seien im Internet «de facto eher die Regel als die Ausnahme», schreibt das Computermagazin c't.[1]

Kommuniziert wird also, wie immer, von oben nach unten. Der elektronische Briefkasten, über den man selber etwas mitteilen kann, ändert daran prinzipiell wenig. Briefe schreiben konnte man ja auch vor der Internetzeit schon. Die wurden dann von irgendwelchen Referenten routinemäßig und mit vielen Standardfloskeln und Textbausteinen beantwortet, früher mit der gelben Post, jetzt billiger mit der elektronischen.

Auch der Polit-Promi, mit dem man gelegentlich chatten kann, ist nichts prinzipiell Neues, sondern die kostengünstige und zeit- und materialsparende Verlagerung des Infostands von der Fußgängerzone ins Computernetz. Hier wie dort geht's nicht um den Einzelnen, sondern um Marketing, PR, Propaganda und Agitation.

Das Internet löst ein Problem, das wir gar nicht haben, nämlich Informationsmangel, und schafft ein Problem, das wir ohne Internet nicht hätten, nämlich Informationsüberflutung. Was wirklich interessant wäre, steht leider auf keiner einzigen der hundert Millionen Websites. Die Namen von Kohls Parteispender, was Hessens Ministerpräsident Koch über die Machenschaften seiner Hessen-CDU wirklich gewusst hat oder wen der Waffenhändler Schreiber mit welchen Summen bestochen hat, finden wir im ganzen Internet nicht.

Trotzdem muss das Demokratie- und Informations-Argument noch immer als eine der Hauptbegründungen herhalten für die Forderung «Schulen ans Netz». Auch Philosophen, Soziologen, Politologen und Medientheoretiker predigen den Anschluss und lehren alle Völker, was das Internet sei: ein Parallel-Universum, die Erfüllung postmoderner Prophezeiungen, das Ende der Gutenberg-Galaxis, ein globales Gehirn, eine Jobmaschine, ein Wachstumsmotor, der uns einen Boom ohne Ende bescheren wird, dazu den Frieden auf Erden und allen Demokraten ein Wohlgefallen.

Von dieser Massenpsychose konnte natürlich auch die Börse nicht verschont bleiben. Internet-Klitschen, die noch nie eine Mark verdient hatten, waren plötzlich mehr wert als General Motors oder Bayer. Die Börsianer waren dann aber auch die ersten, die von der Psychose geheilt wurden. Die Börse hat inzwischen die Wende zum Realismus vollzogen. Es wird Zeit, dass sich der Rest des Zuges der Börse anschließt.

Auch danach bleibt wahr, was vorher schon stimmte: Das Internet pflügt die Welt um. Wer verhindern will, dass er untergepflügt wird, sollte über das Internet Bescheid wissen und sich darin auskennen. Aber es ist nicht nötig, schon Vierjährige vor den Computer zu setzen. Es ist nicht nötig, Grundschüler ans Netz zu hängen. Und selbst Achtklässlern widerfährt keinerlei Schaden, wenn sie noch nicht mit Powerpoint umgehen können.

Die wenigen Mausklicks, die zur Bedienung eines Programms nötig sind, lernt man schnell, und viel Zeit in ihr Erlernen zu investieren lohnt nicht, da sie mit dem nächsten Programm wieder veraltet sein werden. Was damit gelernt und wieder vergessen würde, wäre «Wegwerf-Wissen, Junk-Knowledge», sagt der Medienforscher Peter J. Brenner.[2]

Kinder zu früh an den Computer heranzuführen kann sogar gefährlich sein, warnt Brenner, denn der so genannte Hypertext in Computerprogrammen und im Internet ist völlig anders strukturiert als ein Buch. Während man dieses zielgerichtet von vorne nach hinten durcharbeitet, weil die Reihenfolge der Lektionen logisch aufeinander aufbaut, kommt man im Hypertext immer wieder an sogenannte Sprungstellen (Hyperlinks), wo sich der Text in verschiedene Richtungen verzweigt und es dem Einzelnen überlassen bleibt, welche Richtung er einschlägt.

Diese Struktur des Hypertextes erschwere es, sich systematisch zusammenhängendes Wissen anzueignen, sagt Brenner. Der Einzelne könne sich so in einem Meer unzusammenhängender und unstrukturierter Informationen verlieren. Während durch das Lernen aus Büchern logisches, lineares, zielgerichtetes Denken gefordert und gleichzeitig geschult werde, verführe der Hypertext zu sprunghaftem Denken. Richtig umgehen könne man daher mit Hypertext erst, wenn zuvor das zielgerichtete Denken erlernt worden sei, sagt Brenner.

Internet und Computer setzen also die Techniken und gewisse mentale und kognitive Fähigkeiten der Gutenberg-Kultur voraus: die Fähigkeit, Wichtiges von Unwichtigem, nützliche von unnützen und zuverlässige von unzuverlässigen Quellen unterscheiden zu können. Diese müssen zuerst erworben werden, dann erst ist ein Schüler reif für den Computer.

«Auffällig werden diese Fähigkeiten erst, wenn sie fehlen, und das ist bei der jetzt langsam die Universitäten betretenden Generation der Fall – der Generation @+1. Die Netzgeneration nimmt es mit der Genauigkeit nicht mehr so genau.»[3] Diese Generation wisse, dass der Computer auf scharfe Fragen meist keine Antwort gibt und auf unscharfe den Fragesteller mit Informationen erschlägt. Daraus werde dann wahllos ausgewählt. Die Frage nach dem Wert der Information sei egal, denn diese Generation wisse ja auch: Die durchschnittliche Verweildauer einer Website im Netz beträgt 40 Tage – Wissen mit eingebautem Verfallsdatum.

Davon sollten wir Schüler möglichst lange verschonen. Lesen, Schreiben, Rechnen sind und bleiben die basalen Kulturtechniken. Sprechen, Malen, Zeichnen, Gestalten, Singen, Musizieren, Spielen und Tanzen haben für die Bildung des Menschen auch im Informationszeitalter eine höhere Bedeutung als das Herumklicken mit der Maus im Internet-Explorer.

Surfen kann ein durchschnittlich intelligenter Mensch innerhalb von fünf bis zehn Minuten lernen. Danach wird er in der Lage sein, beim Otto-Versand eine Bestellung aufzugeben. Medienkompetenz hat er sich damit nicht erworben.

Die erwirbt er in Deutsch, Gemeinschaftskunde und Religion und Geschichte, sofern die Lehrer das Internet und die übrigen Medien als gesellschaftliches Phänomen berücksichtigen. Wird es nicht berücksichtigt, nützt Computerunterricht überhaupt nichts. Der Bildungswert der bloßen Fähigkeit, einen Computer zu bedienen, ist gleich null.

Wer sich in dieser immer schneller und immer komplizierter werdenden Welt behaupten will, muss auf festem Boden stehen – auf dem Boden einer breiten literarischen, historischen, wissenschaftlichen und musischen Bildung, also auf der Grundlage klassischer Bildungsziele.

Wer also seine Kinder fit für die Zukunft machen will, der achte auf gute Noten in Deutsch, Mathematik und Sprachen.

MUT ZUR ERZIEHUNG

DAS ERBE VON 1968

«Deutsche sollen Kinder strenger erziehen», titelte die *Bild*-Zeitung Anfang Mai des Jahres 2001 und zeigte ein Foto von Bundeskanzler Gerhard Schröder und dessen Ehefrau Doris Köpf. Köpf hatte in einem aufsehenerregenden Interview gefordert, Kinder wieder mehr zu erziehen und ihnen Werte zu vermitteln. Pflichtbewusstsein, Fleiß, Aufrichtigkeit, Hilfsbereitschaft, Verlässlichkeit, Anstand, richtiges Benehmen – das seien für sie keine konservativen Klischees, sondern «Tugenden und Werte, die wir von Generation zu Generation weitergeben müssen».

Das Echo in der bundesdeutschen Öffentlichkeit und an den Stammtischen war überwiegend sehr positiv. Auch von der Prominenz: Bayerns CSU-Ministerpräsident Edmund Stoiber stimmte genauso zu wie Nordrhein-Westfalens SPD-Ministerpräsident Wolfgang Clement. Rudi Völler war dafür, das Ehepaar Thea und Günter Jauch und Johannes B. Kerner. Die Mit-Autorin dieses Buches ebenfalls. Alle waren sich mehr oder weniger einig, die Kinder möchten bitte schön wieder «Bitte» und «Danke» sagen, mit fünf Mark Taschengeld auskommen, spätestens um 20 Uhr im Bett liegen und Handys frühestens ab dem 14. oder 16. Lebensjahr benutzen.

Müssen wir zurück zu den alten Werten und zu den deutschen Tugenden von gestern, um in der Welt von morgen zu bestehen? War denn wirklich alles Unsinn, was die 68er-Generation in der Erziehung gefordert und praktiziert hat?

Ein prominenter Vertreter dieser Generation, Oskar Lafontaine, hat in den achtziger Jahren in der SPD noch punkten können, als er die deutschen Tugenden, die der damalige SPD-Kanzler Helmut Schmidt einforderte, als «Sekundärtugenden» abwertete, «mit denen man auch ein KZ betreiben kann». Lafontaine hat damals mindestens so viel Beifall für seine Polemik gegen Sekundärtugenden erhalten wie Doris Köpf heute für deren Verteidigung. Wer hat denn nun recht, Lafontaine oder Köpf? Oder beide?

Zunächst einmal wohl Lafontaine. Das Pflichtbewusstsein und die Verlässlichkeit deutscher Soldaten und Beamten, die pünktliche deutsche Bahn auf dem Gleis nach Auschwitz und der Gehorsam der Aufseher im KZ und in der Armee führte zwischen 1933 und 1945 zu tödlichen Konsequenzen, insbesondere für die Juden.

Die Lehrer der 68er waren noch Zeugen dieser selbst verschuldeten deutschen Katastrophe und vielleicht auch Täter, zumindest Mitläufer. Doch sie blieben zumeist stumm. Ob sie Täter waren oder nur Mitläufer, sie fühlten sich als Opfer, von Hitler missbraucht, also schuldlos. Es war ihnen nicht wohl bei dieser Lebenslüge, mit der sie nur herausrückten, wenn sie explizit nach den Jahren zwischen 33 und 45 gefragt wurden. Lieber schwiegen sie.

Darum endete der Geschichtsunterricht der 68er regelmäßig mit dem ersten Weltkrieg, der Abdankung des Kaisers, Ausrufung der Republik und den deutschen Reparationszahlungen. Hitler wurde dann, wenn überhaupt, nur noch kursorisch als ein Unglück erwähnt, das schicksalhaft über die Deutschen hereingebrochen war.

Als die 68er herausfanden, was damals wirklich geschehen ist, war ihr Erschrecken groß: Die Täter und Mitläufer von damals, das sind ja unsere Eltern und Großeltern. Und unsere Lehrer, Professoren, Richter, Staatsanwälte, Politiker, Pfarrer –

fast alle waren in der Partei, lauter alte Nazis. Dieser Schock war nicht die alleinige Ursache für die 68er-Rebellion in Deutschland, aber hat sie mit ausgelöst.

Nach diesem Schock hatten die Eltern, Lehrer, Erzieher der 68er jegliche Autorität verspielt. Von denen würden sie sich nie wieder etwas sagen lassen. Vor denen wollten sie nicht mehr aufstehen, wenn sie in die Klasse kamen. Mit denen wurde nur noch abgerechnet, sehr selbstgerecht, wie wir heute wissen, aber damals im Bewusstsein eines heiligen Zornes.

Für die Tugenden und Werte ihrer Eltern hatten viele aus dieser Generation nur noch Hohn und Spott übrig. Pflichtgefühl, Gehorsam? Hättet ihr nur mal beizeiten widersprochen und den Gehorsam verweigert, dann könnten viele Juden noch leben.

Recht und Ordnung? In deren Namen konnte der furchtbare Marinerichter Filbinger unschuldige Menschen «juristisch einwandfrei» erschießen lassen.

Höflichkeit, gutes Benehmen? Das wollen uns ausgerechnet Leute beibringen, die früher «Judensau» gebrüllt und die Schaufenster jüdischer Geschäfte zertrümmert haben.

Leistung, Wettbewerb, Karriere? Wofür denn? Für die deutsche Industrie, die an Hitlers Kriegen verdient und das Giftgas für die Konzentrationslager geliefert hat? Für die Teilhabe an einem Wohlstand, der auf der «Arisierung» jüdischen Besitzes beruht und auf der Ausbeutung der Arbeitskraft jüdischer und ausländischer Zwangsarbeiter?

Schiller, Goethe, Beethoven, Bach, die humanistische Bildung, christliche Werte? Hatten viele von Hitlers Helfern im Repertoire. Die Verwandlung einer Kulturnation in ein Barbarenvolk verhinderten Goethe, Schiller & Co. nicht. Wozu also noch klassische Musik, bürgerliche Kultur, Bildung, Christentum?

Die Rebellion von 68 war ein Aufstand der Jungen gegen die Alten, noch mehr aber ein Aufstand gegen deren Tugenden und Werte. Diese hatten fast über Nacht ihre Geltung verloren. Neue Werte, neue Tugenden müssen wir uns selbst erfinden, dachten wir, und am besten gleich einen neuen Menschen dazu, damit Auschwitz nie wieder geschehen konnte.

Die Kinder der 68er sollten durch eine neue Erziehung in die Lage versetzt werden, eine bessere Welt zu gestalten, und darum musste sich alles ändern, die Ehe und die Familie, die Sexualmoral und die Schule, die Universität, der Staat, die Wirtschaft und die ganze Gesellschaft.

In den Kinderläden galten keine Regeln, sondern das Lustprinzip. Spielt, was ihr wollt, lernt, was ihr wollt, entwickelt euch frei von Zwängen, lebt eure kindliche Sexualität aus. Glückliche Kinder sind friedliche Kinder, glaubten die 68er. Friedliche Kinder würden in der Lage sein, untereinander Regeln auszuhandeln und ihr Zusammenleben selber zu organisieren.

Die Erziehung zur Sauberkeit, zum frühen «Aufs-Töpfchen-Gehen», stand im Verdacht, nur verklemmte, geizige, «anal fixierte Charaktere» hervorzubringen. Wann das Kleinkind aufs Töpfchen geht, hatte es darum selbst zu bestimmen. Zwang und Repression, gar Strafen, waren strengstens untersagt. So etwas konnte die Exkommunikation aus der WG und aus dem Kinderladen nach sich ziehen.

Eingebettet waren die Theorien einer antiautoritären Erziehung in die damalige Mode, die Umwelt für die Entwicklung eines Menschen verantwortlich zu machen. Erbanlagen, Dispositionen, die Existenz von Genen erkannte man zwar an. Die dominierende Rolle spielte aber die Umwelt. Diese könne gute Anlagen fördern und verstärken und schlechte leicht überwinden oder korrigieren.

Kinder waren als von Natur aus unschuldige Wesen zu behandeln. Wenn die äußeren Umstände es sind, die alles bestimmen, dann muss man sie ändern und nicht den Menschen. Nicht-Erziehung war das pädagogische Programm, Gewährenlassen die erzieherische Konsequenz.

In einer guten, vernünftigen, freiheitlichen Umwelt würden Kinder sich ganz von selbst zu guten, freien, vernünftigen Menschen entwickeln, glaubten viele, die – erfüllt von ihrer Mission – fürs Lehramt studierten und massenhaft in den Schuldienst strebten. Konflikte wollte man ausdiskutieren. Ein großer pädagogischer Optimismus verbündete sich mit einem optimistischen Menschenbild zu einer Art Allmachtsphantasie. Nie wieder Auschwitz – das war eines der großen Leitmotive der Pädagogik nach 68.

Drei Jahrzehnte später schrieb Florian Illies, Jahrgang 1971, seine «Generation Golf» habe «das Thema Nationalsozialismus zwischen dem dritten und dreizehnten Schuljahr mindestens achtmal auf dem Lehrplan stehen» gehabt. «(Diese) Filme über die Schrecken der Konzentrationslager und die verführerische Demagogie Hitlers, den Russlandfeldzug und die Befreiung 1945 habe ich ungefähr achtzehnmal gesehen, nicht nur in Geschichte, sondern auch in Religion und im Deutschunterricht, als wir Paul Celans Todesfuge durchnahmen. Auch war die Reise zum Konzentrationslager Dachau obligatorisch», schreibt Illies.[1]

Das Böse muss man bannen. Aufklärung, permanente Erinnerung an das Böse, seine Vergegenwärtigung, das seien die besten Mittel gegen die Wiederkehr des Bösen – glaubte der 68er-Lehrer, glaubte die politisch korrekte Öffentlichkeit. Und führte die Jugend ins KZ, in die Wehrmachtsausstellung, in die Synagoge – in der Überzeugung, das Ergebnis werde eine Jugend sein, die für immer gegen jede Art von Hitlerei gefeit ist.

Dann zeigte das Fernsehen Bilder von brennenden Asylantenheimen. Der ganze pädagogische Overkill der 68er hat uns nicht vor der Wiederkehr des Bösen bewahrt. Auch der verordnete Antifaschismus in der DDR hat nicht verhindert, dass wieder Rechtsradikale durch unsere Städte ziehen.

Als nicht sehr erfolgreich erwies sich auch der Glaube, der Mensch sei von Natur aus gut, werde nur durch die äußeren Umstände böse und könne jederzeit wieder zum Guten erzogen werden durch Aufklärung, Information und herrschaftsfreien Diskurs – einer der großen Erziehungsirrtümer der 68er-Generation. Heute bekommen wir die Folgen zu spüren.

Das optimistische Menschenbild, dem die 68er anhingen, ist eigentlich erstaunlich, denn alle hatten Freud gelesen. Freud war – was den Menschen betrifft – zutiefst pessimistisch:

Ein gern verleugnetes Stück Wirklichkeit, so schrieb er in *Das Unbehagen in der Kultur,* bestehe darin, dass der Mensch kein «sanftes … Wesen ist, das sich höchstens, wenn angegriffen, auch zu verteidigen vermag, sondern dass er zu seinen Triebbegabungen auch einen mächtigen Anteil von Aggressionsneigung rechnen darf».

Die Existenz dieser Neigung zur Aggression, «die wir bei uns selbst verspüren, beim anderen mit Recht voraussetzen», nötige die Kultur zu ihrem Aufwand. Sie müsse alles aufbieten, um den Aggressionstrieb zu beschränken und zu kanalisieren.

Deshalb ist der Mensch erziehungsbedürftig, und er ist auch erziehungsfähig. Diese Wahrheit müssen wir heute verteidigen gegen die Erziehungspessimisten, welche die Allmacht der Gene und deren Resistenz gegen pädagogische Bemühungen und Umwelteinflüsse behaupten. Inzwischen hat sich der pädagogische Pessimismus mit dem Bild vom Menschen als Genbündel vermählt, welchem durch Erziehung nicht beizukommen sei, allenfalls durch Genmanipulation. Wieder bahnt sich eine Allmachtsphantasie ihren Weg.

Nach den Irrtümern der *Welt*verbesserer sollten wir jetzt eigentlich gefeit sein gegen die Versuchung, uns den Irrtümern der *Menschen*verbesserer auszuliefern. Wie wär's denn ausnahmsweise einmal mit dem Versuch, eine vernünftige Mitte zwischen den Extremen zu finden?

Gerade deshalb, weil es den Fall ins andere Extrem zu vermeiden gilt, ist es wichtig, sich der Vorgeschichte der 68er-Rebellion zu erinnern. Die Utopien der 68er waren aus dieser Vorgeschichte heraus zu erklären und zu verstehen. Jetzt besteht die Chance zur Rückkehr in eine vernünftige Normalität. In dieser Normalität gilt der Grundsatz: Erziehung ist nötig, Erziehung ist möglich. Genetische Eingriffe brauchen und wollen wir nicht. Und zur Wahrung der Menschenwürde gehört, dass wir frei bleiben, uns zwischen Gut und Böse zu entscheiden.

Niemand will zurück zur schwarzen Pädagogik, und deshalb dürfen wir, drei Jahrzehnte nach 68, wieder unbefangen eine Tatsache akzeptieren: Erziehung funktioniert nicht ohne Sekundärtugenden. Sie sind kein Wert an sich, aber nötig. Jede Sekundärtugend ist immer genau so viel wert wie das Ziel, dem sie dient.

Lernen klappt nicht ohne ein Mindestmaß an Fleiß und Disziplin und Ordnung. Insofern diese Sekundärtugenden also dem Lernen dienen, sind sie genauso wertvoll wie das Lernen selbst. Zur Bildung gehört, dass man dem anderen Achtung und Respekt entgegenbringt. Darum lässt man niemanden warten. Deshalb bezieht Pünktlichkeit ihren Wert aus der Achtung des anderen.

Es geht also nicht um eine Rückkehr zu Zucht und Ordnung, auch nicht so sehr um die Frage, wann genau Kinder im Bett zu liegen haben und wie hoch das Taschengeld sein darf, sondern es geht um die Frage, auf welche Ziele hin wir erziehen sollen. Es geht um unsere Werte.

BUNTE SCHULEN FÜR EINE BUNTE WELT

Soll ein Lehrer intervenieren, wenn ein Schüler im Unterricht isst oder trinkt?

Wir haben in einem früheren Kapitel eine Lehrerin zitiert, die berichtet, dass die Kollegen an ihrer Schule sich schon bei so einer relativ läppischen Entscheidung nicht mehr einigen können. Wahrscheinlich gibt es Hunderte solcher Fragen, die mangels Konsens nicht mehr entschieden werden können.

Die Folge ist, dass Eltern, Lehrer und Erzieher alles Strittige ausklammern. Die Grundwerte bleiben das letzte einigende Band.

Diese Einigung ist wichtig, aber die Grundwerte allein sind zu wenig. Sie sind nur der gemeinsame Boden, aus dem alles andere wachsen muss. Es geht nicht ohne Regeln. Selbst das antiautoritäre Summerhill braucht außer den englischen Gesetzen zusätzlich 260 Regeln speziell für das Zusammenleben im Internat, wie wir gesehen haben.

Deshalb sind sich ja auch viele Eltern und fast die gesamte Öffentlichkeit einig: Lehrer sollen nicht nur Wissen vermitteln, sondern auch solche Verhaltensweisen, die über das Selbstverständliche und Grundlegende hinausgehen. Und viele Eltern erwarten von Lehrern, dass sie auch weltanschaulich und in ethischen oder gar religiösen Fragen zumindest die Richtung der Antworten vorgeben.

Doch eine Gesellschaft, die mehrheitlich denkt und handelt wie eine Wertpapiergesellschaft, bräuchte sich über Werte-Erziehung in der Schule gar nicht erst Gedanken zu machen. Immer mehr Eltern, Lehrer und Erzieher aber fühlen, dass wir eine Werte-Gemeinschaft bleiben sollten. Sie selber können jedoch nicht mehr mit letzter Gewissheit unterscheiden: Das ist gut, das ist böse. Das ist wichtig, das ist unwichtig. So ist es richtig, so ist es falsch.

Welche Werte, Tugenden und Regeln sollen es denn sein in einer Welt, in der das christliche Kreuz, das islamische Kopftuch, die buddhistische Meditation gleichberechtigt nebeneinander stehen und sich jeder auf Themen wie Kinder, Ehe und Familie seinen eigenen Reim macht?

Der Versuch, Werte und Bildungsinhalte zu kanonisieren, gelingt kaum in einem Land, in dem sich alte Milieus auflösen und die Menschen immer individualistischer werden. Der Testfall für eine verbindliche Kultur wären jene Schulklassen in Frankfurt oder Berlin, in denen 30 Kinder aus zwölf Nationen und drei Kulturkreisen sitzen.

Wie feiert man in solch einer Klasse christliche Feste? Feiert man überhaupt? Und wenn ja, müsste man nicht auch islamische, jüdische und alle anderen Feste feiern? Darf man Schüler aus Ländern, die es mit der Pünktlichkeit nicht so genau nehmen, zur Pünktlichkeit zwingen? Soll man deutsche Geschichte lehren und deutsche Literatur oder nicht lieber Weltgeschichte und Weltliteratur? Sind der *Faust, Effi Briest* und *Homo Faber* noch zwingend?

Der Versuch, sich auf einen allgemein verbindlichen Kanon zu einigen, erscheint vollends aussichtslos in Gesellschaften, die multinational und multikulturell werden.

Eine Lösung für dieses Problem könnte lauten: die Schulen in die Freiheit zu entlassen und ihnen ihre Autonomie zu geben.

Wie sähe das praktisch aus?

Das Lehrerkollegium jeder Schule gibt sich eine Verfassung

und entscheidet autonom: «Das ist das pädagogische Konzept unserer Schule, diese Werte sind uns heilig, jene Regeln müssen gelten, diese Bildungsinhalte sind uns wichtig, dieser Erziehungsstil ist der unsere, so wollen wir mit Schülern verfahren, die sich nicht an die Regeln halten. Und das sollen unsere Schüler am Ende ihrer Schulzeit können, wissen, gelernt haben.»

Schulen suchen sich die Schüler und Eltern, die zu ihnen passen. Schüler und Eltern suchen sich die Schulen, die ihrem Wertesystem und ihren Vorstellungen von Bildung am nächsten kommen. So finden sich Menschen zusammen, die sich auf mehr einigen können als nur aufs Grundgesetz. Und dieses Mehr, die Verfassung der Schule, macht ihren besonderen Charakter aus und kann natürlich von Schülern, Lehrern und Eltern angepasst und weiterentwickelt werden.

Die Antwort auf den Pluralismus kann nicht die Einheitsschule sein, die auf einem kleinsten gemeinsamen Nenner agiert. Die Antwort kann nur ein buntes Schulsystem sein, das auf dem gemeinsamen Boden der Verfassung eine bunte Vielfalt von Schultypen hervorbringt.

Und nebenbei: Zu Selbständigkeit, Verantwortung und Autonomie können selbstbewusste, autonome Schuldirektoren und Lehrer viel besser erziehen als von der Bürokratie gegängelte Beamte.

Wir haben weiter vorne gesagt, dass Schulen wie in Summerhill auch bei uns eine Chance haben sollten. Zugleich sprachen wir uns für Eliteschulen aus. Jetzt sagen wir: Wir sind auch für Schulen, welche den Raum zwischen diesen beiden Extremen voll ausfüllen.

Wir stellen uns ein Bildungssystem vor, das wie ein Regenbogen in allen Farben leuchtet und auf diese Weise viel individueller auf die Verschiedenheiten von Eltern, Schülern und Lehrern eingeht. In diesem Spektrum wäre Platz für alle bereits existierenden Schulformen und für neue, die es noch nicht gibt.

Es wäre sogar Platz für die von uns abgelehnte, aber von der Wirtschaft gewünschte Turboschule, die ihre Schüler nach den jeweiligen Vorgaben des Marktes ausbildet. Als eine Schulform unter anderen können wir die Turboschule akzeptieren. Sie stünde dann im Wettbewerb mit anderen, und früher oder später wird sich erweisen, wovon wir jetzt schon überzeugt sind: Die späteren «Hochleister» und Erfolgstypen, welche die Wirtschaft braucht und sich von der Turboschule erwartet, werden nur vereinzelt von dieser und in größerer Zahl von ganz anderen Schulen kommen, an die man heute noch gar nicht denkt. Sollten wir uns irren, wäre es auch kein Unglück.

Ebenso wäre Platz für eine Schule, wie sie Karl Allgeier vorschwebt.

Der Musiklehrer an einer Mainzer Gesamtschule wünscht sich eine Schule, wo es keine festen Klassenverbände gibt und keine starren 45-Minuten-Einheiten, sondern ein projektbezogenes Arbeiten in freier Wahl: «Kinder könnten dann auch selbst entscheiden, wann sie welchen Stoff in welcher Unterrichtseinheit absolvieren wollen. Das kann bedeuten, dass Kinder verschiedenen Alters gemeinsam unterrichtet würden. Die Kleineren lernten dabei von den Älteren, die Älteren übernähmen mehr Verantwortung und würden dadurch selbständiger und kreativer.»

In solch einer Schule würden sich die Kinder gegenseitig disziplinieren: Kleinere wollen nicht kindisch wirken, wenn Größere dabei sind, und Größere müssen sich vor Kleineren nicht profilieren. Der Gruppendruck entfiele.

«Ein Grundübel des heutigen Unterrichts ist nämlich, dass dreißig Kinder desselben Alters zur selben Zeit für dasselbe Thema interessiert werden müssen», befindet Allgeier.

266

Dennoch bliebe auch in seiner Schule der Inhalt des Lehrplans Pflicht. Die Schüler müssten beispielsweise sechs Projekte pro Jahr absolvieren und würden darin auch jeweils am Ende entsprechend ihrer Altersstufe geprüft. Doch da sie selbst mit entscheiden würden, wann sie welchen Stoff erarbeiten, wäre ihre Eigen-Motivation sehr viel größer.

Natürlich fürchten viele, dass so eine bunte Vielfalt nur ein fürchterliches Chaos ergäbe. Wir hören auch schon den Einwand: Was ist dann mit der Vergleichbarkeit von Schulleistungen und Abiturnoten, was wird überhaupt aus dem Abitur? Und wie sollen Arbeitgeber ihren Nachwuchs auswählen, wenn niemand weiß, was dieser Nachwuchs gelernt hat?

Da können wir der Wirtschaft und den Universitäten nur sagen: Bitte etwas mehr Flexibilität. Ihr wisst doch am besten, was ihr braucht, was eure Studenten oder eure Nachwuchs-Kräfte können müssen. Prüft das doch einfach ab. Und zeigt den Schulen, was ihr abprüft, damit diese sich darauf einstellen können.

Das Gros der Schulen wird vermutlich, mit geringen Änderungen, jene Normalschule sein, die wir jetzt in unserem staatlichen Schulsystem auch schon haben. Sie wird nur freier und flexibler sein. Aber es wird auch Schulen geben, die «japanisch» strukturiert sind, an denen also Lehrer im Team arbeiten, Schüler nicht sitzen bleiben und von fremden Lehrern benotet werden.

Es wird Schulen geben, an denen neben deutscher Literatur, Musik und Geschichte auch türkische Literatur, Musik und Geschichte unterrichtet wird. Es wird «deutsch-kulturige», aber auch «zwei-kulturige» Schulen geben, und solche, an denen mehr Afrikaner, Engländer, Franzosen, Türken unterrichten als Deutsche. Deutsch und alles, was dazugehört, sollte aber immer dabei sein.

Und das Leistungsprinzip wird nicht nur für Eliteschulen gelten, sondern wird sich weiter durch alle Schularten ziehen. Sich anzustrengen und ein Ziel zu erreichen, etwas besonders gut zu machen, eine Sache erfolgreich zu Ende zu bringen – das kann man jedem Schüler auf jeder Begabungsstufe abverlangen. Wem es gelingt, der wird zufriedener sein und mehr Selbstvertrauen haben.

Statt eines dreigliedrigen Schulsystems, das alle Schüler grob auf drei große Gruppen verteilt und dabei schon frühzeitig alle benachteiligt, die es nicht aufs Gymnasium schaffen, wird das bunte System zahlreiche unterschiedliche Begabungsprofile anzubieten haben. Diese lassen sich besser mit den Anforderungen der Universitäten, des Staates und der Wirtschaft vereinbaren. Jeder Schüler hätte dann eine Grundbildung, die er mit allen anderen teilt, und eine individuelle Zusatzbildung, mit der er sich von anderen unterscheidet – eine Bildung nach Maß.

Es kann sein, dass manche Universitätsprofessoren und manche Personalchefs aus der Wirtschaft zu manchen Schulen besondere Beziehungen knüpfen, weil diese Schulen besonders viele herausragende Talente auf bestimmten Fachgebieten hervorbringen. Und es könnte sein, dass Schulen entstehen, an denen jene Schüler zur Hochform auflaufen, die von allen anderen Schulen abgelehnt oder aufgegeben worden sind.

So ergäben sich zahlreiche Rückkopplungen zwischen Schulen, Hochschulen und Wirtschaft. Mit der Zeit würde sich herausschälen, was sich bewährt und was nicht. Der pädagogische Erfahrungsschatz könnte sich durch die Vielfalt und den Wettbewerb stark vermehren.

Und welche Rolle hätte dabei der Staat noch zu spielen?

Er gäbe jeder Schule die Mindest-Standards für die Grundbildung vor, dazu Gebäude, Lehrmittel und Personal. Das wäre die Pflicht. Die Kür wäre die Angelegenheit jeder Schule.

Und damit der Wettbewerb auch in Gang kommt, bedürfte es noch einer kleinen Regeländerung. Ihr Geld bekommen die Schulen nicht mehr vom Staat, sondern direkt von ihren Schülern.

Jeder Schüler erhält vom Staat von Zeit zu Zeit einen Bildungsscheck: zuerst für die Grundschule, dann für die weiterführende Schule, schließlich für eine Berufsausbildung, das Abitur oder einen anderen Bildungsabschluss. Um diesen Scheck konkurrieren die Schulen. Das wäre auch eine Chance für die jetzt schon existierenden Privatschulen, die bei uns nur ein Nischendasein führen, weil sie für die meisten Eltern zu teuer sind.

Eine Verwirklichung dieser Vorschläge wäre revolutionär. Vielen werden sie utopisch erscheinen. Aber ohne Utopien geht es nicht.

DEBATTEN BEI TISCH UND
DIE HÜTTE IM BAUM

Wir haben ein ganzes Buch darüber geschrieben, wie wir unsere Kinder am besten erziehen, welche Regeln zu beachten seien und wo die Gefahren lauern. Jetzt, am Ende, müssen wir gestehen: Manchmal findet Erziehung gerade dort statt, wo man es gar nicht vermutet. Eher zufällig, aber umso wirksamer. Das sind die Momente, die man sein Leben lang nicht vergisst …

Wir haben uns gefragt, wie das bei uns eigentlich war, wie viel Zeit unsere Eltern für uns hatten und ob sie sich je Gedanken über unsere Erziehung gemacht haben – und möchten davon erzählen. Aber da wir aus völlig gegensätzlichen Elternhäusern stammen, haben wir uns an dieser Stelle zur Trennung entschlossen.

Petra Gerster:

Wie bin ich eigentlich erzogen worden? Und vor allem: wann? Meine Eltern waren ziemlich beschäftigt. Beide arbeiteten in der Arzt-Praxis, mein Vater hat noch spät eine Ausbildung zum Psychotherapeuten gemacht – mit 250 Stunden Lehranalyse. Außerdem engagierten sie sich politisch, waren gesellschaftlich sehr umtriebig und abends oft unterwegs.

Ich war das vierte Kind, lief irgendwie mit und verbrachte viel Zeit bei meiner Großmutter. Von ihr bekam ich all die Zuwendung und Zeit, die mir von meinen Eltern fehlte. Für mich war das in Ordnung, denn meine Großmutter habe ich sehr geliebt. Von meinen Eltern bin ich eher nebenbei erzogen worden.

Bei den gemeinsamen Mahlzeiten.

Morgens, wenn ich zur Schule musste, schliefen sie noch. Aber mittags und abends traf sich die ganze Familie bei Tisch. Darauf legten meine Eltern größten Wert. Auch darauf, dass wir pünktlich erschienen. Es gab sogar einen Gong, und wenn Punkt halb zwei jemand fehlte, ertönte dieser Gong von der Hand meines Vaters – das war eine deutliche Warnung.

Wir Kinder wurden gefragt, was in der Schule war, hatten aber die klare Anweisung, dass schlechte Noten und ähnlich Unerfreuliches erst nach dem Essen vorzutragen wären. Meinem Vater durfte keinesfalls der Appetit verdorben werden.

Wenn wir mit dem Essen fertig waren, unterhielten sich meine Eltern und meine älteren Geschwister über alles, was in der Luft lag. Ich hörte zu, als ich noch kleiner war. Später mischte ich mit.

Das Wichtigste, was ich fürs Leben gelernt habe, habe ich bei diesen Mahlzeiten gelernt: das Diskutieren, das Streiten, das Widersprechen, das Zuhören-Können.

Im Streiten war meine Familie nämlich ganz groß: Wir stritten gern und mit Leidenschaft. Über den Pillen-Paul (wie wir den Papst damals nannten, der die Antibabypille verboten hat) und ob man dennoch in der katholischen Kirche bleiben könne. Ob Freuds Penisneid-Theorie frauenfeindlich war oder nicht. Ob Alice Schwarzer mit dem *Kleinen Unterschied* Recht hatte oder Esther Vilar mit ihrem *Dressierten Mann*.

Ob Fisch mit Fisch-Besteck gegessen werden musste und warum man Kartoffeln nicht mit dem Messer schnitt. Ob Deserteure Vaterlandsverräter waren, wie meine Mutter meinte und dafür von uns als Reaktionärin beschimpft wurde. Warum Goethe erst so spät sexuell aktiv wurde und versagt hat, als Christiane

Vulpius im Sterben lag (meine Mutter: «Für Genies gelten andere Gesetze!»). Warum Erich Kästner so eine innige Beziehung zu seiner Mutter hatte und dass Thomas Bernhard großartig sei.

Ich lernte, was Ödipus-Komplex bedeutet und Frustration und politische Relevanz (das Letztere vom älteren Juso-Bruder).

Diskutiert wurde, warum meine Eltern ausgerechnet für die FDP aktiv waren, eine Partei, die die meisten Nazis aufgenommen hatte. Warum sie sich eigentlich immer stritten (fragten wir). Warum wir immer renitent waren (fragten sie). Warum meine Großmutter es sich nicht abgewöhnen konnte, Menschen nach «gutem» und «schlechtem Stall» zu klassifizieren. Und warum sie statt De Gaulle immer «Gaulle» sagte, weil sie es kleinbürgerlich fand, den Adelstitel mitzusprechen.

Später wurden die Diskussionen erbitterter: als die Studenten auf die Straße gingen und Leute wie meine Eltern auf einmal «Scheißliberale» waren.

Es gab gute Gespräche, mitunter friedliche, und gelacht wurde zuweilen auch. Aber selbst im Streit wussten wir immer: Jeder konnte sagen, was er wollte, solange er nicht verletzend wurde. Und das Alter spielte keine Rolle. Auch ich als Jüngste wurde gehört, kam allerdings fast nie zu Wort. Mit einer redefreudigen, temperamentvollen Mutter und drei ebensolchen Geschwistern war es einfach zu schwierig, mich stimmlich durchzusetzen.

Deshalb bin ich Fernseh-Moderatorin geworden.

Christian Nürnberger:

So eine Familie, in der man sich bei Tisch über Freud, Kafka, Goethe unterhielt, hätte ich auch gern gehabt. Aber bei uns wurde allenfalls darüber gesprochen, dass der Schorsch ein Ver-

272

hältnis mit der Gretl hat und Schorschs Frau Luise nichts davon weiß.

Das war manchmal sogar interessanter als ein Gespräch über den Ödipus-Komplex. Meistens wurde aber nur gesagt: Heute Vormittag machen wir Heu, und am Nachmittag spritzen wir die Kartoffeln.

Meine Lehrer in der Grundschule hatten meinen Eltern gesagt: Schickt den Buben aufs Gymnasium, er ist begabt. Aber meine Eltern hatten einen anderen Karriereplan für mich. Ich sollte ein Handwerk erlernen oder die Bauernklitsche übernehmen.

Das Problem war: Ich hasste die Arbeit auf dem Acker, hatte zwei linke Daumen und las lieber, was mir in die Finger kam. In dem lutherisch-calvinistischen Dorf, in dem ich aufwuchs, galt das als Charakterfehler. Lesen war keine Arbeit, sondern Müßiggang.

In der siebten Volksschulklasse nahm ich dann meine Bildung selbst in die Hand. Ich fuhr mit dem Rad fünf Kilometer in die nächste Kleinstadt und meldete mich dort für die Realschule an. Die Unterschrift der Eltern fürs Anmeldeformular hatte ich gefälscht. Sie waren dann aber einverstanden, als ich sie vor vollendete Tatsachen gestellt hatte. Ich machte die mittlere Reife, lernte einen Beruf und hangelte mich über den zweiten Bildungsweg an die Uni.

Ich war nie in einem Kindergarten. Es gab keinen. Und meine Eltern hatten keine Zeit, mich »richtig« zu erziehen. Ich lief halt so mit, war entweder mit den Eltern auf dem Feld oder stromerte mit den anderen Dorfbuben durch die nähere oder weitere Umgebung.

Feste Essenszeiten hatten wir nicht. Wann gegessen wurde, hing von der Arbeit ab, vom Wetter und manchmal auch nur von der Tatsache, dass man plötzlich Hunger hatte.

Uns Bauernkindern gehörte das ganze Dorf. Wir bauten Hütten auf Bäumen, badeten im Karpfenteich, spielten Indianer im Wald, klauten Walnüsse und übten uns vor den Haustüren wechselnder Dorffrauen im Kreuz- und Weitbrunzen. Das war verboten. Es gab jedes Mal ein großes Gezeter, wenn wir dabei erwischt wurden.

Ich wurde nicht erzogen, sondern geliebt. Bedingungslos und zärtlich. Wahrscheinlich wäre ich von meinen Eltern verwöhnt worden, wenn sie genug Geld gehabt hätten. Zum Glück hatten sie es nicht. So war es nicht viel, was mir meine Eltern mit auf den Weg geben konnten. Aber das Wenige war genau das Richtige.

Bis zu meinem zwölften Lebensjahr hatte ich, wenn es hoch kommt, vielleicht sechs Bücher von meinen Eltern geschenkt bekommen. Aber an den langen Winterabenden, an denen Bauern Zeit haben, erzählte mir meine Mutter drei Sorten von Geschichten: unwahre, halbwahre und wahre.

Ich hörte alle drei Sorten gleichermaßen gern. Die Märchen waren am unterhaltsamsten. Aber es ließ sich im Leben nicht viel mit ihnen anfangen. Die Sagen und Legenden schärften den Geist, denn sie beschäftigten mich mit der Frage, was daran wohl wahr und was unwahr sein könnte. Die biblischen Geschichten aber, die machten mich fit fürs Leben, ohne dass ich es merkte.

Wir danken unserem Lektor Jens Dehning, der sich kritisch über unseren Text gebeugt, die Diskussionen mit und vor allem zwischen den Autoren durchgehalten und mit Geduld und Diplomatie größere Ehezerwürfnisse verhindert hat.

ANMERKUNGEN

WARUM WIR DIESES BUCH SCHREIBEN

1 «Start-up ins Leben», Der Spiegel vom 2. 4. 2001

BILDUNG – WAS IST DAS EIGENTLICH?

1 Vgl. die Auflistung von «Bildungs- und Qualifikationszielen», die im Auftrag des «Forums Bildung», einer Einrichtung von Bund und Ländern, erstellt wurde (Informationen unter www.forum-bildung.de)
2 «Start-up ins Leben», a. a. O, S. 68
3 a. a. O.
4 a. a. O.
5 In «Scheidewege», Jahrgang 24, 1994/95, Wer ist ein gebildeter Mensch?, S. 34 ff.
6 Scheidewege, a. a. O.
7 Hartmut von Hentig, «Bildung», München 1996, S. 22 f.

VERWÖHNT

1 «Kult ums Kind», Der Spiegel vom 14. 8. 2000
2 a. a. O., Der Spiegel vom 14. 8. 2000

VERNACHLÄSSIGT

1 Donata Elschenbroich, «Weltwissen der Siebenjährigen. Wie Kinder die Welt entdecken können», München 2001

OBSERVIERT

1 «Die heimliche Unterforderung der Kinder. Risiken der Hyperpädago-
gisierung», in: NZZ vom 23. 9. 1993

VATERLOS

1 Cheryl Benard und Edit Schlaffer, «Sagt uns, wo die Väter sind», Rein-
bek 1991
2 Süddeutsche Zeitung vom 7. 3. 2001, S. 5
3 Süddeutsche Zeitung Magazin (No. 23) vom 10. 6. 1994
4 Süddeutsche Zeitung vom 30. 6. 2000, S. 16
5 Anneke Napp- Peters, «Familien nach der Scheidung», München 1995
6 «Wo ist Vati?», Focus vom 30. 1. 1995, S. 136 ff.

MÄNNLICH

1 Zitate aus: Andreas Zielcke, «Das schwache Geschlecht», Süddeutsche
Zeitung vom 19. 4. 1998
2 Zielcke, a. a. O.
3 «Die heimliche Revolution», Der Spiegel vom 21. 6. 1999
4 Der Spiegel, a. a. O.
5 Der Spiegel, a. a. O.

ÜBERFORDERT

1 «Kult ums Kind», Der Spiegel vom 14. 8. 2000
2 a. a. O., Der Spiegel vom 14. 8. 2000
3 Dieter Baur, «Nicht erwartet, übersehen und vernachlässigt. Warum
auffällige Kinder häufig zu kriminellen Jugendlichen werden», Süddeutsche Zeitung vom 27. 12. 2000
4 Heike Schmoll, «Nicht nur Sache der Sonderschulen», Frankfurter Allgemeine Zeitung vom 19. 02. 2001
5 «Schule und Elternhaus stärker beachten», Frankfurter Allgemeine Zeitung vom 2. 7. 1999, S. 14
6 «Die Erziehungskrise», Die Zeit vom 18. 5. 2000

GEWALTTÄTIG

1 «Tödliche Schüsse, wie angekündigt», Süddeutsche Zeitung vom 7. 3. 2001
2 Susanne Spahn, «Das rechte Klassenzimmer», Süddeutsche Zeitung vom 21. 3. 2001
3 Man kann dies alles nachlesen unter www.fr-aktuell.de/fr/spezial/rechts/
4 «Der Krieg der Kinder», a. a. O.

VERDORBEN?

1 «Der Krieg der Kinder», Spiegel 15/98, Der Krieg der Kinder
2 Cathrin Kahlweit, «Der härteste Film heißt Wirklichkeit», Süddeutsche Zeitung vom 10. 5. 2001
3 Kahlweit, a. a. O.

DIE SCHULE ALS ABSTELLRAUM

1 Martin Spiewak, «Mensch, seid ihr gut», Die Zeit vom 3. 2. 2000

BILDUNG NACH KASSENLAGE

1 Roland Kirbach und Martin Spiewak, «Ein Königreich für einen Lehrer», Die Zeit vom 11. 1. 2001
2 Kirbach u. Spiewak, a. a. O.
3 Frankfurter Allgemeine Zeitung vom 18. 3. 1999
4 «Deutschland ist Schlusslicht bei der Unterrichtsversorgung», Frankfurter Allgemeine Zeitung vom 1. 6. 1999, S. 10
5 Jutta Pilgram, «In Deutschland fallen jede Woche eine Million Unterrichtsstunden wegen Lehrermangels aus», Süddeutsche Zeitung vom 20. 7. 1999
6 «Knirschende Schwerfälligkeit», Die Welt vom 28. 2. 2001
7 Pilgram, a. a. O.
8 Pilgram, a. a. O.
9 «Fast überall Mangel an Berufsschullehrern», Frankfurter Allgemeine Zeitung vom 6. 7. 2000, S. 4

10 Kirbach und Spiewak, a. a. O.

11 Heike Schmoll, «Lehrerverband wirft Kultusministern Verschleierungstaktik vor», Frankfurter Allgemeine Zeitung vom 3. 3. 2001, S. 2

12 Kirbach u. Spiewak, a. a. O.

13 Heike Schmoll, «Mehr Lehrer für die Bildung», Frankfurter Allgemeine Zeitung vom 13. 12. 2000, S. 1

14 Friedrich Mahlmann, «Wenn der Wahnsinn Schule macht», Die Zeit vom 11. 1. 2001 (alle weiteren Fakten über die Einstellungspraxis von Lehrern ebenfalls aus dieser Quelle)

DER VERHEIZTE LEHRER

1 «Der Druck ist enorm. Lehrer fühlen sich als Ersatzeltern überfordert», Der Spiegel vom 27. 2. 1995

2 Peter Struck, «Der Seiltanz der Lernberater», Süddeutsche Zeitung vom 9. 11. 1999

3 Corinna Emundts, «Ausbrennen im 45-Minuten-Takt», Süddeutsche Zeitung vom 17. 4. 1999

4 Dietrich Schwanitz, «Bildung. Alles, was man wissen muss», Frankfurt 1999

5 «Lehrer, die Prügelknaben der Nation», Die Welt vom 16. 8. 2000

6 Sabine Etzold, «Die Leiden der Lehrer», Die Zeit vom 30. 11. 2000

7 a. a. O., Der Spiegel vom 27. 2. 1995

8 Etzold, a. a. O., Die Zeit vom 30. 11. 2000

9 «Verlierer im Klassenkampf», Focus vom 9. 4. 2001, S. 65

10 Etzold, «Die Leiden der Lehrer», Die Zeit vom 30. 11. 2000; «Verlierer im Klassenkampf», Focus vom 9. 4. 2001

11 Martin Spiewak, «Das fliegende Lehrerzimmer», Die Zeit vom 9. 12. 1999

12 Kirner u. Spiewak, «Ein Königreich für einen Lehrer», Die Zeit vom 11. 1. 2001

13 «Der Druck ist enorm. Lehrer fühlen sich als Ersatzeltern überfordert», Der Spiegel vom 27. 2. 1995

EIN SCHOCK UND DIE FOLGEN

1 Jürgen Baumert, Wilfried Bos, Rainer Watermann, «Schülerleistungen in Mathematik und den Naturwissenschaften am Ende der Sekundarstufe II im internationalen Vergleich.» Zusammenfassung deskriptiver Ergebnisse, nachzulesen unter http://www.mpib-berlin.mpg.de/ TIMSS_III/Zusammenfassung.htm

2 Baumert, Bos, Watermann, a. a. O. (alle nachfolgend zitierten Fakten aus dieser Studie beziehen sich ebenfalls auf diese Quelle)

3 Dietrich Schwanitz, «Bildung. Alles, was man wissen muss», Frankfurt 1999

4 Schwanitz, a. a. O.

5 «Nicht in der derselben Liga», Focus 22/2001, S. 72 ff.

6 «Lernen verträgt sich schlecht mit der Stoppuhr. Von den Lehrern hängt die Qualität der Schule ab, nicht von den Vergleichstests», Frankfurter Rundschau vom 4. 2. 1999, S. 6

VON JAPAN LERNEN?

1 Donata Elschenbroich, «Glückliche Erinnerung an eine Schulstunde», Frankfurter Allgemeine Zeitung vom 15. 4. 1997, S. 39

2 Klaus Klemm, «Eine «typische» Mathestunde in Japan und eine in Deutschland. Ein kritischer Blick auf die internationale Studie zum naturwissenschaftlichen Unterricht», Frankfurter Rundschau vom 27. 2. 1997, S. 6 (alles Weitere ebenfalls aus dieser Quelle)

3 Helga Haas-Rietschel, «Nur gemeinsam zum Erfolg», Süddeutsche Zeitung vom 20. 5. 1999

4 Stefan Orth, «In Fernost wird nicht nur gepaukt», Frankfurter Allgemeine Zeitung vom 10. 12. 1997, S. N6

5 Donata Elschenbroich, «Glückliche Erinnerung an eine Schulstunde», Frankfurter Allgemeine Zeitung vom 15. 4. 1997, S. 39

6 Orth, a. a. O.

7 Haas-Rietschel, a. a. O.

8 darauf weist lt. Helga Haas-Rietschel der Bildungsforscher Manfred Lehrke hin, der an TIMSS III mitgearbeitet hat («Nur gemeinsam zum Erfolg», Süddeutsche Zeitung vom 20. 5. 1999)

9 Frankfurter Rundschau vom 27. 2. 1997

10 Jutta Pilgram, «Lehren ohne Leistungsnachweis», Süddeutsche Zeitung vom 5. 2. 1999

11 Orth, a. a. O.

12 Martin Spiewak, «Das fliegende Lehrerzimmer», Die Zeit vom 9.12.1999

13 Elschenbroich, a. a. O.

14 Elschenbroich, a. a. O.

15 Elschenbroich, a. a. O.

16 Orth, a. a. O.

17 Orth, a. a. O.

18 Heike Schmoll, «Kein Grund zum Neid», Frankfurter Allgemeine Zeitung vom 13. 9. 1997, S. 14

19 Haas-Rietschel, a. a. O.

20 Haas-Rietschel, a. a. O.

21 Schmoll, a. a. O.

22 Haas-Rietschel, a. a. O.

ZÄHLEN, MESSEN, TESTEN

1 Über Ziele, Inhalt, Methoden und Ablauf dieses Programms kann man sich im Internet unter http://www.mpib-berlin.mpg.de/pisa/ informieren. Die hier referierten Informationen stammen im Wesentlichen aus dieser Quelle.

LASST SUMMERHILL LEBEN

1 Peter Münder, «Bürokratenblitze schlagen in eine Idylle ein», Süddeutsche Zeitung vom 23. 9. 2000

2 «Von wegen Anarchie», Der Spiegel vom 21. 2. 1994

3 Gina Thomas, «Von der Freiheit zum Müßiggang», Frankfurter Allgemeine Zeitung vom 17. 7. 1999

4 Münder, a. a. O

DAS VERSCHWINDEN DER MILIEUS

1 Iris Mainka, «Elterliche Mitarbeit: gut», Die Zeit vom 17. 3. 1995 (alle weiteren Fakten über Wörth ebenfalls aus dieser Quelle)
2 Cordula Meyer, «Grüne Armee», Der Spiegel vom 11. Dezember 2000

ERZIEHUNG KOSTET GELD

1 Emma, Juli/August 2001
2 Arne Daniels, «Teure Liebe zu den Kindern», Die Zeit vom 11. 12. 1997 (aus dieser Quelle auch die weiter unten genannten Zahlen des Deutschen Jugendinstituts)
3 Emma, a. a. O.
4 Süddeutsche Zeitung vom 26. 10. 2000
5 Süddeutsche Zeitung vom 14. 6. 2000

DIE SCHULE GEHT HINAUS IN DIE WELT

1 Martin Spiewak, «Die Schule als Nabel der Stadt. In Rotterdam unterrichten auch Eltern und Polizisten – und inspirieren Hollands Pädagogen», Die Zeit vom 22. 4. 1999 (alles Weitere über Hoogvliet ebenfalls aus dieser Quelle)

AUCH MANAGER HABEN KINDER

1 «24 Stunden geöffnet. Wie schnell sind wir am Ende?», Süddeutsche Zeitung vom 28. 5. 2001

DER AUFRECHTE GANG

1 «Start-up ins Leben», Der Spiegel vom 2. 4. 1999, S. 66 ff.

VON MÄUSEN UND MENSCHEN

1 http://www.heise.de/newsticker/data/em-21.05.01-001

SCHULEN ANS NETZ?

1 c't vom November 2000, S. 268
2 Peter J. Brenner «Schulen ans Netz – Schüler ins Netz?», Die Welt vom
  10. 11. 2000
3 Brenner, a. a. O.

DAS ERBE VON 1968

1 Florian Illies, «Generation Golf», Berlin 2000, S. 174

Heiner Geißler

«Wo ist Gott?»

Gespräche mit der nächsten Generation

144 Seiten. Gebunden.

Ist der Glaube an Gott irrational und einfach nicht mehr zeitgemäß? Oder gibt es im Gegenteil gute Gründe, die für die Existenz Gottes sprechen? Kann man den Glauben an Gott und das Elend der Welt miteinander verbinden? Kann auch ein Leben ohne Gott einen Sinn ergeben?

Heiner Geißler macht es sich und seinen jugendlichen Fragern nicht leicht mit einfachen Antworten. Er setzt sich mit atheistischen Positionen genauso auseinander wie mit den neuesten Erkenntnissen der Naturwissenschaften, er verschweigt nicht die Irrungen der Religionen und deren Missbrauch in der Politik – und er gibt einen Bericht über Jesus, der Hoffnung macht.

«Was für ein belesener, nachdenklicher, noch immer von Leidenschaft brennender Politiker, der sich die Zeit nimmt, mit jungen Leuten zu diskutieren. Respekt! Ein mutiges Unterfangen, ein auch für Erwachsene lesenswertes Buch.» *Berliner Morgenpost*

Rowohlt · Berlin